若きさすらいの日々

堀田　宣之

熊本出版文化会館

はじめに

私は大学生になって山岳部に入り、よく北アルプスに行った。山に登る自分自身に課した約束は、①山で死んだり、怪我したりしないこと。②山の所為で留年しないこと。この二つだけはよく守られた。しかしながら、秋の北アルプスの稜線で陽を浴びながら、自分は生涯山での生活を続けるだろうと、確信していた時期があった。夢想が確信に変わっても、それは長くは続かず現実的な生き方を結局は選択してしまう。高校一年から始めた山歩きも、大学山岳部で本格的になり、三〇歳頃まではヒマラヤ遠征の夢を追い続けた（「ユーラシャ漫遊旅日記」、六一頁参照）。視点を変えると、山登りという行為は山旅でもある。熊本から北アルプスに入るには、最低車中一泊は必要であるし、山が終われば、熊本まであちこち旅行して帰ることも少なからずあった。若い頃に旅をすることは有意義であるが、拙著は啓蒙書ではないし、個人的記録である。

私は来年の誕生日には満八〇歳になる老人で、真面目人間である。これまでは目標を定めて何事も精一杯生きてきたし、これからもそうしたい。

私の先輩に原田正純先生という水俣病で有名な方がおられたが、この先生はいつも同時に幾つもの仕事をこなしておられた。同時並行的に物事を進めるという意味では、ある種の天才であった。私には一度に一つの事しかできず、あれもこれもというのは絶対に不可能である。だから、ある一つの事をやり出すとのめり込み、徹底してやり通す。これまで遊びや仕事を含めいろんなことをやってきた。世間では遊びと思われているが、登山や山女魚釣り、山スキーなどには随分熱中した。砒素中毒の調査研究にも長年エネルギーを注いだ。私は精神科医であるが、晩年は（五〇歳過ぎてから）病院の運営にも携わり、これにも二〇数年間情熱を捧げた。老いさらばえて令和元年六月末で引退したが、老人にとり悩ましいのは、自分がいつまで元気で生きて、どういう末路で逝くのか見当がつかないことである。考えても仕方がないので、ある決心をした。それは退職したらダンスや山歩きで足腰を鍛え直し、あちこち憧れの地を訪れることである。私には地球上で未だ行ったことがない所がたくさんある。昨今、地球の隅々まで案内してくれる旅行社が幾つかあり、そこのツアーに参加すれば願いは成就する。そこには若い頃に考えていた開拓者魂の欠片もないが、老人にとっては行くだけでも大変である。しかし、例え僻地で野垂れ死にしても厭わない、今はそう考えている。

さて、本稿の説明に入る。最初の「槍平の想い出」は、熊本大学山岳部の現役時代（二三歳）の記録である。この冬は「三八豪雪」と言われたほどに雪が降り、山岳部の冬山では最も苦労した。この報告書は原稿用紙二八二頁に亘る膨大なもので、これに概念図など地図類・写真・スケッチ・気象報告などが付随する。本文はこの中から「紀行―槍平の想い出―」を抜粋したものである。

「ユーラシャ漫遊旅日記」は、五〇年前に私が初めて外国に出掛けた折の日記（二九歳）である。半年間の貧乏旅行は私にとり非常に有意義なもので、この旅行がその後の私の人生に与えた影響はとても大きかった。私は、この旅に私を引き摺り込んでくれた親友の横田君に今でも非常に感謝している。

「ネパール雑記」は、熊本大学山岳部によるヒマラヤ遠征の夢が敢え無く散ってしまった頃に、二人の山岳部先輩の誘いを受けて二八日間のネパール・トレッキングに赴いた時（三二歳）の記録である。

「ラテンアメリカ紀行」は、原田正純先生に伴われて中南米に旅した時（三九歳）の記録で、私が世界の砒素中毒調査研究を始める契機となった。

最後の二つは、宇土市の内藤病院（現在の熊本診療内科病院）の新聞（手書きのガリ版刷り）に毎月一度掲載されたものである。従って、ここに収めた四編が活字になるのは、これが最初である。


私の僻地旅行がいつまで続くのか分からないが、八〇歳に近くなると体力が重要である。五〇歳前後の人達と同じレベルの体力を保持していないと、ツアー参加者に迷惑がかかる。私は人生の最後になってやっと、旅のために旅する機会を得たが、これは幸運に恵まれたと言ってよいだろう。これらの「老年期の徘徊」がいつ活字化されるか分らないが、いつでも準備だけはしておきたい。

私は一人の市井人として、これまで自分の記録を残してきた。この本は、殊に個人的な旅の記録であり、知人達に贈呈するだけになろう。もっとも、五〇年前に半年間も旅行するなどということは、誰にでも出来ることではないので、それだけでも価値があるという人もいる。ことのついでに書いておくが、一九六九年に欧州・中近東で遭遇した日本人旅行者たちは、それなりの目的を持ち、世界の国々を見てみようという高い志を有していたように思う。およそ一〇年後の一九八〇年にチリのサンチャゴで出会った十数人の日本人旅行者たちは、盛んな開拓者精神と自分のことは自分で責任を持つという強いけじめがあった。一九九〇年にふたたびサンチャゴを訪れた際には、上原氏宅（ペンション上原）を訪れる日本人の若者はもはや見られなくなっていた（日本の若者が世界を見て歩くのが極端に少なくなった）。

ともかく、今後も体力の続く限り私は旅を続けるし、記録も残してゆくつもりである。

二〇一九年秋

著者

目次

紀行文「槍平の想いで」

―一九六二年度冬季合宿報告―　南岳西尾根より槍・穂高

一二月二五日　晴れ

たった独りの私の出発のために、たくさんの人達が駅まで見送りに来てくれた。その中には横田の身に起こった悲しむべき事情を知らずに駆けつけた人も幾人か居たのである。私が横田の父上の危篤の報を知ったのは、直接に彼からであった。「今頃はもう駄目かもしれぬ」と言う彼の面持ちを見るのは耐え難かった。私はなるべく平然としていたいと思ったが、心の内は複雑な気持ちが交錯した。彼にしてみれば、実に無念でやり切れぬ立場に立たされた訳であったろう。しかし、私には少なからずほっとした安堵の気持ちに似た感情が確かにあった。否、もっと大きな嘆息であったかもしれぬ。私がこの数日最も恐れていたのは、二人が発ってしまった後にこんな事態になったらという事であった。表面上は強がりを言っていたものの、彼は随分と苦しい思いを続けていたに相違ない。私にもそれは幾分か判っていたが、何も言わずに黙って過ごしてきた。不幸は不幸として悲しむべきことだが、重苦しい気持ちで二人して出掛けるよりも、気持ちの整理を少しでも片づけて出発できる方が、独り旅であっても私にはさっぱりする。

私が家を出た後に届いたのであろう、横田が別府から送った速達を握って、駆けつけてくれた母と弟。駅から電話すると、橋本氏もすぐ飛んで来て下さった。貴島氏からはいつもの如く、細々した注意を頂いたし、橋本氏は唯ポツンと「チーフが居なくても計画が遂行できるとは、大したもんだな」と言われる。何気ない一言であるが、すべてを任せられた私の心にはかなり大きな意味を持って響いてきた。だからといって私には、今更躊躇する心の乱れもなかったし、チーフとして赴くことが億劫なわけでも、嬉しいわけでもなかった。唯、偶然に以前からの念願であったことが叶えられるかもしれないと思った。リーダーになると誰しも弱気になるという一般的な考えを、私はこれまで否定してきた。その良否はともかく、少なくとも私には通じないぞという確信を抱いていた。それをこの冬山ではっきりと見極めることが出来るかもしれない。そういう密かな期待も含めた複雑な気持ちで、私は独り旅立った。

一二月二六日　晴れ

神岡は思ったよりも大きな街であった。うらぶれた寂しい鉱山街という私のイメージが壊されてしまう程に活気があるように見えた。雪は日陰に少し残っているが、蒲田川の石ころだらけの広い河原は、晴れていて明るい今日でさえ、心がわびしくなるほどに寒々として殺風景であった。殺風景が好きでも嫌いでもないのだが、これから厳しく寂しい冬の山に入って行こうとしている身にとって、それは相応しい景色であったかもしれぬ。栃尾を過ぎてバスがある山陰を回ると、私は思わず座席から身を乗り出して、車窓の眺望に吸いつけられてしまった。そこには、槍から西穂までの白い山々の連なりが在った。静かな、しかもくっきりとした姿で……。その佇まいは悦びと驚きで私を有頂天にするより、思わず祈りたくなるような神々しさを漂わせていたのだが、湧き上がってくる胸の高鳴りを抑えることが出来ないほどの一大パノラマであった。くっきりと際立って見える山際も、よく見ると一筋・二筋と雪煙が舞い上がっている。こんな穏やかな天気の日にも、上空は風が強いのであろう。あまり恍惚と見惚れていたので、ピッケルを蒲田の停留所に置き忘れる処であったが、思いがけぬこの贈り物に身も心もゴムまりのように弾んで、私は新穂高への一里余りの道を、口笛を吹きながら早い歩調で辿って行った。宝温泉を過ぎると靴が埋まるほどの雪であったが、ラッセルがついていたので靴を濡らさずにすんだ。昨夏入った露天風呂のある宿はすっかり雪を被ってひっそりと冬籠をしていた。発電所の見える処ですれ違った男の人から「熊本大学の方かね」と声を掛けられた。話をしてみると、昨秋、古賀と宮崎が荷揚げに来た時、頼まれて南岳小屋からバッテリーを降ろしてやったと言っていたその人らしい。先発隊の様子を尋ねると車は柳谷の少し手前まで入ったとのこと。「今夜は笠山荘に泊まって行きなさい」との言葉に有難く礼を述べ、「それではご機嫌よう」と別れを告げる。笠山荘の前に立って戸を開けると、夏に世話になった小母さんが愛想よく出迎えてくれた。「今日はまだ一度も飯を喰っていないから、暫らくお邪魔します」と言ってストーブのある茶の間に上がり込んで、フランスパンを焼いて喰う。出された白菜の漬物が冷たく喉に染みて美味かった。小母さんから先発隊の連中の様子をいろいろ聞く。千葉大学が我々と同じ日に少々早く入山したらしく、柳谷小屋で期待していた布団を占領されて、連中がぼやいていたとのこと。広島大学もすでに入山しているらしい。いずれも涸沢岳西尾根である。

「今日はもう遅いしお金は要りませんから泊まって風呂で温まって行きなさい」と頻りに勧められたが、「柳谷まで行っていた方が明日の都合が好いので、帰りにゆっくり泊まらせて頂きます」と少々雪がちらつき始めた外に飛び出した。ラッセルはあったが軽くて楽々と歩くことが出来た。月も朧気ながら出ていたので、こんな雪の山路を独りで歩いてゆくのは、何となく嬉しい気分だった。森の中に入ってしまうと暗くなったので、ヘッドライトを灯すと新しい電池に煌々と照らし出された雪の表面が鮮やかで心地好かった。一〇分ほどするとフッと光が消えてしまったので不思議に思ったが、面倒なのでそのまま暗い道を辿ってゆくと、遠くに赤い光がちらちらと浮いていた。小屋は近かった。もしや先発隊かもしれぬという期待に急いでみたが、どうやら当てが外れたようだ。手探りでごそごそと二階に這い上がって中を覗いてみると、都立大学の人達であった。隣に千葉大学もいるらしい。ライトを拝借して調べてみると、電球が駄目になっていた。迂闊であったが、もう取り返しはつかぬ。三つとも新しいものであったが、3Ｖ用の電球を買って来たのである。取り換えてみたが二つともすぐに消えてしまった。仕方なくキスリングの奥から持ってきた五糎ほどのローソクを取り出して灯した。窓から覗くと満天の星。具合の好いことに布団が二枚ほどおいてあったので、寝袋の上に重ねて温々と第一夜を過ごすことが出来た。

一二月二七日　快晴

目覚めると明け方であった。淡い黎明の光と共に冷たい外気が窓の破れ目から流れ込んでいて、夢から覚めたばかりの私をブルっと震わせた。「嗚呼、また山に来たんだな！」という新鮮な現実感と悦びをゆっくり噛みしめることが出来る入山第一日目の朝が、私は好きである。この一瞬間の気持ちを大切にするために、私はすぐに寝袋から抜け出すことを躊躇って、タバコを一本取り出した。昨夜、笠山荘で用意してもらったテルモスの湯で、レーズンケーキを半分流し込むと、表に降り立った。都立大学の人達も起き出して、出発の準備に活気立っている。すっかり明るくなって今日も上天気。雪はかなり締まっていてラッセルもついている。ワッパもオーバーシューズもつけぬまま、お先にと歩き出した。広い道から白出口への登りの小径に入ると、もう腰までの雪だがラッセルの苦労は少しもない。急ぐこともないので、ゆっくり辿る。体が鈍ってしまっていて歩き出しから不調な私は、まだ白出口にも着かぬ大木の根元に、どっかりと腰を下ろしてしまった。その私の目の前を都立大学の五人が、威勢よく通り過ぎてゆく。白出口まで来ると、彼等はここにデポしていた荷を梱包していたので、私が先を歩くことになった。一度でも歩いて知っている処は、次に歩くときから兎に角長く感じるものだが、白出口から先の道を私は一度も歩いたことがなかったので、その点は気楽にのんびりと歩くことが出来ると思った。それは未知の分野に歩を踏み入れるという好奇心が、逸る心を無意識に抑えてくれるからでもあろう。右俣左岸の森林の中を穏やかな登り下りが続いたが、白出口から一ピッチで早くもバテ気味になってしまった。昨日から飯らしい飯を喰っていない所為もあろうが、とにかく食欲も余りない。駅で母が買ってくれた甘納豆を思い出して、それを雪の面にパラパラと落とし、手で団子のように固めて頬張った。私は雪の山では甘納豆をこんな流儀で喰うことにしている。こうすると甘さが一層増すからである。何も言うことがない笠ヶ岳や抜戸岳の輝きを眺めながら、雪の冷たさのミックスしたとろけるような口の中の甘さを楽しんだ。そんな風にのんべんだらりとした私を、スキーを担いだ都立大学のパーティがまた追い越して行った。再び歩き出すと、背中のリュックに忍ばせてきた一升瓶がやけに癪に障ってきた。けれども、これは先発隊を見送ったときに約束しておいたので、今更悔やんでも仕方なく、諦めてしまった。これは父に内緒で戸棚から略奪してきた代物だが、出掛けに弟にはこっそり言って来た。

奥丸山から派生する太い尾根に遮られていた視界が開けて、右俣の上流部や中岳西尾根の白い輝きが見え始めると、やはり私も幾らか浮足立ってきた。滝谷の出合いが近いのである。

先発隊はＣＩへの荷揚げをやっている頃かと思っていたが、滝谷出合い下流で降って来る立園など四人に邂逅した。先程上って来る途中にデポしてあった荷を取りに下ってきたのである。独りで上ってきた事情を突然に説明しなければならぬ破目に陥って、憂鬱な気持ちが急に私を襲ったが、彼等の元気な姿を見るのはやはり嬉しくて、「やあ、やあ！」と声を掛けながら近寄った。もうだいぶ雪焼けで黒ずんだ顔々である。「横田はまだ後ろを来ているのか？」と尋ねる立園に、私は彼が落胆するかもしれないと戸惑いながら、横田の来れぬ旨を伝えねばならなかった。荷が多いのとラッセルの激しさで、ボッカが一日遅れたこと、連日のアルバイトで皆相当に疲れていること、CI建設予定地の二六〇〇m付近までルート偵察に山内など三人が赴いていることなどを知った。私と横田のためにコッフェルを柳谷小屋に残してきたとのこと。私は迂闊にも柳谷小屋のデポは一切調べて来なかったので、山田に小屋まで降りてもらうことにして、私は独り槍平小屋までの径を辿った。二〇〇mも歩くと滝谷の出合いだった。夢に描いていた出合いからの滝谷の威容に、いま初めて接するのである。以前にカラー写真で知っていた出合いからの滝谷は雪の締まった晩春のものであった。紺碧の大空に向かって高々と突っ張ったもっと晴れ晴れとしたドームの姿を私は知っていたのだが、今日の滝谷はまた何という荒々しさ・威圧感なのであろう。すぐ谷の入口に蒼氷が不気味に輝いている。あれが雄滝なのであろうか。ドームや北壁は殆ど雪を付けず、黒々として厳冬の装いをこらしている。滝谷出合いから少々登りが急になり谷も狭くなったがさほどのこともなく、南岳西尾根末端南面を詮索しながらゆっくりと槍平へ辿る。途中、槍平小屋から引き返してくる都立大学の面々とすれ違う。彼等は、白出口まで下り、今日のうちにまた槍平小屋まで引き返すという。西尾根末端から槍平まではこんもりとした森林帯を通る。雪を深々と被ったタンネのモンスターがふっくらと静まり佇んでいて、いかにも冬山らしい景観である。まだ日差しは暖かく、小屋は近い。中岳や南沢、そしていままで喘いできた方を眺めやると、とてつもなく高い涸沢岳西尾根やドームを頂いた北穂岳の岩々が手に取る様に視覚の内に入って来る。小屋に入るとすぐストーブがあり、鍋の中の味噌汁の残りが美味かった。荷をほどき二階に上がる。二時間もそんなことをして時間をつぶしていたら、連中が戻ってきた。薄暗くなる頃には偵察隊も山田も元気に戻ってきて、賑やかになった。偵察隊は一一時頃に出掛けたので、正面から取り付いて二五〇〇m付近にある岩峰の下までしか行けなかったとのこと。苦労して持ち上げた酒を飲み交わして先発隊の苦労を労い、横田の父上のご冥福を祈って、明日からの健闘を誓いあう。横田が不参加になったので私が一切を任せられたこと、計画は滝谷登攀を中止して最初からの計画である北穂高岳までCⅢを上げることを最大の目標にすること、そして首尾よくCⅢが出せたら前穂高岳まで狙うことなどを皆に伝えた。私は北穂高岳にCⅢを何としても上げたかった。それは、そこから前穂高岳が十分の射程距離にあることも理由のひとつなのだが、大キレットの困難な障害を乗り越えて前進キャンプを出す意義を私が重要視したからであった。そこで明日は、今日の偵察ルートを辿り、二七〇〇m付近にCⅠ・CⅢ用の荷物全部を上げることにした。そして、今日持って上がった荷のひとつに他のパーティのものと間違って持ち上げたものがあったので、松倉を柳谷小屋まで降ろし取り換えて来させようと考えていた。寝袋に入ってこの計画を再検討していたら、どうも不適当な気がしてきた。それは、計画の膨大さに加え、横田と古賀の頼りになる二人が抜けたので、パーティの力がかなり落ちたと考えねばならぬ点であった。既にボッカは一日の遅れを来し、偵察もまだ不完全であった。今日、一一時に出掛けたのは前日までの疲労によるものであろう。しかも、今日まで天候や積雪の状態は、絶好の条件であった。今宵も満天の星で快晴、二〇時で氷点下八度でさほど寒くはないが、恐らく明日の好天は約束されたことだろう。しかし、この晴天の後が恐ろしい。CⅢに固執するのはこの際危険ではあるまいか？　私はここにきて初めて人員不足を如実に感じた。最高に上手くいっても、CⅢを出すのは困難だ。CⅢよりもCⅡまでをがっちり固めよう。それには明日立園と山内をCⅠまで上げることだ。そして、CⅠ用の全荷を揚げるためには、松倉も是非使わねばならない。荷の間違いはパンであるから、間違えられたパーティには気の毒だが、食糧にさほどの影響はあるまい。こんな風に考え直したのである。

一二月二八日　快晴

小屋から森林帯を一〇分ほど下って、西尾根末端部から昨日の偵察ルートを辿る。ラッセルはないが、取り付きがかなり急でブッシュや笹にかなり苦労する。CⅠ用食糧全部とCⅡ用食糧が一缶、装備が約半分（六五kg）、それに個人装備二人分で全荷約一五〇kg、一人平均二〇kgにも満たないが、連日のアルバイトで皆相当に堪えるのであろう、重たそうな顔をしている。丈の短い笹に雪が馴染んでいなくて歩き辛い。最初の小休止をやっていると、都立大学の三人のパーティが空身で追い抜いて行った。右手には涸沢岳西尾根が遥かに高く南の空を遮り、殆ど水平なその尾根の末端部近くにテントが二張り微かに見える。その水平な尾根を国境稜線へと目で辿ってゆくと、蒲田富士といわれる三角形の小ピークが可愛らしく輝いている。かなり快調なペースで森林帯を通り抜けると、岳樺のまばらに生えた平らな稜に出る。ここからは眺望も効き、槍平からもよく見える二五〇〇m付近の岩峰の下から落ちる小沢（中ノ沢と呼んでおこう）が、この付近では沢とも雪の斜面ともはっきり区別のつかないものとなって、この平らな稜を間に挟み左右に流れている。右手のものは幅一五m位ですぐブッシュの中に消えているが、左手の沢は二五m位の幅があり直ぐ下部では五〇～六〇mに拡がり、西尾根末端部のほぼ正面を南沢寄りに落ちている。ずっと下の方は、森林帯で狭められていてよく見通しが効かない。傾斜は三〇～四〇度位。この沢の分岐点から五〇mほど直登して右手の疎らな森林帯に入り岩峰リッジに続く稜を登る。これより上部は偵察が不完全で、ラッセルも深くなったので、岩峰リッジに取り付く下で昼食にする。もう眼前にある奥丸山より少し高い位置にいる。立園と山内は岩峰リッジを偵察に行くが、このルートは重荷には無理だという。しかし、さらに右手に廻り込んだ方は可能性があるというので、少々登って下から眺めて観る。岩峰の裏側から落ちている大きな沢（右沢と呼ぶ）をトラバースすれば、その対岸の尾根はブッシュもタンネもかなりあって、ノーザイルでもどうにかルートが取れそうである。この右沢は六〇mの幅があり、今日の取り付きのすぐ下流で、蒲田川右俣に注ぐ沢の源頭部である。

私が先頭に立ち他の連中に続くよう何度も促すが、皆何かブツブツ言って立ち上がろうとしない。行けるのかどうか不安がっているらしいのだが、「そっちは行かればっするですか！」に至っては、ついに怒鳴りつけてしまった。私の短気も悪いかもしれないが、言って好いことと悪いことがある。もっと詳しく説明してやるべきであったかもしれない。しかし、行動中にいちいち説明など出来るものではない。私がリーダーとして信任がないと言われるなら、〝I am at a loss for an answer.〟なのだが、計画に参加した以上、リーダーの指示には忠実に従うべきである。一応空身で確実に偵察したルートをボッカするのが基本的な積雪期登山のルールではあろう。しかし、ここなら行けるという見通しが付いて、しかもまだ余裕のある登りが出来るときに、敢えて貴重な時間を偵察に割く必要はなかろう。一一時で時間的には遅いが、ここ三～四日は降雪もなく快晴続きで雪は充分に締まっているはずだ。まず私がトラバースにかかる。ラッセルは腹から胸まであり、沢の真ん中より少し向こう側に小さなインゼルがある。そこまで辿り着いて荷をおろし、後続の連中を渡らせる。さらに対岸まで一〇m程の沢を渡り、尾根に取り付く。この尾根の右側は南岳南西稜との間の広大な無名沢に切れ落ちており危険な為、左手の沢沿いから尾根に登路を取った。この稜はかなりの傾斜でラッセルも深く、立園と山内が交互にトップに立ち、慎重に登る。

一部分、ブッシュや雪の剥げ落ちた急斜面に苦しんだが、端登一時間少々にして、岩峰上部の雪稜に出る。汗が出て暑かったが、途中、雷鳥が現れて慰めてくれた。このルートは下降路としては相応しくなく、沢の最上部である岩峰の裏側直下が広大で急傾斜なので、今後の降雪を考慮すると沢のトラバースは不可能になる。稜線には雪庇らしきものが南沢とは反対方向に向けて出来かけていた。登り切った直ぐ上の平らな部分にテントを設置することにした。ここは西尾根末端部のドライエッキッヒな取り付き斜面全体のほぼ頂点（約二六〇〇m）にあたり、ここから傾斜の緩いダラダラした狭い尾根が南岳に伸びている。左手は緩やかなカール状の沢（左沢と呼ぶ）になっており、岳樺や這松などがまだ雪に埋もれずに顔を出している。右手は急斜面となり広大な無名沢に深く落ち込んでいる。ここからは、南岳西尾根の二九〇〇m付近から滝谷とこの無名沢を隔てている南西稜の大きな起伏や、ドームを中心とした北穂高岳の荒々しい岩壁が手に取るように望まれるのである。

ブッシュを刈ってペッグを作り、雪面を踏み固めて均し、六人用ウインパー一張りを設置する。風は殆ど無く、日差しも暖かいので住岡は裸になり写真を撮ってもらっている。テントのブロック積はＣＩに残る立園と山内にやってもらうことにして、残りは雪稜を岩峰上（二五〇〇m）まで下り、一星と住岡は岩峰リッジを私と残りの三人は左沢を、岩峰上部より左沢側に派生しているタンネの密生した尾根沿いに降りる。左沢はＣＩ

より少し上部の露岩の下よりはじまり、カール状で浅く広くブッシュもかなり出ていて雪崩の心配はまだない。沢の向こう側の畳岩のある尾根は露岩のある付近から派生しているが、上部はさほど顕著ではない。二〇〇mほど下ると沢は一五mほどに狭くなり、傾斜も急になった処でまた尾根に移る。そこから一か所だけ左沢側に巻き気味に降りる処の五～六mが悪く、あとはタンネの間に適当にルートを取って降り、中の沢が左右に分岐する少し下で中の沢をトラバースして登りのトレースに合する。岩峰リッジの二人も無事に降りてきたが、やはり荷揚げルートには適当でないと言う。これで下降ルートは確保されたとみてよかった。左沢は降雪が多くなれば使えまいが、その時は尾根にルートを取れる。ただ、中の沢のトラバースは多量の降雪後は困難が予想される。中の沢は狭いのでザイルをフィックスすることは出来るが、西尾根のナイフリッジのフィックスを考えると、今ここにフィックスしておくだけのスペアはない。明日はＣⅠ用食糧と残りの装備全部および堀田・宮崎の個人装備の併せて約二〇〇kgの荷を揚げねばならぬ。ＣⅠの二人は南岳小屋までの偵察とフィックス、それにＣⅡ用食糧一缶（一〇kg）を南岳小屋にデポしてくるはずである。薄暗くなりかなり疲れて槍平小屋に辿り着いた。都立大学のパーティはすでに小屋に帰っていた。「槍まで行って来たのか」と尋ねると、「南沢を尻セードで滑り降りてきた」とのことで、いささか驚いた。よほど雪が安定していたのだろう。しかも、時間的には最悪の午後一時～二時ころの話である。

夕食の前にミルクを沸かしていると、広島商科大学の一人が南沢の遭難を知らせに駆け込んできた。相当動揺していて口がもつれ、ストーブの火でつけようとするタバコを持つ手が震えて、真ん中ほどに火がつく有様なので、ミルクを飲ませて落ち着かせる。話を聞くと、広島商科大学は横尾尾根から南岳にＡＣを出して北穂高岳アタックに成功し、その撤収後、天狗平に向かう途中に一人がアイゼンを脚に引っ掛けて転倒して南沢に滑落したとのこと。いま四名ほどで負傷者を降ろしているが、両手は凍傷にやられ頭を割っているので、危篤状態にあるという。これから新穂高まで医者を呼びに降りるが途中の状態や時間が判らないので、尋ねるために小屋に立ち寄られた。ミルクとパンで一息ついた彼は外に出て仲間とトランシーバーで連絡を取っていたが、「もう駄目でした」とがっくり項垂れて小屋に入ってきた。一同、ただ「お気の毒でした」と言う他に慰めの言葉も知らず、沈痛な空気が暫く小屋を支配した。ミルクを入れたテルモス二本とパンを入れるだけサブザックに詰めてやると、「二時間もしたら、また戻ってきます」と彼は力なく仲間を迎えに出掛けて行った。都立大学の話によると、南岳小屋付近にテント撤収の跡があったというから、恐らくアクシデントは午後一〜二時頃に生じたのであろう。僕らがCI建設を済まして、白い山々の眺望を貪りスナップ写真を撮ったり嬉々として居る時に、忽然として一人の人間が生死の境を彷徨い、彼を救おうとする仲間達が躍起になって危険の中をうごめいていたのである。しかも、私達から一㎞もの近い場所で。余りにも大きな相違ではないか。アクシデントは山に登る者に付きまとう宿命だとしても、余りにも残酷な話である。死は意外なほど身近な処にある。私はまた、それをひしひしと身の内に感じることが出来る。独り小屋の外に立つと、唯、自然のみは泰然自若として梢を渡る風の騒めきもなく、今宵も星は限りなく遠い宇宙の果てから冷たく鈍い光を放っている。仰ぐと先程下ってきたばかりの西尾根末端部が黒々と浮き上がり、南沢はしじまの底に白く静まりかえっている。あの高みに居る二人は今頃どんなことを語り合っているだろう。CIと初めて連絡を取る。

夕食のカレー汁を済ますと、小屋内は再び慌ただしくなった。広島商科大学の人達を迎え入れるために、ごたごたしていた階下はすっかり片付けられた。彼等の為に、僕らが飯を炊き、都立大学にはおかずを拵えてもらうことにした。用意が出来る頃、全身びしょ濡れの彼等が帰ってきた。すっかり疲れ切っている。お茶を沸かし飯を勧めたが、直ぐには喰えないと言う。さもあろう。彼等の気持ちを察し得なかった私達が迂闊であった。そっと二階に上がり彼等の寝る席を空けて、シュラフカバー、キルティングコート、ポンチョなど全部を出しておいた。明日の行動のためとはいえ、寝袋に温々と入るのが忍びなかった。

一二月二〇日　晴れ

ストーブの火を囲んで朝のスイトン汁を広島商科大学の人達にも食べてもらった。新穂高へ連絡へ降りるお二人には、笠山荘の小母さんに手紙をことづけて、世話を焼いてもらうことにした。昼食のために間違えて持ち揚げた缶のパンを配っていたら、これは何処で入手したものかと不審がられたので、思い当たった。彼等もこれと同じものを今度の合宿で用いたとのこと。てっきり広島商科大学のものに相違ない。下で会ったら詫びていたと伝えて下さるように頼んで、私達も出発した。広島商科大学の一人は小屋に残り、二人は天狗平の仲間に連絡するため南岳西尾根から南岳に辿ることになる。取り付きまでは二人と一緒に行ったが、僕らの荷が重くてペースが遅いので、ルートを教えて先行してもらった。

今日、私と宮崎はCIへ上がる。昨日より荷が重いのでゆっくり登るが、宮崎が少々苦しそうである。晴れているが笠ヶ岳の西の上空が白ずんできて、天候悪化の兆候が現れた。二時間程で岩峰下のトラバース点に着き、昨日の下降路を辿るが、トラバース後の直登五〇ｍ位は雪が剥げ落ちた急斜面で散々苦労した。昨日悪かった左沢沿いの岩の露岩の部分はザイルをフィックスする。霙に近い粉雪が少し舞ったが、直ぐ止んでしまう。左沢沿いに岩峰上部に達すると晴れてきて、たっぷり雪で膨らんだ雄大な笠ヶ岳・抜戸岳の連なりが、心細げな薄日に照り輝いている。CⅠに三時に着くと立園・山内の二人は既に帰幕して、お茶を沸かしていた。西尾根を下って帰る途中、元気のない足どりの二人に会ったという。お茶を飲んで四人はすぐに下って行った。私と宮崎はブッシュを刈ってCⅡ用のペッグを作ったり、テント入口のブロックを補強する。午後七時、氷点下六度で、また無風快晴となる。天気図では大陸に高気圧、日本海に低気圧と寒冷前線があって、移動性高気圧は三陸沖に去りつつある。明日の予想はまだ油断がならず、崩れてきそうである。CⅡを出すにはもう一日晴天がほしい。一旦崩れたらCⅡを出すのは困難になる。西尾根は雪が締まり雪庇も顕著なものは出来ていないが、二七〇〇mから先のナイフリッジは相当に悪いとのこと。

しかし、自分の目で確かめないと、はっきりした判断は下せない。

一二月三〇日　風雪

起床三時三〇分。小雪が舞い、風も少々ある。六時、槍平と交信し停滞の旨を伝える。

彼等は既に出発準備を整えていたところだった。槍平で受ける通信は注意しないと聴き取り難いが、CⅠでは喧しいほど大きく入る。思案の末、天候悪化や人数不足、それに合宿が長引くことから来る肉体的・精神的意欲の衰えなどを考慮すると、CⅢを北穂高岳に出すのは非常に無理を来すのではないかと結論した。それにCⅢを上げるためには、これほどの天候でも行動しなければならぬ。しかし、現在のメンバーの中には、敢えてこの天候の中に飛び出してゆこうという強靭なファイトの持ち主はいないだろう。一昨日の荷揚げの時でもあの有様だ。それに皆連日のアルバイトで休養を欲している。CⅢは断念しよう。そして晴れるまで体力を養って、CⅡを迅速に建設することだ。明日はまた雪が降るだろう。現在も少々降っている。どうせ降られるのなら、早い方が良い。立園・山内とも相談して、CⅠにもう一つ小型のウインパーを張って、ここに全員集結することにする。八時の交信で槍平の四人に全荷（約一二〇kg）を持って登って来るように指示。CⅠの四人は八時四〇分からすぐ一段下にテント地の整備をやり、小型ウインパーを張る。時折吹き付ける滝谷側からの風が凄まじく、眼が開けておられぬ。槍平や中崎尾根、それに中岳西尾根も時々薄っすらと見えるくらいで、稜線上は荒れ狂って来た。テントを張り終えると、すぐに山内と宮崎をラッセルをかねてサポートに降ろす。私と立園はテント地のブロック積に汗を流す。

　雪が締まっているので、ブロックは豊富に切り出せるが、テント地が狭く傾斜がかなりあるので、谷側は敷地と同じ高さまで土台を築かねばならず、その作業に非常な手間と労力が要る。こんなことなら、もう少し上部の広い平坦地を最初からCⅠに選べば好かったと悔やまれる。ブッシュを刈り滑り止めのくいに代用してみたが、あまり効果はない。この作業に比べるとブロックを積む作業は造作なく、面白い程捗る。出来るだけ大きなブロックを切り出して、がっちりした防壁を作った。一二時四〇分、一応ブロックを積み終わるが、テントの除雪にまた忙しい。二時近く、連中は意外に早くCⅠに登ってきた。松倉が大型に入り、山内が小型に移る。今日の雪は湿気が多く気温も高かったので、全員下着までずぶ濡れである。忙しく動いていると身体に積もった雪が凍り切らずに、水になってスタスタと滴るほどで、そのため私はマフラーや目出帽を何度も絞らねばならなかった。テント内も湿度は高く、ラジュースの調子も好くない。これはラジュースの操作技術が不完全であったことにもよるが、入口を開け放たないとローソクさえ消える有様であった。そんな訳で夕食の準備も長引いてしまい、八人で狭苦しい思いをしながらやっと飯を喰い終えると、入山以来初めて歌声が湧いた。デザートの羊羹も美味かった。大型ウインパーはCI用の食糧と一切の装備を入れ、炊事をやることにした。食事は小型ウインパーから食べにくる。小型ウインパーではテルモスのお茶を沸かすのが仕事である。明日は天気も悪そうなので、一応停滞とするが、どうしたことか山田がラジュースを一台、槍平小屋に残してきたので、それを取りに降りねばならぬ。迂闊というより、非常識な話である。明日からの計画を練ってみる。兎に角、ここまで上って来たのだから、後は無理をせずに臨機応変にやるしかない。皆よく頑張ってくれる。連絡用にトランシーバーがあるのは極めて有力な手助けになる。

一二月三一日　風雪

起床七時四〇分。テントバリバリに凍る。その他のものも同様。外は五〇㎝も吹き溜まり、ガスで視界も効かぬ。ラッセルをやっていた立園が、右手の親指が凍ってしまったと言ってテントに入ってきた。丁度朝の雑煮の為沸かしていた湯で温める。疼痛があるというので安心する。少し白っぽく腫れあがったが、抑えると痛覚もあり大丈夫であろう。右手はスコップを握ったまま動かさなかったので、いつの間にか硬くなっていたそうだ。摩擦せぬよう注意しておく。小型ウインパーの山田と住岡にラジュースを取りに降りるよう伝えるが、沢が恐ろしいと言って中々降りる様子がない。放っておいたら、一二時近くに「今から出かけてきます」と外から声を掛けて下って行った。依然として雪は降り、風も少々ある。二時に槍平に降りた二人と連絡が付いた。ライトがないので遅くなったら迎えに来てくれ、との事。呆れた奴らだ。四時の気象では、大陸の高気圧が台湾方面に張り出しつつあり、寒冷前線はまだ本土にあって、CIは稜線の突端部にあるためか南沢側からも滝谷側からも風が吹く。南沢側からは吹上げ、滝谷側からは吹き下ろすような吹き具合が多い。薄暗くなってもまだ帰幕せぬ二人を心配して、一星と山内をサポートに降ろそうとしていた所に、疲労した二人が真っ白になってテントに転がり込んできた。敢えて二人を下したのは全然懸念がなかったのではないが、中の沢の状態はまだ雪崩れるほど危険ではなかった。沢というと山内はすぐに雪崩れるぞと煩くいう。沢でなくとも、雪のある処、斜面のある処、雪崩を警戒せねばならないことは、判りきったことだ。我々はこれまで積雪期の山行で、その登行路のすべてを尾根に採ってきた。鹿島槍ヶ岳にしても爺岳にしてもしかり。横尾尾根も西穂高岳でも本当に真剣に雪崩の危険を考慮する場面は殆ど無かった。そして今度も、また尾根である。そういった偏った登り方を私は間違っているとは思わないし、まず安全であるに越したことはない。だから、私も沢に入るのは恐ろしい。しかし、恐ろしいから沢に入るのを避けてばかりいたら、雪の山なぞ登れるものか。そして、そういう行き方に何の進歩が期待できようか。危険には近寄らぬが賢明であろう。だが、どうしても近寄らねばならないときは、どうするのだ？　唯一つだけ方法があると思う。それは万端の用意をして危険（未知のもの）に近づくことである。しかも、徐々に勇敢に。そして、何がどれほど危険なのか身をもって知る必要がある。危険の内容もよく知らないで、ただ雪崩が恐ろしいと、君子は危うきに近寄らざるも一つの行き方であろう。しかし、私はそういった退嬰的な行き方より、もっと進取的な方が山岳部には好ましいと思う。そのほうがより健全であり、我々が願うより本質的な登山の姿ではあるまいか。偉大で自由な山の中に入ってまで私はこんな生半可な理屈を考えたくはなかった。ましてや人から殊更、聴きたくはない。今日は頭の調子がおかしいのだろう。そんな訳で、今後部の中堅となる二人にとっては良い試練になると思って下したのである。彼等もいつか山の中で、こんなことを考えることがあるかもしれぬ。その時は私の気持ちも少しは理解《わか》ってくれるだろう。

夕食、ハヤシライス。窮屈な思いで迎える大晦日。郷里ではさぞかし忙しいことだろう。テントの内はひとしきり賑わった。ラジオの紅白歌合戦に合わせ、皆で歌を唄った。

明日からの行動は、ここから南岳にCⅡ（四人用）を揚げ、そこから奥穂高岳、条件がよければ前穂高岳を狙うことにする。その他余裕があれば、下級生を伴い槍をアタックする。

一月一日　曇（風雪弱くガス深し）

起床四時。ガス深く風弱く雪は少々散らついている。雑煮を作ったが下のテントがいつまでも起きてこないので、半分残し冷めぬうちに朝食を済ます。松倉と宮崎がよくマメに動いてくれるので助かる。昨夜一〇時の天気図を付け損ねたので、その後の天気の動きが判らず、今日も停滞にする。今日のために取っておいた二合ほどの屠蘇を一口ずつ飲み交わす。美味い！　宮崎が出してくれた分厚い羊羹も格別に甘い。ピースの缶を開けてささやかながら新春を祝う。初日が拝めないのは山に居る身といえども、やはり残念だ。八時、ラジオを入れると新春歌調べとか。琴の音など下界の炬燵で寝そべっておればのんびりとして好いものだが、山の狭苦しいテントの中ではもう少しテンポの速いものでないと却って苛々してくる。風は殆ど無くガスは依然深い。

石油はもう一缶が既に無くなっている。余裕は十分あるが少々使い過ぎる。前途は長いから十分に蓄えておかねばならぬ。終日、天候変わらず降雪もあまりない。テントの周囲は風で相変わらず吹き溜まる。四時頃、除雪に出ていたら、突然青空がちょっと現れて太陽が北穂高岳の上に顔を出した。悦んだのも束の間、一分程でまた灰色のガスに覆われてしまった。馬鹿馬鹿しいことだが、「俺だけが初日を拝めた！」と言ってテントの皆に自慢してやった。四時の気象通報で台湾方面から高気圧が張り出しつつあり、下界は晴れて良き正月であろう。歌にも飽き話の種も尽きてトランプなどに戯れて一日を過ごす。もう少しの辛抱だ。じっくり待とう。一六時三〇分氷点下一七度、ガス少々風弱し。

一月二日　風雪

起床五時（下のテントは三時起床）。寝過ごしてしまい下からの声で目が覚める。昨日あれほど言っておきながら面目ない。朝の雑煮を作っても下から取りに来ぬ。上と下でお互いに喚くだけで、どちらも取りに来ようとも持ってゆこうともせぬ。下のテントはただテルモスの湯を沸かすだけ。こんな停滞の日にはその必要もない。夕食を喰いに来る煩わしさはあるが、炊事から天気図を付けることまで上でやっているので、面倒でも取りに来なければならぬ。そう思って最初は放ったらかしにしていたのだが、余りにも煩く殺気立って来たので、寄せばよいのに私も癇癪を起してしまった。結局、松倉に持ってゆかせてけりが付いたが、全く情けなかった。山内・一星と二人も最上級生がいるのだから、山田か住岡を使ってもよいはずだ。上級生らしくもなくわいわい叫ぶだけの幼稚さ加減。たかがテント生活のリーダーシップも執れぬようでは何年山に登っても無意味なことだ。そして、そんな点に関しては、私も彼等と大して変わらぬようだ。責任の一端は私にもある。私が明確にしておかなかったのが落ち度であった。物事ははっきりと伝えておくべきだ。特にリーダーは、遠慮などするものではない。ただ、私としてはいちいち言いつけたくない。小さいことは何も言われずとも、お互いに思いやりを持って労わり合う合宿にしたかった。だが、テントが二つに分かれて停滞が長引くと、皆の心が何かしら殺伐となって来るのは考えておかねばならぬ。テント毎に纏まって、取るに足らぬことで他のテントに敵愾心を持つようになったら駄目である。そんな雰囲気を作らぬようにリーダーの私が気を配ってやらねばならないのだろう。リーダーとは大儀なものだ。山に関する本質的なことで云々されるならまだしも、こんなことで頭を悩ますとなるとまったく気が滅入ってしまう。下界では物笑いになるような小さい事件でも、山での生活となればやはり大人げない・幼稚だと単純に片付づけられぬ深刻な要素を含んでいる。「拈華微笑」とまではいかなくても、いちいち言葉で話さなければ分らぬような山友達ではありたくないものだ。山内と一星を上のテントに呼んで話し合う。話せば馬鹿らしいほどに、何でもないことなのである。今日は一日中ガス深く、風も少々ある。雪は殆ど降らぬが風でテントの除雪は欠かせない。九時の気象通報も芳しくなく、天気は冬型になりつつある。移動性高気圧の望みはなくなった。天気図は松倉と宮崎がてきぱきと書いてくれる。松倉はいつも全然歌わず、催促すると「俺は君が代しか知らぬから」と言う。立園は何をするにも親指の使えぬ不便さを託っている。「His fingers are all thumbs.」などと用いるように、親指一本では使いものにならなくても使えないとやはり困るのであろう。歌を唄っても威勢があがらず、半日ナポレオンに興じる。

五日までにCⅡが出せないなら、CⅠからラッシュアタックするのが好いかもしれぬ。一五時三〇分氷点下一三度。今日から夕食の支度を早目にして、二時から用意に掛かる。ローソクが少し不足するようだ。慎重に使わねばならぬ。今日、テントのラッセルをやっていて、うっかりスコップを雪と一緒に放り出してしまった。幸い、滝谷側に滑って止まったのでほっとした。松倉のピッケルで取りに降りようとしたら、コチコチになっていたバンドが崩れるように切れてしまった。古くなったのを持ってきたのも問題であるが、アイゼンバンドなども凍らせぬよう注意せねばならぬ。

一月三日　風雪

三時三〇分に目を覚ます。入口から首を出してみると、外は依然灰色のくすんだ世界。起きたら互いにコールを掛け合うことにしていたが、この状態では今日も動けぬと横着を決め込んで寝袋にもぐり込む。八時前に下から声が掛かり「雑煮はまだか?」と言うので、「いまから始める」と慌てて起き出す。今朝の餅をひとつずつ減らして、松倉持参の黄な粉で昼飯に「アベカワ」を作ることにしたので、朝の餅は四個ずつになった。今度の餅は私の家の田で獲れたもち米でついてきたので、粘り気があって格別に美味い。餅屋に頼んでいた時は一食六個でも少々食い足りぬ感じであったが、中山や中川・吉瀬らが千切ったので、大きくなって五個も食えば十分であった。立園がラッセルをやっている間に、私はヘッドライトの修理、松倉はエアマットの穴を捜す。松倉のは大きくてすぐに見つかったが、私のは小さくて分からない。しかし、一晩位なら何とか使用できる。一一時五分氷点下一五度。昼食用に停滞の多いのを見越してフランスパンを多く持ってきたが、これにマーガリンを付けて焼くと実に美味い。毎日アルバイトはなく、退屈でも皆喰うことだけには一生懸命になれるから、まだ救いがある。これは偏に食糧係のお陰である。私のこれまでの北アルプス合宿の内では今度が一番良いようだ。四時の気象も芳しくなく、南岳にテントを揚げるのは益々無理になってきた。毎日沈殿で石油の使用量も大きい。明日も悪ければ、CⅡは断念せざるを得まい。その時は、CⅠからラッシュで行ける処まで行ってみよう。

一月四日　風雪

起床六時。朝、小キジの我慢が出来なくて外に出ようとするが、押せども押せども入口が開かぬ。物凄い降雪である。慌てて靴とオーバーシューズに身を固めて、やっとのことで外へ出た。風もなく雪も降っていない静かな山の朝である。小キジを打ちながら下のテントを見て驚いた。僅かに前後のポールの頭だけを残し、あとは全部埋まっている。不吉な予感が胸を襲ったので、飛んで降りて「おーい！」と声を掛けるが、返事がない。色めき立って大急ぎで入口の雪を掻き除け、ベンチレーションの雪を出して、また、「おーい！」と叫ぶ。今度は、寝惚けたような返事があった。馬鹿にしやがって、と苦笑しながらも兎に角ほっとして、上のテントの除雪をやる。こちらはまだ屋根の上三分の一位が露わになっているが、物凄いアルバイトである。片側だけやって、あとは朝食後に松倉と交代する。九時三〇分氷点下一〇度。九時の気象は絶望的な未来を思わせた。また、悪くなる。今日の内にここから見えていた二七〇〇mの岩峰付近までラッセルとその後の様子を偵察に出掛けねばならぬと思い、一星、住岡、宮崎の三名に用意するよう告げる。出掛けから胸までのラッセルに喘ぎながら、山内と立園が立てた赤旗の左端を辿って登る。距離にして一五〇mも行くと這松の急斜面になり、右手の無名沢側に少し回り込んで三〇ｍも直登すると傾斜のない広いプラトー気味の所にでる。畳岩のある左沢の向こう側の尾根はこの付近から派生している。テント地としては絶好の場所である。六日間も降り続く雪で、指標の竹は五〇糎ほど雪面から顔を出しているのみで、赤旗は風で吹き飛ばされたものが多く、エビの尻尾が付いている。これより殆ど傾斜のない尾根を、トラップクラストに注意しながら辿ると、尾根は痩せた雪稜となり南沢側に二ｍ位の雪庇が張り出している。この雪稜の尽きる処は南沢側は垂直に削ぎ落ち、無名沢側は急峻な雪のルンゼが処々に露岩を見せて落ちている。

コルから続くどっしりした丸い斜面が二七〇〇ｍ峰への登りである。南沢側に雪のドッぺり付いた幅一・五ｍほどのバンドが走っているが、悪そうなので少し直登して上部に露出している岩の下をトラバースしかけたが、トップの住岡がガスで見通しが効かず悪そうだと言うので、下に降りて右手に巻き気味に登る。傾斜が急でスタッカットを強いられる。下半は腰までのラッセルだが、上部はクラストしておりアイゼンがよく効く。一ピッチ（四〇ｍ）登り、これから上の雪の状態も予想出来たし、相変わらぬ悪天候で視界も効かないので、引き返し、一五分で帰幕する。二七〇〇ｍから上部は恐らく深いラッセルは殆どあるまい。けれども、今日辿ったコルまでは今後毎日ラッセルをつけておかないと、ラッシュでやるには不利になるだろう。食糧はまだ十分あるが、石油はあと一週間分しか残っていない。もっとも、肩の小屋や北穂高岳小屋には合計一二Ｌ荷揚げしてある。天気待ちも精々七～八日までだ。こんなに天気が悪くては手も足も出ぬ。冬山の難しさが幾らか理解《わか》るような気がする。午後一時、蒲田方面が薄っすらと見え、ガスも茜がかった灰色を帯びて、何か一筋の希望を抱かせる空模様である。南西稜の中程位までと、中岳西尾根の下部が霧の中に浮かび上がっている。

ラッセルに出てきた住岡と「どうも天気が良くなりそうだな」と話を交わす。

故障していたトランシーバーの一台が直り、下のテントと詰まらぬ会話をして戯れる。何処か他の山岳会の音信も入って来るので、つい交話したり激励したりする。こんなことでも停滞の憂さ晴らしには結構なる。皆、もう余りすることもなく退屈で、手持ち無沙汰である。六日間も閉じ込められているのに割と快活なのは、テント内が居心地好い所為もあるのだろう。一昨年の大山合宿では毎日スキーも出来たのに、五日間で嫌になった。あのときのテントの中は寒々として汚ならしかった。あれと比較して、私は規律ある整頓されたテント生活が、冬山において果たす役割をしみじみ考えてみるのである。いまここでやることといえば、テントの除雪と喰うこと、炊事と寝ること、たまにキジ打ちにでること。後は少々駄弁ったり、気分爽快時は唄ったりすること、そんな決まりきったことの繰り返しである。もう誰の胸にも、下界の恋しさが呼び覚まされていることだろう。夕食に入って来る度に、「こっちのテントは広々として好いなあ！」と山田と住岡は言う。それも回を増すごとに嘆息に近いものになってくる。確かに下のテントは、こうやって長い停滞をすごすのには少し小さすぎるだろう。それでも工夫すればもっと快適になるはずなのにと思うが、それを口に出しては言わない。夕食後、今後のことを話し合う。一応、七日まで天気を待ち、それまでにアタック日和がなければ撤退することにする。あと三日間の辛抱だ。もう帰りたくもあり、一方でこれだけの準備と力を注いできたのに、南岳も踏まずに終わるのは何としても無念である。一日でも晴れてくれればという願いも叶えられずに、空しく山を降りなければならないのだろうか。風が唸りをあげ、テントが揺らめく。ＣＩに上がってから一番酷いようだ。七日までと期限を決めたことで、皆の気持ちに張りが出てきたのか、テント内の気分は明るくなった。ラジオは今冬の遭難の報を告げる。すでに二九名にのぼるという。どんな結果に終わろうとも、私達のパーティから アクシデントを出してはならぬ。風に飛ばされてくる雪が溜まり、除雪が酷い。テント内に居ても、ずんずんとテントの周囲に積む雪が増してゆくのが判る。突然、外に出た住岡が「月が出ている！ 雲も処々切れて青黒い空も見える」と言う。明日が一応のヤマだ。明日を逃せばもうチャンスは望めまい。明日は二時起床。私と立園で長躯奥穂高岳を狙い、残りの六人は槍ヶ岳をアタックする。テント内は急に慌ただしくなった。奥穂高岳はビバーク覚悟である。小型ラジウス、ローソク、ツェルトザック、エアマット一枚、それに食糧などを詰め込んで、乾かしておいた靴に油を塗る。ザイル、三つ道具、ライトの点検など、各々緊張してやっている。こういった慌ただしさの中に時に訪れて来る張り詰めた沈黙の瞬間は、私にふっと力強い生命の躍動を感じさせる。それが神々しいほどの悦びとなって私の心を煽り立てる。宮崎が最後のラッセルをやってテントに入ってきた。雪も鍋一杯に盛ってある。あとは天候を待つのみだ。願わくば半日でもよい。晴天であってくれ！ 四月以来、練りに練ってきた技術と闘志を明日こそは、この厳冬期の槍・穂高にぶっつけてみたい、否、ぶっつけさせてくれ！

一月五日　午前中快晴　午後より崩れ風雪

目覚しを掛けていたのに寝すごしてしまった。短い冬の日の行動に四〇分の遅れは痛い失策である。ずっしりとエキップメントに膨んだサブを片手に外に出しアイゼンをつける。もう外は明かるく、薄く星がまたたいている。立園の用意を待つ間、下のテントにいって山内に槍アタック隊のことを頼み、簡単な打合せをする。

トーキーでの連絡は行動に支障をきたす時間を省く為とビヴァークを余儀なくされた場合を考慮して正午と夕方の六時から二時間おきに一〇時までやることにした。くれぐれも無理をせぬようにとの山内の言葉に送られて一足先に張切って出発した。私が先頭に立ってラッセルする。昨日のトレースまではあまり埋れることはなかったが、それでも腰までの雪であった。二七〇〇mへの丸い斜面で昨日悪いと思った部分は見通しの効く今日では何の変哲もないただの斜面で、露岩の下を南沢側に捲いた後は這松がでて歩きにくかったが訳もなく直登する。雪の状態は固く締ってアイゼンの良く効くところ、ブレイカブルクラストの部分、ラッセルのある部分と様々である。二七〇〇mまでは主に南沢側をトレースした。それよりナイフエッジが始まり、しばらく辿ると極端に脊せた部分で一過所露岩でふさがった処があり、両側を捲くことは悪くスタッカットで馬乗りになって通過した。雪庇は南沢側に小さいものが出来ていて南沢側はほとんど垂直に近い急斜面なので、右手無名沢側に沿って進む処が多くなった。すっかり明かるくなったのでライトを消す。ラッセルにはさほど苦労せぬが連続するブレイカブルクラストには意外なほど悩まされる。時折振り返って眺めやると眼前には笠ヶ岳がいつに変わらぬ秀麗な姿を浮べ、双六岳黒部五郎、薬師岳、さらにその向こうの白い山々の連なりが久々に厚く重たい霧のヴェールを脱ぎ去って重なりあいひしめきあって厳粛な輝きを放っている。それらを一つ一つゆっくりと堪能する暇もなく先を急がねばならぬ。空身ではその必要もないフィックスの上部は急で南沢側の縁を辿り、更に次のピークの登りにかかるとラッセルは腰から胸へと深くなった。この小峰の登りで南沢側に巨大な雪庇がでているのを私も立園も認めた。登り切ると尾根はやや下り気味になったが、南沢側を警戒して雪庇の先端より四m程の処を深いラッセルに身を没しながら一〇mも辿った。一方、無名沢側も極めて急であって雪も深く安定していないのでどちらかというと私は雪庇よりも無名沢側に雪崩れることに気を使いすぎていた。案の定ラッセルに踏み出した足もとの雪が崩れてその部分から一筋雪が斜面を滑り落ちていった。これは危いと思い私はうかつにも何のためらいもなく五〇糎程南沢側に寄って二、三歩足を踏み出した。その刹那身体がフワリと宙に浮くのを感じたが私は何の抵抗もなく、すい込まれるようなその成行に身を任せざるを得なかった。それは極めて短い瞬間であったろうが、気がつくと私は無意識に崩れた跡の雪稜にしがみつき、足も無論地に着いていたが反対側に身をおどらせて充分な確保の体勢にあった立園に向かってもっと後にさがるように幾分取り乱した調子で叫んでいたようである。

大砲を何台も並べて一度にぶっ放したような一大音響に思わず振り向くと、そこにはすさまじい光景があった。眼下の沢の白い斜面がすばらしい速さで動き南沢最上部の広いカール全体から中心部に向かって雪煙を上げて迅のごとく落ちてくる幾筋もの雪崩の帯があっという間に累々たるデブリの山を築いてしまった。

私も立園もそのままの姿勢でただ呆気にとられてこの凄い雪崩の全貌を見守るのみであった。雪崩が雪庇崩壊のショックで生じたことは明らかであったが、積もりに積もった雪で国境稜線の直下附近には二〜三ｍの層にわたり雪崩の跡の断裂が生々しく残っている。

やれやれともとの位置に這い上ると、「あれほど雪庇雪庇と注意していたのに……。でも離れて歩いていたのでよかったな」と立園が言う。巨大な手でもぎ取られたように崩壊した部分を眺めて、これでは後続パーティーにバレてしまいそうだと苦笑する。精神的にショックは少しもなかったが、やはり幾分慎重になって次のワン・ピッチはスタッカットで様子を覗った。この先はいかにもプラトーというに似合った狭い雪の広場で、これからコルに続きコルから登っていくらも進まぬうちに驚くべき光景が待っていた。それほどの傾斜もないのに六日間降り続いた雪を持ちこたえることができなかったのか、尾根は両側面とも二～三mの層にわたって雪崩落ち、あとには締った雪が滑らかな斜面をつくっていた。しかも尾根の稜頂には雪崩ずに残った部分が三mも高い巨大なブロックとなってカミソリで切ったかのごとく長く横たわり、積雪量の凄さを物語っている。この部分はブロックのすぐ南沢側をヒヤヒヤしながら通過した。

ほっとしたのもつかの間で次の部分では全く度肝を抜かされた。ここでは右側は半分ほど雪崩れていたが南沢側はまだ雪崩ておらず、これがメチャクチャに亀裂が入っており、その大小さまざまのブロックがひしめきあって正に雪崩れる寸前の有様を呈している。この光景に釘付けされた瞬間、私はここを突破するには恐らくブロックをたたき落しでもせぬ限り無理な話だと無意識に感じたのであるが、巨大なブロックをピッケルでたたいてみたところでそれはおよそ意味がなく、むなしくはね返されるのみであった。もはや斜の断裂をもって無名沢側に雪崩れ落ちている斜面を廻り込んで進むより仕方がなかった。このルートは技術的にはさほど難しいところではないが、唯少々被いかぶさるようなその断裂の様子からブロックが動いて落ちかかってくるかも知れぬという懸念があった。これほどのブロックが動き出し押しつけられたらひとたまりもない。

立園にジッヘルを頼み、断裂に沿って斜に約二〇mほど無名沢側に下降する。これによりまた稜頂に向けての直登は雪崩ていない部分であるが、積雪量少く落着いた状態なので安定感がある。四〇m一ぱいで積頂近くの露岩の下に達し、ここで足場を固めてアンカーレッジをこさえる。次のピッチは一〇m米程露岩の右側の急斜面のトラヴァースで、かなりのバランスを強いられる。これより上部は特に取り立てる程もない雪稜でアイゼンを効かせてコンティニュアスで南西稜の分岐している二九〇〇ｍ附近の厖大な斜面に達する。振り返ると後方二七〇〇ｍ附近に槍アタック隊が現われた。

部分的にはかなり埋る広い斜面を指標に従ってだたっ広い稜頂に出ると西尾根は南西稜と合してぐっと左に屈曲してくる。大キレットへの下り口にある小さいコルとそこへ続く露岩混りのなだらかな雪の斜面がここからよく眺められる。このまま稜線を辿って南岳小屋を迂回するより、この斜面からコルに達する方が有利であることは明らかであったので、そのまま稜線を踏み越えてトラヴァースにかかった。部分的には岩がでていて歩きにくかったがアイゼンが良く効きコンティニュアスでコルも間近まできたとき、トップの私が全く不注意にも表面の軟雪に足をとられてスリップしてしまった。体勢が崩れていく瞬間でも滑っても傾斜が緩いのですぐ止まるとたかを括って機敏なストップの構えにはいらなかったのが悪かった。滑り出して慌てたときは体勢が悪くピッケルの制動もうまくゆかぬ。約一〇ｍ滑ったところで立園がザイルシュリンゲにピッケルを突込んで止めてくれた。横着を決め込んだのも言語道断なのだが、注意して慎重に歩けばスリップなぞする処ではなかった。それに私は表面の軟雪がその下の固い雪になじんでいないこともあの時知っていた。こんなみっともないスリップをやったことは、この合宿中、私の最大の悔いとなるであろう。私は気持の上でも技術の面でもまだまだ未熟だ。私はここまでくる間に現われた奥穂のくすんだ白い輝きに少々いきり立っていた。どんな場面に直面してもリーダーは浮き足立ってはならぬ。気持はいくら強く動かされても行動ではそれを押えねばならぬ。その点、立園はいつも冷静にふるまう。見上げたものだ。

コル着八時一五分と知って奥穂アタックは断念する。立園はキジを打つ。朝の陽が射して辺りはまぶしく輝き風も穏やかな方なのだがじっとしていると寒い。コルからの下り口附近は夏と様子が違うので面喰ってしまう。まず一ピッチ滝谷側の急斜面を廻いてみるが合点がゆかず、またコルに戻り本谷側のルンゼ状の沢（これに夏道はついている）を三〇ｍほど下り右側のリッジに移って不安定な雪の急斜面でピッケルを支点にしてアンカー、更に一〇ｍ程トラヴァース気味に下ってこのリッジの中央部安定した部分に着く。これを二〇ｍも下ると夏道に合し、アイゼンのトレースを見出してこれに従った。白く薄い霞のような雲のヴェールが西の空にかかってきて半日の晴天が明瞭となった。第二梯子に達する下り口が少々緊張させられたが、あとは滝谷側よりの風もほとんどなく快適なアイゼンの舞台である。本谷側には一ｍ位雪庇がでており、鎖場やナイフエッジではやはり少々悪くスタッカットを強いられる。最低コル付近の雪は良く締っており、懸念していた上部より雪崩も全然心配いらぬほど雪はほとんど付いていない。六日間あれほど降ったのにさすがキレットを越える風は強いのであろう。トレースに従いリッジ伝いにゆく。傾斜が急になったところでスタッカットで一ピッチ登り、滝谷側の望める脊せたリッジからひょっこり顔を出すと下から声が掛かり三〇ｍ程眼下のＡ沢に落ちているガリーに接したレッジに八幡製鉄パーティーの一人とそばに負傷した人が一人黄色いテントをかぶってうずくまっている。上と下で話すと縦走の途中にこのリッジより落ちて一人が片足をくじき顔面も負傷したとのこと。リーダーはいま北穂まで救助を頼みにいっているが僕達の手助けを必要とするとのこと。先程から僕等の影を認めてもう一時間近くも待っておられたそうである。なるほど私も最低コルに着く前からテントを認めていたが、滝谷にでもはいっている何処かのパーティーのキャンプだろうと思っていた。確かに妙な処に設けたものだと不審ではあったがこんな事情とは考えてもみなかった。

出来るだけの手助けをする積りで、とにかくたらしてあったテトロンザイルでアプザイレンして彼等の処まで下った。ガリーはかなり急な雪渓なのによくこれ位の処で止まったものである。負傷者は元気で気力もしっかりしているが、真赤に染まってしまった顔面の繃帯が痛々しくそばに居るのが辛いほどであった。八幡製鉄の人達は北鎌尾根から縦走の途中で、今朝三時に肩の小屋を発ってきたとのこと。行先は西穂までで他に岳沢と北尾根に同じ仲間のパーティーが入っているので彼等に連絡を付ける為リーダーの方がもう一時間も前に北穂小屋に向かっていること。今日のうちに負傷者を北穂小屋まで運びたいので僕等の援助がほしいとのことであった。

私は少々考えざるを得なかった。それは大キレットの核心部を通って歩けぬ負傷者を北穂小屋まで運ぶことがいかに多大の労力と時間、人材を要するかほぼ見当がついていたからである。どんなにうまくやっても明るいうちに北穂まで着くのは不可能だ。それに二〇人近くの動けるメンバーが必要なはずである。とにかくビヴァークは避けられぬ。天候も悪化してきた。だが、人道上は無論のこと同じく山に登る者の心としては精一ぱいのことはやってあげたい。そして、私は僕等のパーティー全体の事も考慮せねばならぬ。すでに笠方面はすっかり灰色の雲で被われてしまい、滝谷から吹き上げてくる風も冷たい。不安定な場所でガタガタ震えながら腹ごしらえにとパンなどだしてかじった。

私は、私と立園がいなくてもＣＩからの撤退はごく容易にできると考えていた。中の沢は場合によっては雪崩るかも知れぬ。しかし、生命を脅かしたり下降を不可能にするほどの障害とはならないだろう。積雪量は多いが急斜面の下降であるからラッセルに苦しむことは今までの経験からは考えられぬ。もし私と立園が今晩ビヴァークすれば彼等は一日待たねばならぬ。それよりも彼等には下りてもらっていた方がよい。北穂から南岳西尾根を経て槍平へは少々の悪天候でも下れぬことはない。もし天候などの事情で北穂に停滞を余儀なくされた場合は涸沢岳の西尾根を下るという手がある。上高地の方に下りてもよいが、涸沢岳西尾根にはまだ千葉大学も残っているであろうし、私は以前冬の記録を調べたことがあるので立園と二人なら下れる自信があった。立園も簡単に同意してくれたので私は一二時の交信でこのことを伝える積りであった。もし交信が不通のときは……？　彼等は心配するだろうが、待ってもらうより仕方がない。彼等は恐らく僕等が奥穂まで行った為ビヴァークしているのだと想像するだろう。

期待に反して交信は不成功に終った。北穂に行っていたリーダーのO氏も戻ってこられた。丁度下山しかけていた山岳同志会の方々に北尾根のパーティーに伝言を託してきたので今晩か明朝に一〇人程の救助隊がここに到着するはずとのことであった。O氏が僕等のトランシーバーで北尾根に通信してみられたが、やはり応答はない。O氏が彼等だけの力で救助作業を片付けたい意向を告げられたので、少々申し訳ない気もしたが私もその気持をくんで北穂だけは踏んで帰ろうと一ピッチ、リッジの上まで私が登ったところで、再びO氏が私の処まで登ってこられて安定した場所に移したいから手伝ってくれるように申し入れがあった。私と立園ともう一人の方が上から確保し、O氏が負傷者を背負って縦走路まで約五〇m引張り上げるのに約一時間を要した。二時近くで、もう北穂まで行く余裕はない。引き返さねばならぬ。風当りの強いこの場所では負傷者には辛い一夜であろう。ビヴァーグの用意を始められた三人を励まして縦走路を下る。雪が締って安定感があり、リッジ通しより安全である。第三者が余計な批判をすることは許されぬかも知れぬが、八幡のパーティーも夏道を辿っていたらスリップは避けられたかも知れぬと憶測する。もう南岳も、その周辺のいかつい岩の頭も怒濤のごとくあとからあとから追し寄せてくる雲の波と闘っているようである。大キレットは終始吹かれっ放しで雪も飛び散り、針の束を受けるがごとく顔面の痛いことはなはだしい。たまりかねて余り役に立たぬゴーグルをはめる。第二梯子下の本谷側に小休止して、初めて飯らしいものを喰う。コチコチに凍ったハムが格別に美味かった。コルへは往きにトラヴァースした沢を避けてリッジを直登する。急斜面で胸がかぶさるほどに雪も深く、この一ピッチは悪かった。コルよりはまた飛騨側をトラヴァースして西尾根に出る。二九〇〇m附近はガスで視界が効かず西尾根への下り口を見失うがすぐ見出した。私はもうゆっくり歩きたかったが立園がやけに急ぐのでこれに歩調を合わせた。少々下るうちに下の方からコールが聞えたのでコールを返して急ぐと話し声がして姿は見えぬが槍アタック隊が眼と鼻の先を下っているらしい。猛り狂う嵐の中を休む間もなく二七〇〇mまで下り、岩陰で全員合流し、とにかく無事を喜び合う。槍には山内ら三人が登ってきたとのこと。

極めて悪天候となり、吹き上げてくる風圧のすさまじさにはしばしば歩みを止めて顔をそむけていなければならぬ。もう全ゆる感情も感覚もすっかり麻痺されて、唯ひたすらに下らねばならぬという意志だけが残され、全員の心と身体を動かしているのではないかという気がしてくる。薄暗くなり見通しも効かなくなり少々南沢側へ寄り過ぎた。住岡のちょっとしたスリップが松倉と山内を引っ張り込んだが、難なく三人共無事であった。山内が何かに頭をぶっつけたらしく少々頭が痛むという。立園と二人で左側に廻り込んで往路に合する。往きのラッセルはもう跡かたもなく消え去り腹までのラッセルに全員くたくたになり帰幕した。またしてもテントの除雪にほとほとグロッキーになる。冬山とはいえ今日の行動は厳しかった。槍アタックは無事成功したが奥穂は無論北穂もあの事情で踏めなかった。私は疲れ切っていたが、心は充分に満たされていた。もう明日からは潔く山を下りなければならぬ。時が経てば改めて悔いは生じてくるかも知れぬ。しかし、今はもう何の悔いもなく山を下りることができるという気持だけが、私の心を安らかにした。

一月六日　小雪　風なくガス少々

九時に起床して下のテントに撤収することを告げ、ゆっくりと飯を炊き、遅い朝食を一一時に済ませる。昨夜、朝の食事は別々に作れるようにしておいたのだが、下のテントは用意を始める様子もない。九時に眼ざめたとき私は一一時まで食事とテント内の装備をまとめて一二時にはテントの撤収を終える予定でいた。今から撤収を始めるが飯は済んだかと尋ねると、いやまだこれから炊くのだというのでテント内で待つことにした。前室と後室には装備と食糧をいつも置いていたのでラジウスを燃やしても暖らず内側に氷やつららがいっぱいくっついてそれを落すのは実にやっかいであった。二時、たまり兼ねて撤収開始、下のテントはまだ外に出てこぬ。一体何をしているのだ。そして、撤収も遅々として進まぬ。最大の原因はテントの張り綱の処置に失敗したからである。設営するとき細引きも無論使用したのだが、それがすっかり雪に埋ってしまい掘り出すのに非常な手間が掛かったのである。後ではあきらめて張り綱を切ってしまったのも二、三本あった。皆いそいそとやっているのに撤収の時間が長びくのはやはり個々人がちぐはぐなことをやって足並みがそろわぬからであろう。

薄日射し、やっと五時になって下り始めることになった。遅くなったというあせりと不安はやはり幾らかあった。しかし、私は降りれるものならこのまま降りても一向に構わぬと思った。積雪量多くＣＩより一〇〇ｍも降りたところでトップの山内が降りれぬと言って止まってしまった。私はそんなはずはないからと立園に下まで降りてみてくれぬかと言うと、それだけは絶対に断るという。私の言い方も不充分であったし、立園も感違いをしたのであろう。空身で一〇〇ｍも下まで行ってくれればいいのだと言うと、そうしてくれた。左沢側に向け一ｍ程の雪庇がでていたが、それは問題にならず、唯危険なのは岩峰の上部まで左側が切れ込んでいるので右沢に落ちぬよう注意せねばならぬ。左沢に沿って下ればブッシも出ており、まず大丈夫である。

気がついてみると、もう夕闇が迫っていた。それが一層私をジリジリさせる。強行に下るか、ここに踏み止まるかの岐路に立つ。皆の気持は明らかに引き返すことを望んでいた。黙っていてもそれが私にもよく伝わってくる。無念であるが引返す他はない。大型ウインパーを一張りだけもとの位置に張り直し、ピッケルを張綱の支柱にする。個人装備も入れたのですこぶる窮屈であったが、とにかく八人が足を伸ばして寝るだけのスペースはとることができた。夕食はオートミールにモチ。調理の仕方が悪くて不味いことこの上もない。今日は撤収の際に幾つかの失態を演じた。山田がエアマットの栓を棄ててしまった為に大型が一つしか使えないし、松倉は食糧の這入った罐を蹴飛ばしてしまった。気持は理解《わか》るが最後まで慎重にやる心構えは必要である。

皆、今日は槍平でゆっくりできると思っていたのに、期待を裏切られて意気消沈。私の心がもっと深く豊かな包容力を持っていたならばテントの内ももっと和んでくるのにと悔まれてくるのだが、それは簡単に成就えられることではない。

それにしても判断が甘かった。しかし一体何の判断が……？　もっと早めに用意すべきであった。私の指揮のやり方もまずかった。或は前日の疲労を考慮して今日は一日ゆっくり休養すべきであったかも知れぬ。それらは全く間違ってはいないし、結局は私の未熟さによるものであろう。未熟さという言い訳で全てをごまかそうという訳ではない。だが、それだけでは割り切れぬ何かもやもやした霧のようなものがやたらに私の心をやりきれなくする。冬の山は最後まで手厳しい。

一月七日　曇時々小雪

テントほとんど埋る。松倉、住岡は起きて除雪。立園、山内の二人は岩峰下の中の沢トラヴァース附近までラッセルを兼ねて偵察に下る。青空が僅かにのぞき薄日が射すがまた曇り、小雪が散らつく。内では朝のゾウニの用意でラジウスが唸る。私は私の一番弱点であるのどをやられて少々気分が悪い。山田は全手指をかなり凍傷にやられ不自由な様子が痛々しい。痛覚があるので軽度であるが右手中指は少々膨れがひどい。一星も右顔面凍傷、一部が黒く痣《あざ》のように変色している。いづれも槍アタックの日にやられたものである。山田に予備のオーヴァー手袋とウールの五本指手袋を借してやる。一星のは致し方ないとしても、山田はもう少し何事もまめにやる癖をつけないと山では危い。槍アタックの途中では素手で五、六度もアイゼンを付け換えたという。これでは凍傷にかからぬ方が第一おかしい。はじめ立園が凍傷にかかって以来、私はくどい程に注意してきたはずだ。

外では松倉が独り黙々と除雪をやる。最後までよくやってくれて感謝する。風が強くなる。晴れてくれとは言わぬ。曇っていてもよい、せめて風だけは吹いてくれるなと祈るや切なり。ゾウニを喰い終ったころ立園、山内帰幕す。トラヴァース点まではルートがわからず行ってこなかったとのこと。

撤収が済んで出発できたのは一二時であった。宮崎はワッパの紐が凍ってはけないので棄てるという。私は後で困るから持って行けと再三忠告したが、やはり棄ててしまった。冬山でワッパを持たぬことは致命的な痛手を喰らうことを覚悟せねばならぬ。私はそのことを常識として知ってはいても身についた経験として持っていなかったので絶対に持って行けと強く言えなかった。決して投げやりにしたのではない。独りならば必ず持って行かせたろう。しかし、持たなくてもパーティー全体にたいした影響もなかろうという甘い気持がいくらか働いたことは確かだ。事実、宮崎は槍平小屋まで苦労したのである。下降は左沢側に沿って尾根を下り、岩峰上部ではこれより派出しているタンネの密生した尾根を下る。ラッセルは胸以上もあるが、下りであるから労力はあまり入らぬ。登りにザイルをフィックスした附近までくると、あまりに膨大な積雪量の為すっかり様子が変わってしまい、ルートがわからなくなったのか山内はトップを代わってくれと言う。皆を休ませて単身ルートを捜す。狭い範囲であるから慌てることもなかろうにと思うが、確実に赤旗をたてておけば手間は省けたろう。急斜面をブッシュにつかまって一〇mほど下ってみてほぼ見当がついた。少々下りすぎたのである。一〇mも上に引き返すと左手のタンネの間にルートはすぐ見つかった。中の沢の状態を知りたかったので後に続くように言って独り先行する。タンネ帯を抜けたところでブッシュ帯（岳樺）へと小沢をトラヴァースしかけたとき、上部より表層ナダレが音もなく流れ落ちてきた。小さいのでさらされても大したことはないと思っても、すぐ足元を雪崩れて行くのを見守っているのはあまり気持のよいものではない。雪崩の通った跡の沢をトラヴァース気味に下り、問題の中の沢のトラヴァース点までラッセルをつけた。トラヴァースが容易でないことは盛り上がったように積った沢の状態からすぐ理解《わか》った。デポまで引き返して後続を待ち、また下って全員中の沢のトラヴァース点の岳樺の生えた部分に集結した。沢には二筋三筋すでに切裂がはいって朝日の鈍く蒼白い輝きが不気味である。最短距離でも真横に渡るのは危険だ。真剣にトラヴァース点を捜す。ザイルを出させて一〇ｍ程下り、山田にジッヘルを頼み、対岸の一番近くにある岳樺目がけて斜に渡ることにした。ラッセルは深く胸以上ある。五ｍほど進んで更に二、三歩踏み出すとバリバリと音がして小さい断裂ができた。これはいかん、引き返そうと向き直ったとき、来たぞ！　と上から声が掛かり、表層が雪煙を舞い上げて落ちてきた。引き返しながらこれは相当手こずるかも知れぬという重苦しい気持が脳裡を支配する。小さい表層雪崩など固り恐るるに足らぬ。私が懸念したのは無論のことトラヴァースのラッセルを入れることが全層雪崩を誘引するかも知れぬということであった。暗澹たる気持を取直して岳樺に沿って更に一〇ｍほど下る。そこで岳樺帯は尽き、右手から今しがた渡ってきた小沢も合流して中の沢は広くなって落ちているが、そのグレンツリニーより下は既に表層が落ちたのであろう、五〇糎程沢の面が低くなっていた。私はこの線に沿ってのトラヴァースに最後の望みを託した。ラッセルは変わらず胸を越し、何度も何度も上部を振り仰ぐのに背伸びをせねばならぬ。バリバリとまた不気味な音がするが、もう後へは引けぬ。私はここに至って初めて山という自然を介して死と対決する場に立たされている自分をまじまじと感じさせられた。大きい奴が来たらダメかも知れぬ。しかし、俺がやられても他の連中はなんとかなるだろう。それらは勿論無意識に五体に感じ、脳裡に閃めくのであって恐怖観念や何かヒロイックな感情の亢まりや、或は運を天に任すといった捨鉢な気持ではない。それらを超越したもっと真剣な没我の心境に近いものだ。沢の中程を過ぎても眼前の岳樺が仲々近くならぬ。また風で雪煙が上り、西の空に薄日がさす。風よ吹いてくれるな！　一歩一歩に願いをこめてラッセルを続ける。長い緊張の時が過ぎて四〇ｍいっぱいでやっとトラヴァースを終えた。幾分緊張がほぐれたがまだ安心できぬ。そこも上部が雪崩れたら安全な場所ではない。岳樺にフィックスして引返し、まず私が荷を担いで渡り、荷をもっと下方の安全な場所に下しフィックス点で次々と一人ずつトラヴァースしてくるのを見守った。最後に一星がアンザイレンしてくるのをたぐる。渡り終えると山内、一星と三人で握手する。これでもう危険な箇所は過ぎた。私は気が弛んで幾分がっくりとした気持になった。嬉しさで涙がこみあげてきそうになった。それはまだ私が弱いからであろう。これほどのことではまゆひとつ動かさぬ氷のような山男になることがいかに難しいことなのか、私には理解《わか》るような気がする。いくら自分では何でもないと力んでみたところで神経は相当に張りつめ疲れ切っていたのである。すでに三時を過ぎた。しかし、私はまたしても平静さを取り戻さねばならなかった。ラッセルが以外にひどく、空身でなければ動きが取れぬ。一、二年はまだラッセルが甘くじれったくて見ておれぬので勢い自分のラッセル距離が長くなる。少し傾斜が緩くなるともう少々のことでは身動きができぬほど没して頭は完全に雪の面より低い位置にある。一体どれほど積もっているのか見当もつかぬけたはずれな量である。私はこんな気違いじみたラッセルを想像だにしたことはない。空身でしかも急斜面を降りるのに。

　登りのルートより少々右側に反れてしまったが、取付きのすぐ下手で右保に注ぐ沢の上部にでると私も幾分ほっとした。立園とラッセルを交代し、充たされた気持で独り荷を取りに三〇〇mもまた上に登る。皆と離れてしまって静寂と夕闇が山を包み、いそいそと駆け下るのがもったいなくて先程あえいで下った道をゆっくり辿る。右保に出るとすっかり闇に包まれてしまった。さすがに気も弛んでしまったが、まだ槍平までのラッセルに身をしごかねばならぬ。以前のトレースは全く跡形もなく、タンネの間にルートを捜しながら進む。私と立園、山内、一星の四人が空身になって、後の四人は荷を担ぎ従った。こうしないともう彼等にはこれだけのラッセルをやる力はないだろう。私達四人にしても、もう精一ぱいのアルバイト。疲れている所為もあるが三

〜五mやるとグロッキーになる程雪も深い。打ちひしがれても打ちひしがれても唯残された力をふりしぼって黙々とラッセルに打ち込むしか仕方のない、それはもう執念の権化のようなものであった。荷を担ぐ四人はもう一言も語らず、魂を奪われた物体のごとくついてくるのみである。森林帯を過ぎてやっと槍平に出た。夏小屋も近く、黒くぼやけてみえ、対岸のタンネの陰に在るのだが一歩一歩が頭まですっぽり埋ってしまう有様ではいつ辿り着くやらわからぬ遠い存在であった。右保に下り立ってから四時間という時が過ぎて、私達は小屋の前に辿り着くことができた。入口の軒下まで雪が積っていて戸を開けるのに苦労する。私ら四人は小屋までずっと空身でラッセルを続けてきたので、キスを取りに引き返さねばならなかった。私はすぐ引返した方が良いと思ったが、しばらく休んでからにしようと山内や一星が言うので休むことにした。しかし、これは私の身体のコンディションには悪い結果をもたらした。この失敗は偶然にも私が山にはいるとき秘かに胸にしまってきたあの質問に答える糸口を与えてくれたのであるが、それはまた後に述べよう。

小屋に這入って荷をおろしたとき、私はもう自分が疲れているという感じがないほど疲労していた。もう大丈夫だという安堵感とストーヴの火と暖いミルクが極度に張りつめすり減っていた神経を和らげて、一度にどっしりとした疲労感が私を襲った。とにかく私はもう一歩も動きたくなかった。そして、私は私がこんな状態で荷を取りに引返したとしても小屋まではなんとかバテずに辿り着くことができるかも知れないと思った。しかし、絶対にバテないというだけの自信はもうなかったのである。その〝もし万が一〟という不安が私を躊躇《ためら》わせた。唯、私がかなり自信を持って言えることは、もし私がリーダーでなかったならば私はよしんばバテたとしても身を引っぱたいても出かけたろうということである。

〝俺はとても取りに行けぬから荷は放っておいてくれ〟というと三人共困ったような顔をしていた。確かに無理な注文であったろう。山内が誰かあと一人来てくれるように言っても誰も行こうという者はいない。山内も言い難かったろうし、そのことがまた私を一層たまらない気持にした。結局、彼等三人が私の荷もいっしょに運んできてくれた。唯、申し訳ないという他はない。ストーブの前にぼんやりとしゃがみ込んでいると気分が悪くなり、飲んだミルクも吐いてしまって、飯ができても食慾がない。

私がリーダーとしてもっと強い人間であったなら私は何の躊躇《ためら》いもなく誰か二年部員にでも私の代わりに取りに行けと命じたろう。そして、それは山のグルッペの有機的な行為としては当然の処置であると私も思う。誰が荷を担ごうと誰がラッセルをやろうと、それらは全て山のグルッペの有機体としての手や足や胴の一部分の動きでしかない。しかし、そういったことはおのずとその仲間の雰囲気がそうなるべきなのであって他の者に強いられてそうさせられるべきものではない。上の者から命じられてやるのであったなら、山のグルッペの持つ最も美しい有機的な行動を助長させてゆくことはできない。

片意地が悪いと知りながら、唯一言厳粛に口を開きさえすれば済むことだと知りながら、尚私がリーダーの威厳を失する如き態度をとったのは、やはり私が意気地がないからであろうが、こんな気持も幾分働いたのであった。

今日の圧倒的なアルバイトにみな実に良く耐えてくれた。私はバテ気味にはなったが、それは私の体力が及ばず力つきたのであって、私の心には何の悔いもない。飯を済ませても誰も寝ようとせずストーブの周りにすわり込んでけだるい身体を動かして濡れたものを乾かしている。口をきくのものうく、話もあまりしない。

独り住岡だけが二階で濡れたウインパーを張っている。皆もうタバコもなくなって私のピースのカンにあと三〇本ほど残っているのみである。

疲労がはなはだしい故、明日は沈殿とする。しかし、この豪雪と悪天候のことを考えると、できるだけラッセルをつけておかねばなるまい。星が見える。就床三時。

一月八日　雪後晴

ごとごとする物音に眼ざめると住岡が起きていてテントをラジウスで乾かしている。まだ疲労感は重く五体がバラバラに分離したような感じであるが、快眠をむさぼれた。外は小雪が散らついているとのこと。一二時過ぎにシュラーフを脱け出るとストーヴにはゼンザイができ上るところであった。久方振りにメリケン粉のダンゴが美味い。山田をキーパーに残して小屋を出たのは、もう三時に近かった。遅れて独りゆっくり歩く。まだ少々ふらふらする。今日はラッセルは少し無理だろうし、歩く位がコンディションを整えるには丁度よい運動かも知れぬ。小雪の散らつく人っ子一人いない槍平……。仰ぐと曇った空間の上の方には昨日下りてきた西尾根のピラミッドがぼんやりと浮び、振返るとガスのヴェールの彼方には西鎌尾根がくすんでいる。〝冬の山は厳しい〟―私は一語一語かみしめるように口ずさむ。そして、この荒涼たる雪原に独り佇んでいる私は、またなんという幸せ者か。

昨日の下降点をすぎるとラッセルは沢沿いにつけられていて急がずともすぐ追いついた。松倉が雪まみれになってもがいている。まだまだ甘いけれど今日はそれをゆっくりと眺めているだけの余裕がある。滝谷出合いまでは沢筋にルートを取った為ラッセルは思いの外はかどった。出合より二〇〇m上流部は南西稜の大きなギャップより落ちている急俊な沢の押出しで斜面が右保谷に押し出してきているため沢は狭められている。現在はまだ雪崩の恐れはないが、春には累々たるデブリの山を築くことだろう。中岳の上空附近はガスが激しく去来し、時折青い空がのぞく。出合近くまでくるとなつかしい渓声を聞き、深々と積んだ白い雪の面の一部がぽっかりと落ち込んで、その底に澄んだ青い水をみる。近寄るとどうどうという水音が心地よく飲慾をそそる。滝谷出合より夏道のついている左岸に移ったのだが、ブッシュがはびこっていて散々苦労した。奥丸山から伸びている支尾根の末端附近までラッセルできればと思っていたが、もう夕暮れが近い。ガスが少々かかっているが、空は茜色に染まってきた。明日は晴れそうだ。引返点で取っておきのチーズをだして皆に分け与え、ゆっくりと舌の先で味う。パンももうなくなって行動食は何一つなかったので美味かった。夕暮れの中をいそいそと小屋に向う。松倉が少々疲れている。私も急ぐと少々辛いのだが、彼は新人ながら良く頑張る。一口の不平もいわず黙々と何でもやってくれた。

尾根にさえぎられて見えぬが月が出たのであろう。中崎尾根の上半分がギラギラと照らし出されてきた。中岳からの尾根も白々と黒い空に輝いている。昨日に比べて今日はまた何と心地よく歩調の進むことか。南沢の出合い附近の森林のまばらな処で休んでいた一星ら四人と一服する。丸い大きな月が南岳より顔を出して谷底のあらゆるものに明かるい真昼のような光のスポットを浴びせかけた。樹々は長く細いその陰影をくっきりと白い雪の面に浮き彫りにして辺り一面この世のものとは思えぬほどの神々しさ、すさまじさである。明日はもうあのなつかしい山裾に下るというこの時になって何という贈物だ。この身も凍るように美しい山々の佇まいを生涯忘れ得ぬイメージとして心の映像にしっかりと焼きつけておこうと皆ため息もつかず辺りを仰ぎみる。いまこうして安らかな気持でじっと佇んでいると、今まで散々に踏みにじられ痛めつけられてきた傷痕のうずきも和んで、山にきて初めて報いられたのだという強い喜びがジーンと胸にたぎってくる。

一星も山内もこれが学生生活最後の冬山。誰にも劣らず深い感銘をその胸にしまい込んでいることだろう。そして、いつの日にかまたこの景色を想い出し、我々といっしょに過したこの二週間の冬山生活をほのぼのした気持で回想することもきっとあるだろう。

小屋では山田がうまい飯を炊いて待っていた。夕食はカレーライス。今宵が槍平での最後の夜。明日はまたうなるほどのラッセルが待っていても、ここは我々仲間の他は誰一人いない気兼ねのいらぬ小屋。美味い物もなく酒の一滴もない小屋でも、槍平は我々にとってこの上ない憩いの場所であった。またいつこの地にやってきてこんな生活を送ることができるだろう。久方振りに歌った。ストーヴの火も明々と燃えた。CⅠで長く閉じこめられていたとき、槍平ははるかに遠い夢のような存在であった。あのときのあきらめにも似た重苦しいジョークの創り出す雰囲気と違って、今宵の賑わいはまたなんと健かなことか。アタックは成らなかったけれど皆無事に合宿を終えようとしているのは本当に嬉しいことだ。とるに足らぬ小さいいさかいはあったけれど、いまはこうして皆喜々として歌い語り合っている仲間の姿を私は美しいと思う。多少の意見のずれや、不安や恐怖や感情の亢まりや、或はその時々の悦びや悲しみや心のときめきなどの織りなす複雑な精神の葛藤を、或る者は胸のうちにじっと抑え、或る者はあからさまに表面に現わしたとしても、これが一体どうしたというのであろう。それが人の素肌《なま》の姿であるならば、それはどうしようもないことでないか。皆が心の中に描く山想の頂や憧憬や、或は胸の内にたぎらせる山への意欲に幾ばくかの相違があったとしても、静かな謙虚な気持で山に入る者は皆、山が好きなのだ。

目的は果せなかったけれど皆力の限り働いてくれた。不平もいわず黙々と各々の任務を果してくれた。このことだけが何にも増して尊い収穫ではないのだろうか。決して気休めではない。年月は容赦なく流れても山は逃げも隠れもしない。唯変わってゆくのは山を想う人の心のみ。私もこれから先どんな風に変わり果ててゆくか知れぬ。しかし、青春のこの短い一時期に我々が荒々しい自然に向かって熱い血をたぎらせ、若いエネルギーを発散させたという事実は私の心から永久に消え去ることはない。

独り外に出てキジを打つ。真昼のように明かるい月夜。そよともせぬ夜気に手袋をはめぬ手も暖い。山で打つキジもこれが最後であろう。白い白い山々を眺めながら想いは募るばかり。「槍平……」──私はいつまでもこの地を忘れはしまい。私が山に登り続ける限り、今こうして独りしゃがみ込んでいるこの美しくも孤独な地を私は永く胸に留めておくだろう。一〇時を廻った。もう皆安らかな寝息をたてている。夢は下界のいろいろな事を駆けめぐっていることだろう。下界に下ればまた俗界の様々な煩わしさが待っている。皆各々それらを克服していく力と勇気をこの合宿でいくらかでも養っていてくれたとしたら、それだけで私の心は満たされる。

槍平最後の夜に。

一月九日　快晴後雪

下山の日に晴天に恵まれるのは有難いことだが、今日はもう槍平にも辺りの山々にも別れを告げなければばならぬ。新穂高に下ることは、ここ数日来我々の願いであった。西尾根にあったときからあと何日で熊本へ帰り着くと皆で何度語り合ったことだろう。でも今朝のこの気持にはそれとは裏腹に別な感情が忍び込んでいる。それを単に山男の感傷だと片付けてしまえばそれまでだが、やはり去り難い惜別の情に駆られることに変わりはない。そして、この何日振りかの快晴。私は一週間もカッターのポケットにしまい込んでいたメガネを取り出した。ピントがあって一段と鋭さを増した山々の姿をレチナは捉える。

西尾根の取付斜面をスケッチしているうちに皆もう次々と去ってゆき、私一人が残ってしまった。小屋の戸を閉めると私もゆっくりと歩き出す。三月にはまたここにやって来よう。試験なぞこんな景色に比べたら小さいことだ。春は一年の連中がたくさんやってくる。そうしたら槍平に定着してもう一度西尾根をじっくりやろう。中岳の尾根も面白そうだ。南西稜も大キレットからの岩尾根もやってみよう。一年生には手頃な処もあるだろう。もう私はこんなことを考えていた。森の入口までくると私は振り返り、ゆっくりと槍平に別れを告げた。どっしりと雪をつけたタンネの樹々の間をラッセルは新鮮に貫いている。私は一刻でもこの汚れなき聖地から遠のくのを惜しんで一歩一歩ゆっくり歩いた。それでも滝谷出合では山田に追い付いてしまった。山田は凍傷や疲労に加えて靴ずれで相当に参って皆から一人遅れて歩いている。出合いでゆっくりと滝谷を眺める。西の方、これもずり落ちんばかりに雪を付けて朝日にまぶしく輝く錫杖の岩壁とは対照的に、重苦しい威圧感をもってたちはたがっている氷雪と岩の殿堂。

私はこれから山を下りて行く身。それでもいつかまた訪れてくる冬にこの谷の入口に立ってその時は唯通り過ぎるのではなく、あの高いドームを目指して攀じ登っていく日もそんなに遠いことではないような気がする。

その時がくるまでこのいかめしく装った滝谷ともお別れだ。

昨日の引返点までくるとキスが三つおいてあった。腰まで埋まる雪にあえぎながら荷を担いでいる三人を追い越して、さらに急ぐと立園、山内、一星の三人がラッセルをやっていた。今日中に柳谷小屋まで辿り着くとは間違いなさそうだが、幾らかの懸念もあったので彼等にそのままラッセルを続けてもらい荷は後続がスイッチバックで運ぶことにした。ラッセルのスピードが荷を担ぐ早さより倍近くも早く、昼食もコッフェルに炊いてきた飯が一つあるのみであったので彼等に柳谷小屋にデポしてある食料を持ってきてもらう積りであった。私は宮崎にワッパを借したので最後尾を歩いても重荷ではブスブス埋ってしまい、ときにはスッポリと落ち込むこともあって煩わしいことこの上もない。山田は調子が悪いので住岡をつけて先行させ、ラッセル隊に小屋まで着いたらサポートに引返すよう改めて伝言を託しておいた。残った三人は一ピッチに四～五〇〇ｍも歩くのが限度であったので空身で引返す時間を休息にあて小刻みな一進一退を続けた。重荷でもぐるのと距離をかせげないという精神的な負担も手伝って五、六回もこんな繰返しを続けているうちに松倉の疲労が目立ってきた。私も宮崎も疲れはてているのに変わりはないので、最後のレーズンとハムとマヨネーズを出して喰う。これで空腹は幾分穏らぎ元気も出てきた。もう喰えるものはコッフェルの冷飯と松倉のもっている二袋のドロップしかない。ドロップをしゃぶりながらかたつむりのごとき歩みを続ける。もう二時を過ぎ先行した連中が引き返してくるのに会わねばならぬ時刻なのだが、いっこうに現われぬ。時折コールをかけてみたがむなしく樹々の間にすいこまれて〝こだま〟さえ返ってこぬ。疲れた。バテてしまうかも知れぬ。もう唯黙々と進んでは引き返し進んでは引き返し、歩くことだけしか考えぬ。いつの間にか空は曇ってしまい雪も散らついてきたが、やっと白出沢の出合いについた。彼等は一体何をしているのだろう。柳谷からパンでも持ってきそうなものだが……。ここまできたらもう我々だけで全荷を運んでやるぞと少々意地になる。キスをほどいて冷飯に塩とマヨネーズをふりかけ手づかみで喰う。美味くはなかったが、それでも空腹は凌げた。また白出沢まで引き返してきてやはり雪の中に放り出されたままの荷をみると、もう彼等はやって来ないのだとあきらめてしまった。もう腹を立てる元気もなく、私も頭が少しぼんやりしてきた。白出乗越への分岐点より先はしっかりと固められたトレースがついていた。ここでは女性二人を含めた東京外国語大学の三人パーティーと会い、彼等と相前後して柳谷小屋に急ぐ。少し下ると雪の中にぽっかりと水の流れがあって久し振りに真水を飲む。小屋に着くと他の外語大パーティーの三人が小屋の前に立っていて〝熊本さん着かれましたよ〟と内に向かって叫んでいる。山内がげっそりした表情で入口に現われた。中に入ると奥の片すみで皆元気ない顔をして火を囲んでいる。尋ねるとデポした食糧がなくなっているという。何も喰うものがなくて引返す気がなかったそうな。それにしても三時間も四時間も小屋でぼんやりしている程他に手はなかったのだろうか。上級生が三人もいたのに。

そんな文句を言う暇もなくまたまた凶報である。南山大学の西穂での遭難と大雪でバスが神岡までしかはいらぬという。山内は我々も何か手伝わねばならぬだろうというが、もうそれだけの余裕はない。それどころか我々でさえも窮地に陥ってしまっている。食糧もなく金もなく当分雪の為バスも不通だという。そして続出する遭難である。私は急ぎ新穂高へ下らねばならぬと思った。一刻も早く我々の無事を郷里へ知らせねばならぬ。新穂高で足留めを喰うなら何がしかの金も送ってもらわねばならぬ。さしあたって最も必要なのは食糧の調達であった。交通が長く麻痺すれば宿のストックも余りもたないかも知れぬ。笠山荘にかけ合ってそれを何とかして戴こう。下る用意をしていると外語大のリーダーから申し出があり、至急スノーボートを一台あげてくれるよう中崎山荘に連絡してくれとのこと。話を聴くと南山大学のパーティーの一人が西穂の西山稜で雪庇を踏み破って西穂沢へ転落し、連絡に下りた四人が途中で二晩のヴィヴァークを余儀なくされた為一人がひどい凍傷にかかり今一階に収容されているが足が黒紫色に膨れあがり急ぎ下ろさなければならぬという。二人は今朝連絡の為新穂高へ下り、他の一人は外語大の二人と西穂高の方へ登っていったとのこと。

山内、立園、一星に白出沢のデポを取りにいってもらい、あとは残った最後の一升の米を炊いて喰うことにして私は独り薄暗くなりかけた小屋の外に飛び出した。ラッセルはついていたが歩きにくく、何度もころんでは起きころんでは起きして終に発電所の灯が見えるところまでくると前方より人影があり互に呼応してみると地元の救援隊の人達であった。柳谷から連絡に下った旨を伝えるとスノーボートはもう少し後に一〇人程で引き上げるとのこと。バスのことを尋ねると明日の午後からはどうにか通えるとのことで幾分ほっとする。凄い雪ですねというと、うん俺達もたまげているよ、銀嶺荘の親父までやられてしまうしなと職業柄遭難には免疫になっているのか屈託のない快活な調子で答える。彼等は今冬乗鞍で行方不明を伝えられている銀嶺荘の主人ら三人の捜索を打切ってこちらに下りてきたばかりらしい。

別れて中崎山荘へ着くと土間にここの親父をはじめ七、八人が集まっていて、はいったときからそれと理解る雰囲気であった。簡単に連絡を済ますと笠山荘へはいる。突然の来訪に小母さんが驚いて出迎えて下さった。今夜はもうここに泊ることに決めた。中崎山荘でこれから柳谷へ向うという南山大学の方に私が笠山荘に泊る旨を小屋の連中に伝えてくれるよう頼んでおいたので、もう無理をしない方が身の為だ。上宝村の役場では僕等の事を随分心配していたらしいが「私は貴方達が一六日までといって行かれたので安心して居りましたが。でも早く下りてきてよかったですね」と小母さんも喜んでくれる。彼女も明日からは間違いなくバスが通うだろうと言ってくれるのでもう金を送ってもらう必要はなくなったが、ここ数日意外なことばかり続くので私はもう熊本へ帰り着くまでは絶対に気を許せぬぞという気持になっていた。明日はまたどんな風に変わってしまうかも知れぬ。私は疲れ切っていたし、今夜はここに泊っていた方が万事に都合が良かった。宿では小母さんと彼女の御袋さんという御年寄りが二人していろいろ親切にして下さる。衣服を乾かしながら先程の救援隊の人にもらったクラッカーといかのくんせいを喰って一息つくと風呂にはいった。裸になると太ももの細くなってしまったのがすぐ眼についた。やつれ果て衰えてしまった自分の身体が哀しくて、久し振りに浴びる暖かい風呂の味よりもその方がよほど身にしみる。

風呂からあがると夕食ができていた。皆のことを思うとあまり味は感じなかったが、それでも五、六杯も喰ったろう。六つか七つか並べてあった皿の菜もみなきれいに平らげてしまった。「正月でも山の中ですから何もありませんが」と小母さんは言うが、私には贅沢すぎるほどの御馳走であった。

中川あてに下山の電報を打ち、炬燵を囲んで明日からのことを相談してみる。ラジオで九州の大雪を知る。阿蘇で六五糎も積ったとのこと。全く凄く降ったものだ。郷里では残った仲間がさぞかし喜んでいることだろう。その為にも早く帰って装備類を渡してやらねばならぬと思う。高岳で遭難があったことがちらりと耳にはいったが、詳細はわからぬ。明朝の糧にと預けてあった一〇個ばかりのフランスパンを切って彼等の為にマーガリンで焼く。これでいくらかのたしにはなるだろう。明日は五時に起こして下さるよう頼んで一一時に床に入るが、あれこれ考えて眠れぬ。外ではエイエイとスノーボートを引っ張る声がする。もう下ろしているのだろうか。それともこれから上って行くのだろうか。ふと思いついたのでまた起き出して下に降り、夕食の残りで握飯をこさえて下さるよう頼んでくる。もう一時に近く。窓から眺めると外は依然として雪が降っている。

一月一〇日　曇時々小雪

小屋に着くと皆起き出す頃であった。飯が来たぞというので皆まわりに集まってきて質素だが楽しい食事が始まった。終えると皆の気分も和んできて、いそいそと下る用意をする。山内はどうしてもスキーをはいてゆくのだと頑張る。新穂高で待っているからという彼を下の様子を知っている私は、「そんな腕じゃとても倍時間を喰うから早く下れよ」と笑いながら送り出す。外語大に別れの挨拶をして、私も小屋を後にした。南山大のＯＢや報道関係者が三々五々上ってくるのに出会う。しばらく行くと案の定山内がスキーが滑らぬとうらめしそうにはずしている。

笠山荘で皆風呂を浴び、でき得る限りの御馳走を作ってもらう。皆でささやかに酒をくみ交し、無事合宿を終えたことを祝う。本当に良かったという感慨が改めて胸をつき、誰の顔も皆心から嬉しそうな喜びに溢れている。

一時近くまでゆっくりくつろぎ、名残りを惜しむ小母さんに三月にはまたやってきますからと再会を約して一路蒲田へ向かってのんびりと下る。振り返ると槍や穂高の山々は灰色のガスにさえぎられていてわずかに笠ヶ岳がくすんだ白い肌をみせていた。

――終り――

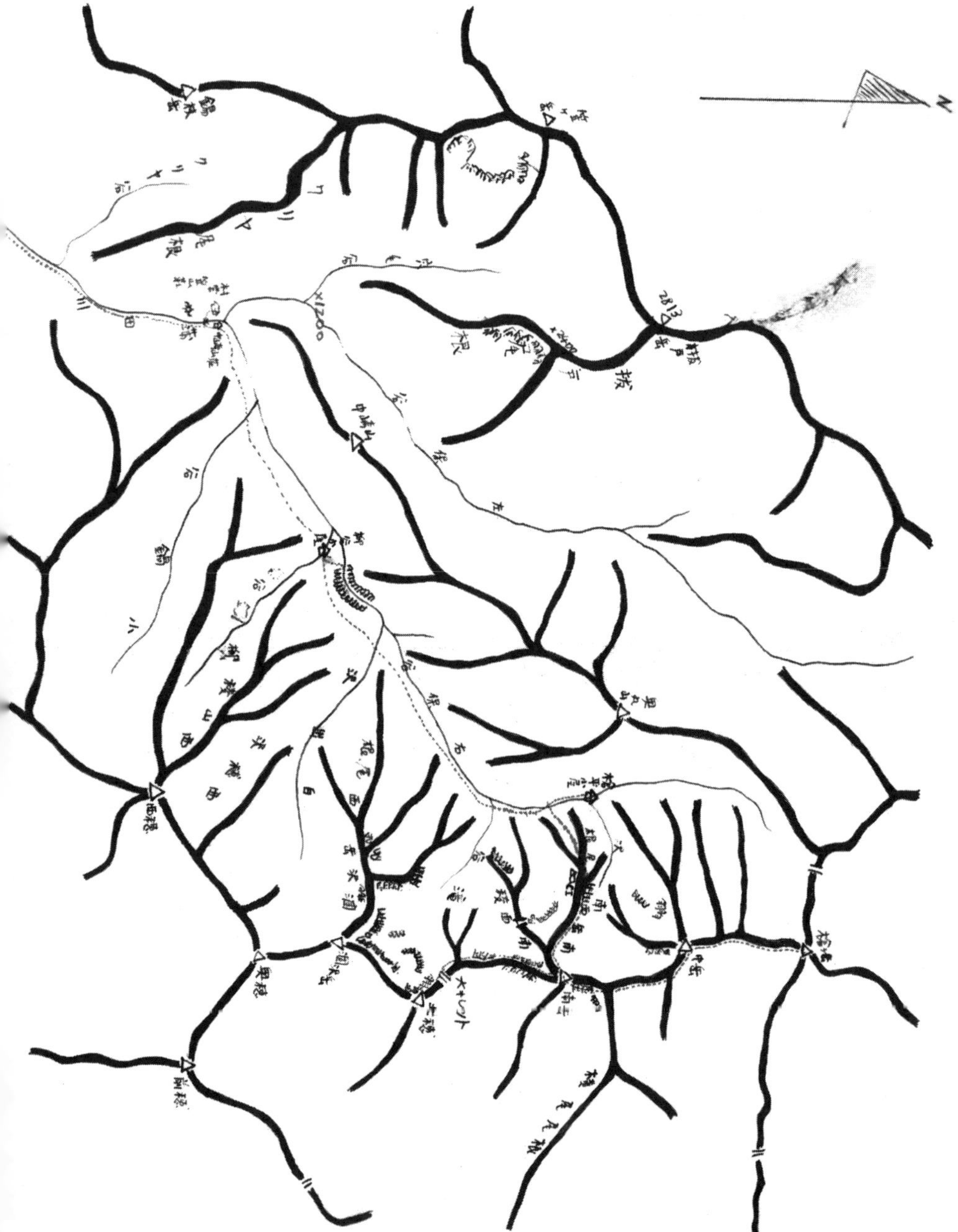

〔槍・穂高・飛騨側概念図〕

ユーラシャ漫遊旅日記

（一九六九年六月〜一一月）

かれこれ半世紀も前の旅行日記であるが、死ぬ前に整理しようと思いながら放置していた。もう後がないので、やっと御輿を上げた次第。

パキスタンのカラチで買った安いノートにぎっしりと書き込まれた日記は読みづらいが、五〇年前の記憶が少しずつ鮮明になってくる。

私は今年の一一月に満七八歳を迎えたが、何事も記録に残すという生き様だけは終生変わらない。錆び付いた私の青春の軌跡を掘り起こす作業はかなり厄介である。何が厄介なのか。旅日記というものは、その日の行動・見たもの・考えたことを記述するが、単なるメモではない。それも寝る前に短時間で書くので、文章が冗長で纏まっていない。記憶の糸を辿りながら、なるべく簡潔かつ正確に書き直す作業が必要である。不都合なことや内容に間違いがあっても、また、恥ずかしい言動・行動があったとしても、それらを書き改めてはならない。本来、日記は門外不出であるが、これを記録として残す場合は、恥も外聞もかなぐり捨てる必要がある。これが日記整理の原則である。

序　章

この旅は、私の初めての海外旅行であった。何故こんな旅をしたのか、序章が必要である。

1．熊本大学山岳部における活動

私は昭和三四年四月に熊本大学医学部に入学したが、山岳部に入部したのはその年の夏頃であった。熊本高校一年の頃から単独で山登りを始めていたが、大学山岳部は岩登りや雪山登山が中心で、いささか躊躇するところがあって入部が遅くなった。しかし、入部して先輩部員に岩登りや氷雪技術などを教わるうちに、すっかり虜になってしまった。六年間はみっちり、阿蘇高岳の鷲ヶ峰周辺での岩登りや、北アルプスの穂高や剣岳周辺での雪山合宿に明け暮れた。熊本大学山岳部は、第五高等学校山岳部を昭和二〇年代後半に受け継いだ経緯がある。五高山岳部の先輩には、日本の最初の南極調査に赴かれた緒方道彦氏（当時は九州大学医学部生理学教授）、日本のヒマラヤニストの草分けの一人で、一九六四年のギャチュンカン初登頂（長野県岳連）の隊長を務められた古原和美氏（当時は大町保健所長）、ビッグ・ホワイトピーク初登頂時の遠征隊員であった石田嘉一氏（当時は西ドイツ在住・医師）、また、ＷＨＯから派遣されて世界の天然痘撲滅に献身しておられた蟻田功氏（当時は、西アフリカやマレーシアなどを転々）など、錚々たる方々が輩出され、山や医学分野で世界的な活躍をされていた。

当時の日本の大学山岳部が目指していたのはヒマラヤ遠征であり、積雪期においてもヒマラヤを想定した極地法（ポーラー・メソッド）が盛んに取り入れられていた。

私も医学部同級生で岳友の横田晃君も北アルプスの山々で鍛えられながら、先輩達の輝かしい業績に啓発され、先人に続くべくヒマラヤ未踏峰への遠征を考えていた。

熊本大学山岳部では記録的活動は残せなかったが、印象に残る積雪期の山行として「冬季南岳西尾根から槍ヶ岳・北穂岳」を挙げておく。

2. 熊本大学医学部卒業後の生活

昭和四〇年三月、医学部を無事卒業した。当時はインターン制度がまだ残っており、そのためにはインターンをする病院を選ばなければならなかった。しかし、当時はインターン制度の矛盾が表沙汰にされ、前の年から所謂、「インターン闘争」なるものが全国的に発生していた。私たちの学年も春から数か月間活発に討議し、「インターンボイコット」に決着した。当時としては相当に尖鋭的な決定であった。ところが数か月後のクラス会で、この問題をリードしてきた議長から、「中央が来年度は〈大学病院立て籠り〉と言ってきたから、我々もそれに従う」旨の発言があった。私は猛然と反論して食い下がったが受け入れられず、殆どの学友は翌年のインターンを諸々の大学病院で行なった。この件は後々の事柄にも関係するので敢えて記述したが、私はこのことで所謂、左翼的な人達の言動・行動が中央からの指示に基づいており、中央には絶対に逆らえないのだということを学んだ。

さて、私の頭の中は寝ても覚めてもヒマラヤ遠征のことで一杯であった。しかし、熊本にいては「ヒマラヤ遠征に関する情報」が殆ど手に入らない。「インターンは東京で」というのは、以前から決めていた。選んだのは、埼玉県与野市にある「埼玉中央病院」という二〇〇床程の小さな病院であった。無論、この病院で医学の勉強に身を入れようという気はさらさらない。東京に近くて山へも自由に行けるという条件が整っている。一年先輩のSさんからの紹介もあった。大学病院立籠りに反して自分の好きな病院でインターンをした私達一二～三人は、スト破りだと非難されたが、信念を持ってやったことだから、何とも思っていない。

ここでの生活は、結構忙しかったが楽しかった。東京では、大学時代に知り合い山のことでいろいろお世話になった奥山美恵子（旧姓芳田）さんから、ご主人である奥山章氏を紹介された。彼は当時から尖鋭的な登山家で、当時、女流登山家として脚光を浴びていた今井通子氏などを育て、マッターホルン北壁登高を先導して撮影した山岳写真家でもある。奥山章さんは山に関する造詣が深く、良い意味で様々な影響を受けた。奥山さんは当時、労働者山岳連盟からコーカサス遠征を計画されていた。

岳友の横田君も関東逓信病院でインターンを始めており、彼とは時に一緒に山に行った。五月の連休には、残雪の南アルプス・北岳に登った。谷川岳のどこかの沢登りもやった。最大のものは、年末の槍平である。ここで横田君は遭難するのだが、その顚末を述べておく。

当初の計画は奥山夫妻から、当時売り出し中の山岳スキーヤー・植木毅氏の山岳スキーの映画（一六ミリ）を撮るので、荷揚げを手伝ってほしい旨の依頼を受けた。

暇なときには、植木さんからスキーの手解きを受けられるとのことで、私はすぐにお引き受けした。横田君は私を通じて奥山夫妻にそれまで何度か会っており、横田君も同行することになった。高山から奥穂高温泉に泊まり、翌朝ボッカが始まった。途中、熊本大学山岳部の冬山（西穂高岳）隊に出会ってしまった。これが運命のいたずらであり、この出会いがなければ横田君の遭難騒ぎは起きなかった。若い部員達と暫く話しているうちに、横田君の気持ちがすっかり変わってしまった。「俺は、現役たちと一緒に行く」と、彼は担いでいた荷を投げ出してしまった。

呆気に取られている私達を尻目に、彼は現役部員達と消えてしまった。彼の荷を分担して担ぎ、残った私達四人（奥山夫妻、植木氏、私）は、雪道を槍平の小屋まで辿った。

槍平の小屋に数日滞在して奥山氏は植木氏の山岳スキーを撮影したが、晴天日は一日もなかった。曇天下で植木氏からスキーのレッスンを受ける。記憶しているのは深雪でのターン（回転）は、ジャンプして行なうということであった。しかし、実際にはうまくできない。槍平小屋には、正月を雪の中で過ごしたい山好きが上って来る。山岳小説家の安川茂雄氏もその一人で、私は初対面であったが、奥山夫妻は旧知の間柄。大晦日は小屋で紅白歌合戦を聴きながら、深夜まで賑やかに過ごした。翌日は晴天で、安川茂雄氏も、奥山夫妻・植木氏と共に下山してゆかれた。この日、退屈凌ぎに沢を詰めて降りていると、熊大山岳部先輩で下関税関に勤務しておられる兼平雅博氏がキスリングを担いで一人で登ってこられるのに出会った。邂逅を喜び合い、暫らくお話しして別れたが、兼平さんとは後日、新穂高の宿で再会することになる。

この間の正確な時間的経緯は曖昧であるが、西穂での合宿を終えた横田君も部員二人（鳥飼親一、木村亮太）を連れて槍平の小屋に上ってきた。夜、明日から南岳南西尾根を一緒に登ろうという。思い立ったら遮二無二突進する横田君の性格は、彼の長所でもあり短所でもあるが、山では危険であり、私の最も忌み嫌うところである。数年前の厳冬期に南岳西尾根を登った経験から、南西尾根は魅力的だが相当に厳しいと、私には思えた。

私は即座に拒絶し、小屋で待っているので注意して登って来るよう伝えた。

彼等三人が小屋を出てから二晩目の夜一二時過ぎ、小屋泊まりのひとりと話し込んで寝袋に入ろうとしているとき、小屋の戸が外から叩かれた。憔悴した鳥飼と木村が小屋に入ってきた。鳥飼が開口一番、「横田さんが遭難した……」。急いで二人に温かい飲み物と食べ物を与え、状況を手短に聴き質す。南西尾根の上部に立ち塞がる岩壁に阻まれて尾根を降る途中、横田君が岩の上から滑り落ちて胸部を強打し動けなくなったので、寝袋に入ってもらいツエルトザックに残してきた。食糧・燃料・水は殆どないという。二人は連絡に、夜を徹して降りてきた。急いで新穂高温泉へ下り、山岳救助隊へ救援要請をしなければならない。身支度をしていると話し相手が、「私も一緒に行きます」という。真夜中の雪道をすっ飛ばして駆け下り夜の白む頃、新穂高温泉の旅館に着いた。旅館に遭難の状況を知らせ救助隊の出動をお願いし、温かい朝食を戴き、やっと安堵の気分に浸る。その日は快晴で、山岳救助隊が出動すれば今日中に横田君は無事降ろされるであろう。そう確信して、昼食後に滝谷右岸にある南岳南西尾根に取り付いた。陽光は明るく、積雪がまぶしい。暫く登っていると、上部から人声がしてきた。救助隊が降りてきている。横田の無事な顔が拝める！　急ぎ登ると、期待は外れた。現場近くまで行ったが、晴天で雪崩れるかもしれず二重遭難の虞があるので、今日は現場の確認だけで引き返してきたという。まだ午後二時を過ぎたばかり。こんな絶好の日和に動けない救助隊なら、依頼したのが間違いであった。尾根を降りながら考えを巡らす。熊大山岳部ＯＢを呼ぶしかない。急ぎ旅館に戻り、熊本の大見美智人氏に横田君の遭難と今日の状況を伝え、山岳部ＯＢでの救助隊派遣をお願いする。夜までに奥山夫妻とも電話で話して、対策を相談する。すでに、横田君の家族（母上、兄上）も駆けつけて来られた。翌日は、神岡の街まで食糧の買い出しに行く。今日は自衛隊のヘリが遭難現場付近を飛ぶので、案内役に鳥飼が同乗した（ヘリが飛ぶことで、遭難者に捜索活動を伝える。実際に、横田君はヘリの音を聴いてそれと知ったという。当時は菊池出身の松野頼三氏が自衛庁長官で、地元・家族からの要請でヘリを飛ばすことが出来た）。

旅館にはすでにマスコミ関係者が、かなり押しかけている。兼平さんはまだこの旅館に滞在しておられ、マスコミ対応に追われている。そういう騒がしい中で夜、救助関係者に一室に集まってもらい、これまでの救助活動に対するお礼を述べ、明日からは熊本大学山岳部ＯＢ隊が横田君の救助活動を主導すること、および計画概要を披露した。岐阜県の山岳救助隊に対しては悪天候が続くことが予想されるので、新穂高温泉から滝谷入口までのラッセル・道の確保・必要物資の運送をお願いした（私には当然でも、岐阜県救助隊にとってこの提案は屈辱以外の何物でもなかったことは容易に察しが付く）。また、ここに臨席されていたご家族の前で、救助計画の説明上やむを得ず「遺体の収容」という言葉を使ってしまった。ご家族がどんな気持ちでそれを聞かれたのか胸が痛むが、いまでも「家族に対しては冷酷な言葉だった」と自分のことが疎ましくなる。しかし、この席では殆どの人達が「もう横田君の生還は絶望的である」と考えていたし、私自身は「横田君が動かない限りは大丈夫」と思っていた。計画は滝谷出合いにベースキャンプを置く、実際に遭難死を想定した大掛かりでオーソドックスなものであった。大見さんに熊本大学山岳部ＯＢ救助隊を要請した時には、「滑車」も持参するよう依頼していた。仮に死亡していた場合でも、いま遺体を確保しておかないと春の雪消で遺体は流されて判らなくなってしまう。役に立たない岐阜県山岳救助隊には、とても任せられなかった（お世話になったから述べておくが、私の想定していた山岳救助隊は長野県のものであった。岐阜県の山岳救助隊もほぼ同じレベルと考えていた。しかし、実際は山仕事をやっているおじさん達を掻き集めた程度の救助隊であった。この認識不足が躓きの原因であるのは否めない)。

そうした慌ただしい日々を過ごし、私はすっかり疲れきっていた。夜、布団に身を横たえていると同室の兼平さんが救助活動計画に対して、苦情を言い出された。内容は「こんな計画で本当に救出できるのか? 俺はとても南西尾根など登ることは出来ないし……」「兼平さんには宿でやって頂くことがたくさんあります……」。兼平さんは段々と興奮してこられた。最後に「あんた、いまからあちこち駆けずり回って登山の最高のレベルを持った人たちに土下座してでも、ここに来てもらえ!」と、血迷ったことを仰る。私は疲労困憊して眠りたかった。「どうかもう眠らせて下さい」と懇願したが、彼は受け入れてくれず益々エスカレート。このままではもう身が持たない。ついに「煩せえぞ、てめえは!」と、大声で怒鳴り付けてしまった。私はこれまで年上の人にこんな啖呵を切ったことはない。平常ならば、絶対にあり得ないこと。私の時代精神は「長幼の序」に縛られており、目上の人はひたすら敬い、その言動に従うのが常である。多分、普通ならまず計画を兼平さんに話してどうでしょうかと、伺いを立てるのが筋であろう。しかし、火事場でそんな余裕は全くなかった。横田の命が掛っており、全身全霊をこの計画に掛けた。細かいことには構っておれない事態である。

この兼平氏とのいさかいは小さいものであったが、彼を罵倒し失礼な言葉を吐いてしまったことは、五〇年過ぎた現在も深く私の心の傷になっている。「山は人生の縮図である」とは、敬愛する或る先輩から何度も聞かされた名言であるが、若く未熟な時代の私は、人生の縮図を幾度となく経験してきたのである。

翌日も風雪。身体がだるい。宿のトイレにしゃがんでいると、不意に嗚咽が来た。涙がぼろぼろと頬を伝い、その涙の一粒一粒に、黄色い帽子を被り、薄緑の上衣を着た横田君が笑っている。この格好は山岳部に入部したての頃の、横田君の山姿である。昨夜の自分への嫌悪感と横田君の生死への不安が嗚咽を招いたのか知る由もないが、暫く私は涙粒の横田君の姿に見入っていた。

　連絡をあちこちに入れ終わって、最後に松本市の古原和美氏に電話した。遅れたことを詫び、事の次第を詳しく伝えた。黙って私の話に聞き入っておられた古原氏は、こう仰った。「よし判った。横田はまだ生きているよ。そのつもりで明日から頑張れ！」と電話口で励まされた。かくも明確に横田君の生存を断言された人は、古原さん以外に誰もいなかった。

　この日の午後、熊本から今村英昭氏が到着する。鳥飼・木村に後を託して、夕食後、今村氏と二人、熊大救助隊の先遣隊として宿を発つ。重荷に喘ぎながら雪道を歩き、滝谷入口付近にベースキャンプ用のテントを張る。

　翌日未明に人声で覚醒すると、吉良英雄氏ら熊本からの救助隊の面々であった。彼等は昨夜遅く新穂高温泉に着き、そのまま歩き柳谷小屋で休止を取っただけで、ここまで飛ばしてこられた。吉良さんは、このまま現場まで登ると言われる。余りにも迅速過ぎるが、急ぎ朝食を掻き込み追随する。貴島武男氏、熊本ＲＣＣの吉田学会長も来ておられる。胸まである積雪を遮二無二ラッセルして喘ぎ上る。人が多いので、ラッセルが捗る。南西尾根の中ほどを過ぎたあたりで、下から岐阜県の救助隊が登ってきた。彼等にもメンツがあるから、救助場面は彼等に託すのも良かろう。私は今朝、横田君に飲んでもらおうと、テルモスに甘い紅茶を用意してきた。長い空腹に、いきなり食物をがつがつ掻き込むのは胃に悪い。現場が近くなるとさすがに緊張してくる。どうか生きていてくれという願いと、もしかして死んでいるかもという不安が交錯する。彼は生きていた！「まず、これをゆっくり飲んで」とツエルトの入口で魔法瓶から注いだ紅茶を差し出すと、横田君は美味そうに口に含んだ（後日談だが、最初にツエルトに到達した救助隊員からパンを数個貰って、彼はパクパクと食べてしまったという）。本田博君に担がれて、横田君は滝谷入口まで降ろされた。そこには姉婿の藤本先生が待っておられ、点滴注射を受ける。私達は安堵して三々五々、新穂高温泉までの道を辿った。宿到着時には夜の帳が降りていたが、心配して来てくれた同級生数名の出迎えを受けた。

『頑張りぬいた横田さん』、これは翌日の新聞を飾った見出しである。雪山で遭難して生き残った日数（七日間?）では新記録であるという。岐阜県山岳救助隊の写真も添えてある。兎も角、目出度し目出度しである。

＊ 横田君の遭難についてはこれまで報告がなかったので、これを以て代えさせて戴く。但し、メモ類は残していないので、槍平小屋での滞在や新穂高温泉宿での日時の経緯は、曖昧である。報告というより、五〇数年前の記憶に基づく回想録であることをお断りしておく。人の記憶というものが如何に曖昧であるのか、私の記憶と後述の木村亮太君の記憶にズレがあることからもよくわかる。木村亮太君に、遭難現場から鳥飼親一君と二人で、槍平小屋まで連絡に降りた状況を語ってもらう。彼等が無事に連絡してくれなかったら、横田君は助からなかった。鳥飼君は既に故人となったので、この遭難事故を語れるのは木村君独りになった。彼にこのことを伝えると、「私はこの遭難後の三日間のことは、この五〇数年間ひと時も忘れたことがありません」と言ってきた。誰も忘れていたが、横田君が助かったのは、彼等が生死を掛けて連絡に降りてきてくれたからである。木村亮太君の遭難時の回想録は、遭難現場の見取り図も含めて実に詳しい。以下、木村亮太氏の記録である。

横田さん遭難の記録

木村　亮太

はじめに

昭和四一～二年に起きた横田さん（以下敬称略す）の遭難事故は、あまりにもドラマティックな内容と結末であったが、遭難者が生存しているため、あえて記録として残すことはためらいがあった。しかし、事故の一部始終を知る鳥飼君はすでに死亡し、もう一人の当事者である木村（筆者）も健康上の問題を抱え、この機会を逸すれば永遠に真相が明らかにされることがないため、最後の機会として筆をしたためることとした。

事故の記録について資料を全く残していないため（ただし当時の新聞記事には大きく取り扱われた）、木村の記憶のみに頼らざるを得ないが、木村にとって人生で最も衝撃的な出来事であったため、昨日の出来事ように鮮明に記憶し、また映像として脳裏に刻まれている。その記憶、映像をもとに本項はとりまとめたものである。

1．山行のいきさつ（背景）

山岳部の冬山合宿で西穂高岳西尾根からの下山中の現役部員と、スキーを目的に登ってきたＯＢである横田（医学部卒インターン）が新穂高温泉付近で出会ったことから物語りは始まる。ここで話合いが持たれ、横田リーダーの下、現役の木村、鳥飼の三人が残った食料を持って南岳南西尾根に挑むこととなった。

事故後、この山行が場当り的、短絡的、無計画等の批判があったことも事実であろう。横田と木村、鳥飼（共に工学部土木科三年と二年生）は学年が離れており単なるOBと現役の混成と見受けられているようであるが、実は両者の間は親密な師弟関係にあった。と言うより、木村、鳥飼特に木村にとって横田は師以上に困難に面した時どこからか現れてくれる月光仮面、鞍馬天狗のような存在であった。横田の鞍馬天狗伝説を二つ紹介する。

《鞍馬天狗伝説1》木村は二年生の五月初旬、四年生の山田と二人で鷲ヶ峰北壁へ向かった。そのアプローチ部で、二m程滑落し左足首を骨折（全治一年）した。緊急車で運ばれた宮地の病院でギブスを巻かれ、さらに熊本の名の知れぬ病院に転送され途方にくれていた。そこに横田が突然現れ、木村を強引に拉致し、大学病院に直行、緊急入院となった。その夜傷口を消毒し、後日手術を行なった。この処置がなければ左足は壊死したかもしれない。

《鞍馬天狗伝説2》木村三年生（前述の怪我で一年のブランクがあり実質二年生）、鳥飼二年生の夏の涸沢合宿での出来事。前年の夏縦走中の五竜岳で村田さんが遭難した影響で沈滞ムードが漂う中、二人は連日の雪上訓練にうんざりし、目の前の岩場に入れない欲求不満が頂点に達していた頃、一人で雪渓を登ってくる横田さんの短パン姿があった。翌日、深田久弥氏が大キレットから見守る中、横田は二人を連れて滝谷第一ルンゼを登攀をした。二人にとって北アルプスでの初めての岩登であった。

その数ヶ月後に横田遭難事故が起きる。直前の冬山合宿は未だに沈滞ムードは尾を引いており、西穂高岳独標の目前で天候の悪化を理由に下山するという散々な結果で終わった。そのような状況で木村、鳥飼の欲求不満が再度高まっていた。

そこに現れたのがまた横田だった。横田も多分そのような状況を予想し、スキーと山登り両天秤で入山したような節がある。横田は二人が同行することを想定し計画を立てていただろうし、二人は鞍馬天狗の到来に異を挟むはずはなかった。南岳南西尾根の山行は必然的な成行きの中での行動だったのかもしれない。

2. 遭難当日（山行初日と二日目＝事故発生）

山行初日、槍平小屋を出発し、南岳南西尾根の取り付きから露営地点までの登攀は全く記憶がないので割愛する。露営地点は、大きな岩の岩陰で快適なテントサイドであった。しかし、天気図を付けると台湾坊主（南岸低気圧）が発生し、天気は下り坂と判断し、早々と撤退を決定した。そのため、夕食と今朝の朝食は持参した食料を使い切ろうと豪勢なものとなった。

二日目、出発時刻の記憶はないが、余裕の撤収との気持ちがあり、結構遅い出発だったと思う。

横田を先頭に、木村、鳥飼と続いて下りだしたが、明らかにスタートからルートを外れていた。下山し始めてまもなく、木村の右前方の斜面を降ていた横田が、突然前方に回転し始め、大車輪のように大きく一回転した後、一気に加速し視野から消えた。

転落地点から下は急斜面の岩場で、左側はほぼ垂直の壁で、一〇ｍぐらい下は沢となっていた。木村は一刻を争う事態に、リュックをいずれ拾うつもりでその沢に投げ捨て、急斜面を急いで降りた。落下地点に着くと、横田はリュックを下に横たわっており、痛そうに呻いていたが、外傷はなく、意識ははっきりしていた。リュックが落下のエネルギーを吸収し、奇跡的に助かったようだ。

現場は、狭い沢の片隅にある小さな淀みのような所で、すぐ下が滝となっている。ただちにリュックから身体を離し、一応の安全を確保したとき、鳥飼がリュックを背負って降りてきた。ちょっと油断していると、落下地点に置いたはずの横田のリュックが流され、木村のリュックも見当たらない。沢の雪は、川のように絶えず流れているのだ。

横田は落下の勢いでそのまま谷底（滝の下）まで落下していれば一巻の終わりだったし、救出が少しでも遅れていればリュック共々谷底に流されていただろう。横田の身を守り、しかも身代わりとして流れてくれたリュックに感謝する。

ここはあまりにも危険であり、一刻も早く安全な場所に移動する必要にせまられた。周囲を見渡すと、対岸は高低差一五mぐらいで、勾配の緩い尾根となっており、木立に囲まれ穏やかな絶好のビバークサイトのように見受けられた。また幸運なことに、唯一の残った鳥飼のリュックに、ツェルトとザイルが入っていた。ザイルで確保しながら沢を横断し、その地点まで横田を引きあげ、ツェルトを張り、キスリングとサブザックで寝床を作り、シュラフに横田を寝かせた。槍平小屋にいる堀田に連絡するため、急いで帰路についた。ただ問題は手持ちの食料が鳥飼が持っていたチーズ一箱しかなかったことであった。半分を横田に、残りの半分を二人の行動食とした。支尾根をしばらく登ると、南西尾根と思われる広い尾根に出くわした。ここで目立つ木にピッケルでマーキングした。ところが、この時点であたりは薄暗くなり、夕闇が迫っていたことに気付いた。遅い出発と遭難処理で意外と時間が経っていることに気が回らなかったようである。ライトも持っていなかったため、一旦横田の元に戻りいっしょにビバークすることにした。ツェルトに戻った時、一瞬であるが横田の観念したような恨めしそうな目が印象に残った。

3．遭難二日目（事故現場からの帰還）

夜中、天気予報どおり大雪となり、時々ツェルトの雪下ろしを行なった。夜明け前になっても降りやまず、ほとんど寝れない夜を過ごした。はたして無事に下りれるだろうかとの不安が膨らみ、身の危険さえ感じるようになった。やがて空が明るくなった頃、降雪がいくぶん穏やかになり、天気の回復を期待し再度出発した。昨日簡単に登れた支尾根も五〇cm程の新雪が積もり、かなりのラッセルを強いられ、今日は体力勝負だと覚悟を決めた。やがて、広い尾根に到達し、昨日のマーキングが確認できたが、救出時の決め手になると思いマーキングをさらに大きなものとした。

尾根を少し下ると一昨日の露営地点も確認できた。やがて、雪は止み薄日が差し始め一安心する。ただ順調だったのはここまでだった。この地点は、平べったい台地のような地形で、昨日の轍は踏まないように、一昨日登ってきたルートを捜すが、どこが尾根筋か判然としない。昨日積もった雪でルート確認はさらに困難を極めた。

さしあたり、昨日転落したルートより右側の尾根らしき木立の中を降りることとした。しばらく順調に下ったが、やがて尾根が細くなり、両側の沢がせまり、合流点となり、行き手が遮られた。ルートの間違いに気付いた。右隣に大きな本尾根らしきものが見えるが、沢のトラバースは昨夜の新雪もあり、雪崩れが心配で今降りてきた尾根を登り、元の地点に戻った。降りたルートを登るのは何倍もの労力を要した。

今度は右側の尾根をしばらく降ると、また同じような状況に出くわし引き返す。そんなこを繰り返すと体力が尽きてしまい、三度目は雪崩は怖いが一か八か右側の沢をトラバースすることにした。ザイルを取り出し、鳥飼に確保を頼み木村がまずトラバースを試み、その先の尾根に移った。雪崩の気配はなかった。すでに日が傾き気温が下がったため積雪が締まっていたのだ。その尾根を降りるとまた同じような状況に出くわし、またトラバースする。そんなことを何回か繰り返すうちに段々無気力となり、沢の合流点で休んでいると無造作に解いていたザイルが流された。赤いザイルが雪渓の上を蛇のようにくねって闇の中に消えるのを呆然と見送るだけだった。

気が付くと満月のような明るい月が真上から照らしていた。その幻想的な光景は不思議なことに目線が鳥瞰図となって今でも脳裏に鮮明に焼きついている。

命綱を失ってもまた同じような状況が続き、ザイルなしでトラバースする。尾根を下り、両側の沢で行き止まりとなり、ザイルなしでトラバースの繰り返しが未来永劫続くような絶望的な感覚に陥ったとき、突然目の前にシュプールが現れた。一瞬なにか理解できなかったが、槍平に続く道だと判った。その瞬間木村は血の気が頭の天辺から足の先までスーと抜けていき、その場にしゃがみ込んだ。途端に一歩の足が出なくなった。そういえば遭難以来、ほとんど木村が先頭をリードしていた。体力を温存していた鳥飼が一人で急を知らせるため槍平小屋に急いだ。よろよろと槍平小屋に向け歩いていると、鳥飼から連絡を受け、奥穂高温泉に急ぐ堀田とすれ違った。鳥飼に遅れること約一時間、槍平小屋に日が変わって午前一時過ぎに着いたようだ。居合わせた登山者らに靴を脱がされたが、足と靴下と靴が氷で一体化しがちんがちんに固まっていた。しかし凍傷は全くしていなかった。その日の記憶はそこで途切れており、この日から救助日までの記憶はうすぼんやりとしている。

4. 遭難何日目か（救出）

槍平小屋に着いた翌日、凍傷した鳥飼は現場説明のため下山したが、木村は、横田を救出する日に備え、体力の温存、回復に努めるため、ここで待機することにした。しかし、悪天候が続きそうなので、新穂高温泉に一旦下りるようにとの伝令に従い次の日に下山した。その次の日に悪天候を押してでも救助に向うと誰かが言い出し、木村行くぞと声をかけられた（誰からの指令か記憶にない）。しかし、まだ体力が十分に回復しておらず、そんなことなら槍平小屋から直接向うのにと、指令の不統一さに歯がゆい思いをしたが、結局その日も悪天候、実行されなかった。

そうこうしているうちに、遭難発生から数日後、やっと天気が回復し救出の日を迎えた。木村の体力も回復し、鳥飼がヘリコプターでの案内役にまわったため、唯一現地を知るものとして案内役で救助活動に加わった。日にちが経った分全体的に諦めムードが漂っているなか、ゆっくりしたペースで南西尾根を登った。ラッセルで全員かなり疲れている様子だったが、木村は横田の生存を信じ後方から付いて行った。やがて開けた雪原となり、地形の奥に大きな岩があり、木村が設営地点だと確認し、檄を飛ばす。木村はこの先の地形を熟知しており先導する。雪の状態は下山したときより締まって登りやすい。少し直登するとピッケルでつけたマーキングが容易に判った。右の支尾根を下ると横田が待っているはずだ。「横田さーん!」と叫びながら駆け下りた。半信半疑の捜索隊が距離を置いて付いてくる。横田さんの生存を信じていたが、一瞬もしかしたら自分が彼の死に一番に立ち会うのかと頭をよぎった時、かすかに人の声を耳にした。空耳でなかった。意外と元気な横田さんが笑って出迎えていた。やがて全員が集結し、救助隊の一人が自分の穿いていたズボン下を横田に穿かせ、おんぶして露営地点まで戻った。そこからは、地元の救助隊が杉の枝で急造した簡易そりに乗せ一気に下山し、この遭難劇は最良の結果を得て終幕した。

おわりに

本遭難記録には日付を入れていないが、木村の記憶に日付の概念が抜けているためである。いつ元旦を迎えたかも定かでない。

この遭難の原因及びこれほど救出に時間を要した理由は、ひとえに露営地点からの下山ポイントを間違えたことに尽きる。弁明できない。

当事者三人のその後であるが、横田は、その後登山を続けたという話は聞いていない。

木村、鳥飼は、翌年の冬山合宿で再度南岳西尾根にトライし(鳥飼リーダー)、南岳山頂に第二テントを上げ、木村、鳥飼で奥穂高岳アタック、同時に他のメンバー全員槍ヶ岳登頂を成功し、前年のリベンジを果した。しかし、同年の春山合宿で後立山山頂直下の雪壁を見た途端足がすくみ、恐怖心が蘇り、二人ともその時以来、積雪期の登山を試みたことはない。

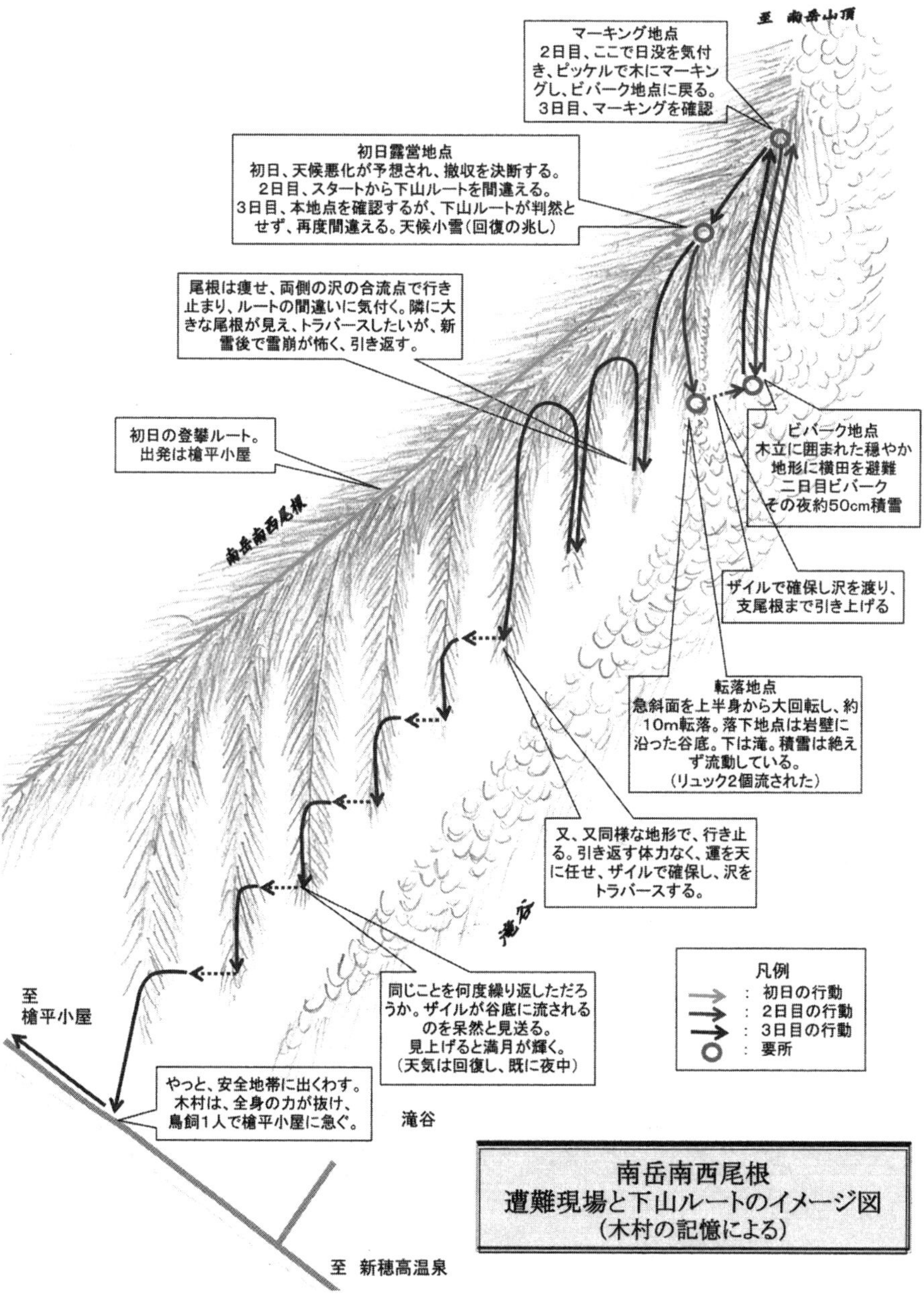

南岳南西尾根
遭難現場と下山ルートのイメージ図
（木村の記憶による）

3. 熊本大学医学部神経精神医学教室での生活

昭和四一年三月末に無事インターンを終了して熊本に帰り、熊本大学医学部神経精神医学教室に入局した。同時に熊本大学医学部大学院にも入学した。医師国家試験（筆記試験と口頭試問）も無事パスし、この年の五月に医師免許証を頂いた。当時の日本は高度経済成長期の真っ只中で、「公害列島」と言われるほどあらゆる産業公害が噴出し、健康被害と共に、労働争議や公害裁判が頻発していた。当時の神経精神科教室（立津政順教授）は、覚醒剤・有機溶剤・二硫化炭素・有機水銀・一酸化炭素など中毒の研究調査に取り組んでいた。私も大学病院での診療以外に、原田正純医師を筆頭に先輩医師に連れられて、有機水銀に汚染された不知火海沿岸の住民検診や三井三池の炭塵爆発（昭和三八年）による一酸化炭素中毒症患者の調査に歩き回る日々が何年も続いた。そのような状況で、暫く本格的な山からは遠ざかっていたが、私のヒマラヤへの熱情が弱まることはなかった。

一方の横田君は、熊本大学脳神経外科に入局していたが、或る日突如、俺はカラチのジンナーホスピタルの脳外科医の下へ留学すると言って、パキスタンに旅立ってしまった。カラチに滞在しながら、ヒマラヤ遠征の準備をするという。ところが暫くしてカラチの横田君から、手紙が舞い込んできた。半ば脅迫的・強制的な内容であった。「こんなところに居ても仕方がないので、来年、山の道具と金を持ってカラチに来てくれ。Noであれば、あんたとは絶交する」というものであった。数回の手紙のやり取りの後、私は彼の提案を受け入れた。それまでの長いヒマラヤ検索で、「カンピレ・ディオール（七一六八m）」というカラコルムの未踏峰へ遠征しようという腹は決まっていた。

早速、計画案の作成に取り掛かったが、慌ただしかった。昭和四三年は、もう一つ厄介な事態が生じていた。それはインターン闘争に引き続く大学紛争の流れで、「大学院ボイコット運動」という形で、熊本の田舎にも波及してきた。私達、熊本大学医学部の大学院生も集まって、連日この問題を討議していた。ヒマラヤ遠征の件では、私は大学院を一年間休学するつもりであった。討論に参加して大学院をボイコットしようという趨勢（実際には誰も本気とは考えられなかったが）に逆らう気もなく、辞めてしまえばクラス討議に出る必要もなくなるので、友人と協議して昭和四三年に入って、大学院は辞めてしまった。

一方、大学院生としての私は立津教授から、「慢性覚醒剤中毒後遺症患者の長期予後」について調査せよ、という課題をもらっていた。戦後の昭和二〇年代初期に、所謂、「ヒロポン中毒」というものが日本中で流行し、大きな社会問題となったことがある。これは日本の復興と共に次第に姿を消していったが、この当時に覚醒剤を乱用した人たちがその後どうなったかを追跡せよ、というお達しである。立津教授は世田谷の松沢病院勤務時代にヒロポン中毒者を沢山診ておられ、ご著書『覚醒剤中毒』は不滅の名著である。その精神症状が分裂病に酷似することから、精神医学的に多大な関心が持たれたのであるが、未だに立津先生はこの問題を熱心に追及しておられた。私は熊大精神科同門の先輩医師が経営されている九州管内の精神科施設に連絡を入れ、覚醒剤既往歴のある患者が入所中の施設を訪ね歩いた。調査は一度では済まない。一人につき、最低三度の診察が必要であった。昭和四三年夏に、宮崎市と大分市の病院での調査を終えて帰る途中（当時はまだ高速道路がなく、やまなみハイウェイから一〇号線を辿って宮崎に行っていた）、別府市内で交通事故に遭遇した。幸い軽傷で、車も動いたのでそのまま熊本まで帰ることが出来た。しかし、夜も眠れぬことがあったので、自分で処方して睡眠剤を服用した。その飲みすぎかどうかははっきりしないが、ふらついたりしたので私は少しパニックに陥り、頭部外傷の症状であると決め込んで熊大精神科病棟に入院した。

入院中に松本の古原和美先輩から、電話があった。要点は以下のようなものであった。「日本山岳会は来年（一九七〇年）の大阪万博に合わせて、エベレスト遠征をすることになった。私は高所医学研究班の班長になった。そこで八〇〇〇ｍまで登れる医者が二人ほど必要になった。堀田と横田で参加してくれないか」という依頼であった。私は小躍りして悦んだが、冷静に答えた。「我々は来年カラコルム遠征を考えて、準備中です。横田君は現在、カラチにいます。彼に連絡してからすぐにご返事を差し上げます」。古原先輩とは電話で数回ご相談したが、結局、一九七〇年三月にカトマンズで本隊に合流するということに落ち着いていた。

話が随分錯綜したが、私は一九六九年六月に山の道具と金を持って、カラチに赴くべく準備を開始した。これらにまつわる細々とした事柄は、煩雑を極めるので省略する。兎も角、一九六九年六月上旬、立津政順教授をはじめ多くの精神科医局の先生方に見送られて、私は夜の熊本駅から東京へ旅立った（途中、松本に立ち寄り、古原氏と入念な打ち合わせ）。

これらを一言で述べると、「山が中心の生活」であり「ヒマラヤ遠征に取り憑かれた生活」と言ってよかった。

ユーラシャ漫遊旅日記（一九六九年六月〜一一月）

アラビア海の湿気に砂漠からの熱気と黄色の砂塵を加え、連日、熱風に包まれるカラチの街に滞在して一〇日。頭の上では薄青い空も、はるか地平線では黄土色に霞んで、陽はいつもぼんやりと暈を被ったように色褪せ、朝日も夕日もここでは荘厳な光を放つことはない。雀が同居している質素な横田君の寮の部屋に二〜三日ゆっくり寛いだら、すっかり元気を取り戻した。

出国前は東京で一週間ほど旅の準備に慌ただしい時を過ごした。初めての外地への旅という緊張感で、身心共に憔悴し切ってやっと降り立った深夜のカラチ空港。山の荷物が八〇数kg、これを税関で通すのに非常に手間取り、空港のロビーに辿り着いたのは二時を過ぎていた。頼りにしていた横田君の姿は何処にもなく、途方に暮れる。空港の外の暗闇にうごめく人の姿があるが、怖くて身動きできない。明るくなるまで待つことにして、大量の荷物の上に身を横たえる。暫くすると、私の別送荷物を担当した日航のA氏が、帰りがけに寄ってこられた。事情を話すと、「横田さんなら存じていますから、今夜は私の処に泊まってください」と有り難いお言葉。地獄で仏とはこのこと。仏様に甘えることにする。横田君は時々、日航のスチュワーデス嬢たちの健康診断をやっており、その関係でA氏は彼を知っていたのである。

翌朝、A氏は半日かけて横田君に連絡を取ってくれた。昼過ぎ、おんぼろジープに乗ってやってきた彼は、私の顔をまじまじと眺めてこう言い放った。忘れもしない！「あんた、本当に堀田君だねぇ！　本当によく来たなあ。誰彼となく誘ったけれど、本当に来た馬鹿は、あんただけだよ」と。かくして、二人の長い珍道中が始まるのである。

一九六九年六月二五日

午後七時、ペシャワール行き急行に乗るため、横田君の車でカラチ駅に赴く。途中、ジャパンクラブ（Japan Club）に立ち寄り久し振りに日本食で腹を膨らませる。駅には所謂、赤帽に類する人夫が赤布のターバンと裾の長いパキスタン風の赤いシャツを身に着け、三々五々屯している。そのひとりを呼びつけると、周囲からわっと駆けつけてくる。荷物はキスリングザック二個、スーツケース一個、サブザック二個、その他ピッケル・ポール類。先着二人に任せ、あとは追い払う。ひとりの赤帽は大きなキスリング二個を重ねて頭に載せ、当たり前という顔つきでプラットホームへ入って行く。彼等は大抵、荷物を手で持たず、頭に載せて運んでいる。駅はごった返し、売り子が駆けずり回り、食べ物を売り屋が小さな屋台を押しながら石炭の火で物を焼いたりしている。列車の着くホームに荷を下ろし一ルピーずつ払うと、姿をくらましていたポーターが、列車が着くといつの間にか何処からか素早く現れ、荷を持って私の乗るエアコン付きのコンパートメントに案内してくれる。切符は粗末なザラ紙に読みにくい字で書かれている。列車の乗降口では車掌が、コンパートメントの番号・座席を指示してくれる。コンパートメントの広さは四畳半位。Two seat 6 sleep 4と入口の扉に書かれており、向き合いの上下二段。ベットの大きさは約一畳のゆったりしたスペース。床には絨毯が敷いてあり、窓側には天井に近い処に小さな網棚と縦長の鏡、その下に呼び鈴のブザーと食卓用の小さなテーブルが付いている。ブザーを押すと白いターバンに鳥羽根を付けたボーイが飛んできてどんな用事でもきいてくれる。日本ではとてもコンパートメントには乗れない身分。ペシャワールまで車中二泊の旅なのに、学割を使ったので一一六ルピー。安いものだ。列車は定刻より少し遅れて発車のベルも鳴らさず、ゆっくり動き出した。横田君はそれからゆっくりと部屋を出て降りて行った。何事もせわしなく悠長な処が、パキスタンの良い処だ。慣れてしまえば気ぜわしい緊張感など全く要らない。時計の針の小刻みな動きを気にしながら走り回った東京での五日間。まるで別世界のこの地にやってきて、カラチ滞在一〇日間。やっと腰を上げて北への旅に出ることに、ほのぼのとした気分に浸ることができた。

汽車は一等（エアコン付きコンパートメント）、二等、三等、この間に中間クラスがあり、中間クラスも幾つかに分かれている。エアコンは一等のみで、二等以下は暑く窓もよく閉まらないので、砂漠の中を走るこの汽車(Pakistan Western Railway)は埃っぽいことはなはだしい。私はコンパートメントのおかげで結構この上もない。三等は市内電車よろしく窓側の座席があり、真ん中は床だけ。三等は学割を使うと、一五ルピーでペシャワールまで行ける。ただ同然である。それでも三等客は四〜五時間前から座席を取るために発車を待っているという。安く上げようと思えばどこでも苦労が必要で、土曜日の上野駅と同じ現象がここでも見られる。ただ、待つ場所がホームの上か、汽車の中かの違いだけである。

駅には様々な姿の客が列車を待っている。薄黄色のジャンバーに白いポロシャツ、恵比寿駅前で買ってきた六〇〇〇円のサンダルを突っ掛けてジュラルミン製の丈夫なスーツケースに腰掛けて漫然と周りを眺めまわしている私を、ジロジロと一瞥してゆく連中。日本ではうさん臭くみられる格好でも、まあここではどうにか様になっている。子供が何とか言って話しかけてくるが、どうも言葉が通じない。面倒くさいのでニコッと笑って、ぽんと頭を撫でてやるしか仕方がない。パキスタンの子供たちは身なりは粗末でも、どの子もきれいな愛らしい顔付をしている。それが段々と大人に近付くと、目付きも鋭く、顔貌も狡猾でちょび髭など生やして、われわれ日本人旅行者には始末に負えなくなってくる。彼等は扱いにくくやり切れないが、中には親切でスカッとした奴にお目にかかることも無論ある。ただ、国情が国情だから、彼等も世間の波にもまれて生活し、生存競争に耐えてゆかねばならないから致し方あるまい。それだけ立派に成長しているのである。はっきりしているのは、どこの国でも子供は愛らしく、目の輝きは本当に穢れのない美しさを持っている。

初めてのコンパートメントにただ一人ゆったりと寛いで、ポカンと車窓の薄暗い夜景を眺めていたら、三つ目の駅で威勢よく扉を開かれて、白い詰襟の制服を着た大柄なパキスタン人が「ハロー!」と言葉をかけて乗り込んできた。早口で喋る彼の英語が、碌に聴き取れない。「お前は日本人か?」と尋ねるので、「ああそうだ」と答える。「ペシャワールまで行くのか。俺はペシャワールの二五マイル手前のNowsheraまで行く。俺はパキスタン陸軍の軍人だ」。ぎこちなくぽつりぽつりと話す私に、「お前は英語がよく喋れるか?」ときたので、「残念だが、ほんの片言しか喋れない」と応じると、「それは少しも気にせんでよい。ブロークンでも俺は何とか理解するので、あんたの心の内を何でも腹を割って話してくれ」と、中々気の利いた親切な心遣い。スカッとした気分の良い男なので、お陰で私の英語も幾らかスムーズに口から出てくる。

この軍人は、召使いの従者を引き連れている。古ぼけた大きなトランク二個、肩から掛ける小物入れの小さなカバン、蔓で編んだ大きな籠(五〇cm×五〇cm×五〇cm)、金属製の縦長の食物入れの器を二個、およびズック製の大きなスリーピング用スーツケース(中に毛布・シーツ・枕・パジャマなどの一式が詰め込まれている)などを運び込み、整理が済むと従者は部屋を出て行った。通路には誰もいないのに、主人がブザーを押すと従者がすぐにすっ飛んで来るところをみると、従者用車両があるのだろう。この国でコンパートメントを利用して旅をする人たちは、殆どこのような従者を連れている。なんと仰々しいことかと思うが、パキスタンでは普通のことらしい。籠の中身のすべては判らないが、刷毛・銀の皿・コップ・上履きなどなど、雑多な品々が覗く。ちょび髭の軍人さんは綿製の白いゆったりした上衣とだぶだぶの長いステテコのような部屋着を纏い、先が鋭くそねかえったラクダ皮の室内用の靴（いろいろな金色の模様が描かれている）を履いている。この靴の類をカラチの街で買ったが、一〇ルピー位した。

汽車に乗り込んですぐにボーイが食事の注文に来たので、夕食は要らない旨伝えたのだが、よく伝わらなかったのか、九時半頃になってどっかりした夕食が運ばれてきた。私が少しフォークを付けただけで残していたら、「どうしてお前さんは食べないんだ?」と、ちょび髭が言う。「乗車前にたんと喰って来たよ」と応じると、ボーイを呼びつけて盛んに叱り始めた。最初は、恐縮して聴いていたボーイが言い訳をあれこれ言い始めた。私の英語のまずさが引き起こしたに相違ないこの一幕。人の良いこのちょび髭も余計なお節介を焼いてくれたものだが、早口の二人のやり取りはさっぱりわからず、表情やゼスチュアだけから理解するしか仕方がない。「この人はドクターなんだぞ!」と言っているのだけは判った。

兎も角、このやり取り、ボーイが不機嫌な表情も示さず、笑顔で出て行ったお陰で私も不愉快な思いはしなくて済んだ。そのうえ、このコンパートメントは非常に便利が良い。ボーイは小走りに走り回り、何でもやってくれる。大きな駅に着くと大抵の用事はボーイや車掌がやってくれる。タバコも買ってきてくれた。翌日のことだが、ちょび髭は腕時計のバンドが傷んだらしく、車掌に言いつけて何処からか新しい物を持ってこさせていた。日本なら逆立ちしてもこんなことは出来っこない！　ちょび髭は私に気を使い、ベットの下から「ホワイトホース」の瓶を取り出し、「Do you mind drinking for me?」。「どうぞご自由に！」と応じると、「Thank you very much!」と、私にも水割りを一杯勧めてくれる。有り難く頂戴してグッド・ナイトと相成った。

六月二六日

目覚めると外は明るい。一〇時に近いが、とにかく快適にぐっすり眠れた。ちょび髭はすでに起きて車掌と朝食を摂っている。私の処へもボーイが運んできてくれた。パンと卵とミルク付きの紅茶、それに小麦粉を油で揚げたようなポテトチップの細かいもの。食事が済むとちょび髭はシャワーを浴びにトイレに入るが中々出てこない。車掌はいつも部屋にやってきてはちょび髭と話し込んでいる。暇なのか、さぼっているのか、エアコンの部屋が涼しいからなのか。駅に着くと部屋を出てゆくが、動き出すとまたやって来る。歳は四〇を超えた眼鏡のおっさんである。この車掌、私が洗面した折に、洗面具を入れたちゃちなビニール製の物入れに目をつけて、中身を見せてくれとせがむ。別に大事なものが入っているわけでもないので、開けて見せる。そしたらこの物入をくれと言い出した。これはひとつしかないからあげるわけにはゆかん。彼はしつこい。私の信玄袋を指さして、「この中に入れればよいではないか。俺に譲ってくれないか。イエスかノーか」と畳みかけてくる。

パキスタンではナイロン製品は質が悪い上に、とても高い。「金を払うから売ってくれ」と、財布から一〇ルピー札を取り出す。日本では、一五〇円もしない安物である。私は可笑しくなって笑いながら、「No！No！」を連発する。一旦嫌だと言ったら引っ込まないことでは私も人後に落ちない。とうとう彼も諦めた。

彼等は一般には厚かましく見えるが、この国では普通のことのようである。嫌だと断ったところで別に気を悪くするわけでもなく、スカッとしているのでこちらも気分は楽である。

暫らく経って浴室から戻ってきたちょび髭の軍人さん、俺の寝床の錠剤の入った薬箱を指さして、「こいつは一体何だね？」と尋ねてくる。「これは副腎皮質ホルモン製剤だ」「どんな病気に効くんだね？」「多くの病気に効くよ。だけど、医者の指示に従って使わないとやばいんだ」「あんたは別のこれと同じ薬で、クリーム状のものは持っていないかね」ときた。キスリングの薬箱には幾つかのレダコート・クリームやリンデロン軟膏が入っているが、取り出すのが面倒くさい。しかし、生まれつき嘘が言えない身の悲しさ。「ああ、持っているとも」、二つ返事で気前よくくれてやった。「あんたどこが悪いのか？」と尋ねると、脚の脛をぐっと前に突き出して指さす。どれどれと、ズボンの裾を押し上げる。なるほど、慢性の湿疹に違いない。「一体いつからか？」「もう八年になる」と指を拡げて見せる。「ああ、湿疹だね。それならきっと良く効くよ。こいつは副腎皮質ホルモン製剤だ。判るかねあんた！　ドイツ語で〝ネーベンニーレホルモン〟だ」。ええと、英語で何と言ったかな副腎のことを…そうだ〝sub-kidney〟(adrenal glands)だ。お判りか？「sub-kidney? Oh I don't understand that.」ちょび髭は首をかしげる。薬の説明書の裏側の英文を読んでどうやら判ったらしい。〝Very thank you〟そう言って大切にズボンのポケットにしまい込んだ。「パキスタンでも手に入るかね？」「さあ、それは知らんけど、手に入るとしてもべらぼうに高いと思うよ。日本でもそんなに安くはないんだから」。

ちょっぴり恩着せがましいかな？

車窓の景色は茫洋として、単調である。しかし、俺には珍しいので決して飽きることはない。ちょっと見ると砂漠のような感じだが、ぽつぽつと、或いは少し群がって樹々が茂り、何も植えてないが犂で耕した畑が続き、緑色の麦か砂糖黍が植えてある。時に果樹園らしき部分もある。車窓は砂埃で黄色っぽく、遥か彼方はいつもぼんやりと霞んでいる。三々五々、人やいろんな動物を見かける。山羊・羊・水牛・コブ牛などが群れを成し、或いはごちゃごちゃと混じり合ってのんびりと草を食み、時折、ラクダの長い列がゆっくり歩く。

人は頭にターバンを巻き、白いゆったりとした着物をまとい、馬車に乗り、ラクダの背に腰を載せ、なんとものどかな田園風景である。線路脇の低いアドベかレンガ造りの家々の群がった集落から、素っ裸でチンポコ丸出しの子供たちが盛んに手を振っている。ここでは樹々も自由に思い思いに枝を伸ばし、好きな格好で佇んでいるように見える。人も家畜も樹々も、すべてが大らかでのんびりしていることよ！ 日本じゃ賢い犬は横断歩道を渡るご時世だ。人も犬もまったく可哀そうだ。俺はまあなんと地獄のようなところにこれまで暮らしてきたんだなあ！ ラクダの長い列が踏切で列車の通過を待っている。日本ならさしずめ長い車の列に違いない。とんでもない処だ、日本という国は！

車窓を見渡してちょび髭は言う。「この辺りが俺の故郷だ！」。樹々がぽつぽつと茂り、処々に畑らしいものがあるが、相変わらず砂地のような乾燥地帯。「あれは砂漠か？」と俺は少し遠慮がちに尋ねる。「おお、とんでもない！ よく見ろよ、ドクター。立派な畑だ、果樹園もある。ほら、あれは砂糖黍畑だ！」。少し憤慨したような調子でちょび髭は説明する。

まるで日本の田園とはまるっきり違うんだよなあ、畑といい果樹園といい、それらの観念が。でもそういわれると確かに、立派な畑であり果樹園である。

俺は気をそらすために、少し話題を変えてみた。「パキスタンではどんなスポーツを皆さんやっていますか？」と。「スポーツ？　まずそれは四階級に分けられる。（指を折りながら）貧乏人はバレーボールやフットボール、次が学生や一般民衆でバドミントンやホッケー、次が上流階級でテニス、最後が富者のスポーツで、ポロとスキー（チトラルなど北方地域）。ほら、あれを見よ！　あれはバレーボールだ」。

成程、粗末なネットの周りに何人かが集まっているのが車窓に見える。これではまるで子供扱いだ、このちょび髭は！　本当に人が良く、何から何まで「ドクター」と呼び掛けてはくだらない判り切ったことまで、くどくどと気を利かしてくれる。有り難いことだけどなあ、ちょっとばかりうるさい感じがしてきた。

食事がきた。現地米（インディカ米）の味の付いたものが適当に美味いので、それだけをパクついていると、そら来た！「ドクター！　お前の国ではライスだけ喰うのか？　それはカレーをかけて一緒に喰うんだぞ」と説明してくれた。"Yes, I see" と俺は子供よろしく言われた通りして、飯を食う。考えてみれば仕方のないことだ。日本を出て以来、俺の英語は相手が子供であろうと大人であろうが、まったく変わらぬ幼稚極まりない表現能力しか持ち合わせていないのだ。だがちょび髭さんよ、それでも俺は一生懸命に喋っているんだよ。あんたも俺の相手をさせられて、面倒だろうがなあ。忌々しいが、言葉で引けを取ると、お頭まで子供と思われてしまうから、かなわない。所詮、頭があがらぬということになる。まあ、暫くは見下されていることにしよう。

その夜、夕食前のこと。昨夜はこのちょび髭は俺にホワイトホースの水割りを勧めたので、断る理由もなくて一杯だけ頂戴仕った。今夜は別の乗客と酒盛りを始めた。俺も加えてもらおうと、持参のジョニーウォーカーの赤を持ち出して、「どうぞ!」と勧めたらちょび髭は少し慌てて、「ドクター、この酒はとても高い。あんたはこれをカラチで幾らで買ったのか? 一〇〇ルピーはするんだよ。俺は自分ので充分だ。しまっておけよ」と中々受け付けない。隣のお客も同様だ。「これは俺の友人がくれたものだから大丈夫だ。別に俺の腹が痛む訳ではない。それに俺はさほど酒をたくさん飲む必要はないから」と言っても頑として受け付けない。「ドクター、この酒はとっても高いんだよ。しまっておけ。チトラルでも人前では絶対に見せてはいけない。隠しておくんだぞ!」云々。二人は顔を見合わせて何か喋りながら、ゲラゲラ笑い出した。こん畜生! 俺のことをちっとも酒の価値が判らん奴だと言っているに違いない、と俺は少し憤慨した気分になった。「ドクター、あんたは昨夜のことを覚えているか? あんたはきっと甘い夢を見たに違いない!」、〝Sweet Dream〟とのこと。確かに俺は朝方、何か夢をみてうなされたらしい(注)。〝Oh, Yes! My friend in Karachi came in this compartment……〟と照れ臭いので俺はとぼける。「違う、違う。あんたはきっと甘い夢を見たんだよ」と、またしても笑いよった。

「まあ、それならよいわ、飲ましてやらんわい」と俺は出したボトルを引っ込めてしまったのである。

注 入眠時幻覚(hypnagogic hallucination)と金縛りの体験・睡眠麻痺(sleep paralysis):最近では併せて「レム睡眠期行動異常症」というらしい? 最初に体験したのは一八歳半の頃、春山合宿で北アルプスの爺岳山麓のベースキャンプでのこと。この時は私のテント周囲で寝ていた岳人達数十名を、私の喚き声で起こしてしまった。それ以来、一〇数年後に二度目の体験がこのパキスタンでの車内で生じたのである。

この体験はその後も継続しているが、私の場合は、主に暴漢などに襲われて切羽詰まった状況の夢で、強い現実感と共に非常な緊張感・恐怖感を伴う。決して〝sweet dream〟などではない。

夜中の三時過ぎ、戸を叩く音で目が覚めた。どうも横田君らしい。「横田君か?」と目呆け眼で声を出すと、「ああ!」と彼の声がして戸が開く。ちょび髭たちも皆目を覚ました。〝Very sorry disturbed you.〟と外から詫びる声がする。ああ、今度は約束通りにこの汽車に乗ってくれたと安堵する。彼はカラチで用事を済まして空路ラワルピンディに飛び、この列車に乗り込んできたのである。

さて、次の駅はちょび髭の目的地・Nowshera(ノウシェラ)である。まあ、このおっさんのお陰で俺も長く単調な汽車の旅を退屈せずに済んだわけだ。別れ際に握手してくれた。俺もしっかりと握り返して心から言ってやった。〝Thank you very much for your kindness! Good-bye!〟こうして人の良いちょび髭の軍人さんは、ナウシャルの駅で俺の目の前から姿を消して行ってしまった。あんたはきっとあまり出世はしないだろうが、軍紀に忠実で勇敢なパキスタン陸軍の軍人さんでい続けるであろうなあ。また、いつの日か、縁があったら会おうなあ! かくして私達も定刻通りに、朝の九時にペシャワール駅頭に降り立ったのである。

六月二七日

ペシャワール駅着午前九時。駅から空港へ赴くが、満席で乗れず。チトラル・コヒスタン行きは当分欠航で、一週間待ち。Deans Hotel に投宿。

六月二八日　ペシャワール―カイバー峠*―カブール（バス）

＊カイバー峠はアレキサンダー大王の東征の最終地点。

六月二九日〜七月二日

風邪（発熱・全身倦怠感）のため Metropole Hotel で終日寝て過ごす。七月一日夜半には四一度に発熱し、悪寒戦慄・頭痛・嘔吐で苦しむ。

七月三日　カブール大学訪問。医学部精神医学教室を訪れ教授（欧州人）と懇談。

七月四日　カブール（七時一五分）―サラン峠*（三三六三m）―サマンガン―マザリシャリフ（一九時〇〇分）

＊サラン峠（Salang Pass）は、インダス川の支流であるカブール川の源頭部にあたる。

ヒンズクシュー山脈の南西端にあたり、これから次第に低くなりバーミヤンへと連なる。一九七〇代前半にはこの峠に旧ソ連がトンネル（二七〇〇m）を掘り、冬季の交通に役立っている。

カブールからマザリシャリフまでの距離は、四五〇〜五〇〇㎞。峠の南側は風光明媚で、桃源郷の観を呈し、至る所、牧歌的・アルプ的風情がある。カブールから暫くは、樹木の一本もない赤茶けた岩山が続くが、突然、オアシスが出現し、緑と水辺に家畜（羊、山羊、水牛、乳牛など）がみられてくる。サラン峠の雪線を超えると、北側では色彩が変わってくる。高原の地形となり、牧歌的風情が続きロバ、牛、山羊、遊牧民の黒いパオなどを見る。尾根には泥レンガ（アドベ）の家屋が軒を連ね、さらに降ると砂漠に毛の生えたようなステップに二〇〇頭ほどのラクダの放牧を見る。北側の流れは乏しく、流れは砂漠の中に消えてしまう。この間の道路は立派でソ連が造ったもの。

マザリシャリフの街は、静寂さに包まれて美しい。中でも、ブルーモスクと呼ばれるモスクはこじんまりしているが、青色に輝き、壁を飾るタイルも色彩に富み、明るく印象深い。モスクというものに初めて入る。靴を脱ぐと床のタイルが日に焼けて、素足の裏が熱い。イスラム教の夕べの礼拝も、けだるく厳かである。夜は涼しく、銀河が明確に見える。夜空は澄み渡り、星の輝きがまぶしく、星がとても近くに見える。

七月五日

マザリシャリフ（七時三〇分）―バス―バルク・Balkh（八時〇〇分〜一一時〇〇分）―馬車―マザリシャリフ（一四時〇〇分）。一五時〇〇分にブルーモスクの写真を撮りに行く。

バルクはマザリシャリフの北方七〇㎞にあり、すぐ北の国境に沿ってアム・ダリアが流れている。この街（或いは村）は、静かな古の都で、アフガニスタンのなかでは最も素晴らしい場所のひとつである。人々は無垢で親切で、白痴に近いほど鈍い。ここで私はちょっとしたトラブルに巻き込まれた。下手をすると命に係わることでもあったが、無事切り抜けられた（注）。

注　「身ぶりと言葉―aphasia状況の文化人類学的考察―」（①『熊精協会誌』第六号、②『気質季報』昭和五一年春季号〔九

号」二七—三二頁、熊本大学体質医学研究所気質学運営会）参照。

多少長くなるが、その部分をここに引用する。

「アフガニスタンの北部、ソ連との国境に近いバルフという町での出来事である。ここはかつてはシルクロードの要所として栄えた時代があり、歴代王朝の栄華を物語る大きな遺跡がある。崩れかけたモスクの写真を撮りながら公園をぶらついていると、民族衣装を纏ったパシュトゥーン族らしい若い青年が写真を撮ってくれと頼んできた。願ってもない被写体なので快く応じて、気取ったポーズで泉の縁に立つ青年をカメラに収めた。一緒にお茶でも飲もうと青年を差し招き茶店の方に歩き出すと、彼はケースにしまい込んで肩にかけたカメラを指さして何やら喚きだした。いま撮ったばかりの写真をすぐにくれと言っているらしい。青年はポラロイドカメラを知っていたのか、あるいはカメラの機構をまったく知らなかったのかもしれない。ともかく写真をすぐくれと手を出されたとき、私は大変なことになったと瞬間的に悟った。これまでの対話はすべて身ぶりでこと足りた。しかし思惑は二人とも違っていた。青年はすぐプリントがもらえると思い、私は彼が要求すれば日本から送ってやるつもりだった。パシュトー語だかなんだか知らぬが青年の言葉は全く私にはわからない。しかし彼の意志は充分にわかる。そうだとしたらこの若者に私の意志を正しく伝えねばなるまい。誤解は許されぬ状況である。一応カメラをケースから出して見せ、ゼスチュアを混えて英語で説明しながらなだめにかかったが、彼には英語は全く通じない。motor aphasia は実にもどかしくやるせない。カメラのからくりをゼスチュアで説明することは不可能である。パシュトゥーン族はアフガン人のなかでは最も誇りが高く、気性が激しい民族である。青年は次第に興奮し表情も険しくなってきた。激昂し、いまにもカメラをもぎとらんばかりの構えである。ふと気が付くと、いつの間にか野次馬にぎっしり取り囲まれていた。こうなると私も必死である。彼を手で制しながら解決策を思案する。一日中歩きまわって撮ったフィルムを駄目にしたくないが、カメラを開きフィルムを抜き出して渡せば彼は納得するだろうか。もし青年がカメラからプリントされた写真が出てくるものと信じ込んでいるとすれば、彼は怒ってカメラをぶち壊すかもしれない。最悪の場合でもそれだけは避けたい。そこら辺で思考はピタリと停滞してしまい、徒にフィルムを抜き取る時期を引き延ばすほかなす術がなかった。もはやこれまでと観念しかけたとき、私の sensory aphasia の状態は突然救われた。白いターバンを被り口髭をはやした青年が、きれいな英語で声を掛けながら群衆を割ってきた。私は事の次第を救いの神に告げて、やっと事なきを得たのである。もともと写真に対する戒律の厳しいイスラム社会でやたらとカメラを振りまわした事がトラブルのもとであると言えぬこともないが、このように文化人類学的には total aphasia の状況は極めて危険な状態をかもしやすい。」

七月六日　七時半のバスでマザリシャリフを発ち、夜八時半にカブールに着く。

七月七日　ソビエト大使館に行き、インツーリストの職員と会いソビエト国内旅行について打ち合わせる。

七月八日

カブール発午前八時のバスで西へ旅する。約三時間でガズニーに到着。往路を再びカブールに戻る。

七月九日

カブール発午後四時の飛行機でタシュケントへ向かう。国境を超えるとすぐアム・ダリアの流れを跨ぐ。タシュケントは工業都市で、何も見るべきものはない。今日からインツーリストの職員が空港からホテルまで車で送迎してくれる。何から何まで至り尽せりのようであるが、外国人に対する監視の目が厳しいだけで、勝手な行動は許されない。

七月一〇日　タシュケント空港午前七時発、ブハラ・Bukhara 八時着。

七月一一日

ブハラ空港午後三時半発、サマルカンド着午後四時。サマルカンドの空港で、カブールからの道中で一緒になったアメリカ人のカップル、二年前に予約したホテルの部屋がないからと、そのままモスコーまで行かされる羽目になったとこぼしていた。インツーリストの仕事は確かに世界中からやって来る旅行者を一手に引き受けてさばく厄介な仕事ではあろうが、それにしても余りに間違いやトラブルが多すぎる。彼等は威張り腐っていて権力もあるだろうが、一方で私にタバコをせがんだりすることもある。私達も飛行機の席がないからと、サマルカンドに二泊余計に泊まらされた。結果的にはこの街をゆっくり見物できることになった。サマルカンドはよく見るためには少なくとも三泊する必要がある。〈Registan Square（最も整ったもの）、Bibi-Khanym Mosque（原爆ドーム様のもの）、Shakhi Zinda Mausoleum（丘の近く）、Khozritte Khizir Mosque（一部木製、丘の近くの道路沿い）〉

ホテルでは、他の日本人のカップルもインツーリストに対して噛みついている光景を見た。インツーリストも〝I don't know〟を繰り返すだけで、少しも恐縮した態度を示さない処が日本人の気に喰わないのだろう。同じインツーリストの人間が犯した間違いであても、自分がやったわけではないから平然としていられ、それが当たり前かもしれない。謝ることはないが、事情が分かれば何とか最善を尽くしてくれる。日本では何か間違いやトラブルが起こると、同じ会社や同系列に所属する人間を掴まえて（相手に何の責任が無くても）眉を吊り上げて非難する日本人の慣習もあまり褒められたものではないと感じ入るのである。兎も角、慣れることだ。少々のことでは動じないことが旅を豊かにし、気分を害することから防いでくれる。確かに彼等の旅行者に対する態度は鈍いし、急ごうとはしない。しかし、待っておれば必要で困らぬだけの処置はちゃんとやってくれる。彼等に日本的なサービスを期待したら苛立ち・腹立だしいこと極まりない。ソビエトにはソビエトのやり方がある。飛行機の搭乗にしても自国民より外国人を優先させているし、ホテルのレストランでも、ソビエト国民は締め出しても外国人旅行者には遅くまでサービスしてくれている。金さえ払えばほぼ勝手気ままな自由が楽しめる処から、急に飛び込んできて異なる慣習に勝手が違うからと短気を起こしてもそれは全く益にならぬ。ソビエトの民衆はあらゆる場所で悠々と根気よく列をなして待っている。彼等の待つという態度は、立派なものだ。僅か一～二分の遅れでもガヤガヤ騒ぎ立てる国と違い、この国民の悠々とした忍耐強さは少しは学ばねばなるまい。

ソビエトではモスコーでもレニングラードでも通りを歩くと、あちこちから「買いたいセイコー！」、「ドルを売ってくれ！」と件の連中が声をかけて来る。うるさくて仕方がないが、共産主義国であれこういう連中はたくさんいるんだなと思う。学生らしいのもかなりいる。また、外国製のタバコを吸っているとホテルのボーイであれレストランの見知らぬ客であれ無造作にタバコをせがまれる。段々と嫌気がさしてタバコの箱を見せないようにした。これは確かに日本人からすると、無遠慮で感じの良いものではない。日本人なら、普段礼儀にうるさくない人でも、見知らぬ人にやたらに物をせがんだりはしない。ところがソビエトでは、実に気軽に物をせがまれる。インツーリストの連中はその最たるものである。中には、「俺はタバコのコレクションをしているので、封を切っていない箱を一つくれないか」という厚かましい者までいる。ただ、これらをソ連人は厚かましいとか、ソビエトはまだ物資に乏しいのだと蔑むのは、少し浅はかな考えかもしれぬ。国民性の違いも少し考えてもよいのではないか。しかし、パキスタンでもアウガニスタンでもソビエトにしろ、礼儀・教養のある人達は決してこんなことはやらないことだけは確かである。どこの国を歩いてみても、体制が違っても、折々触れ合う民衆の心や気持は変わる処がない。皆、同じ感情・同じ喜怒哀楽を持ち、慣習や国民性・衣食住の生活に幾ばくかの違いはあっても、皆同じ現代世界にそれぞれの生活を持ち、日々、各々の悩みや問題を背負って生きている人達であるという思いは、少しずつ確固たるものとなって来ている。パキスタン、アフガニスタンと自由気ままに歩いてきて、ソビエトに入りインツーリストの決まったルートを案内されて見歩くと、やはり型にはまった窮屈さを感じる。しかし、それにも慣れて、また別の自由時間に気ままに見歩くと、なんということもない。ただ欲を言えば、ソビエトでは待たされる時間が長く、余裕のない旅日程ではとてもロスになる。ホテルや空港に到着しても二〜三時間待たされるのは普通であるから、全くやり切れぬ。

〔モスコーの印象〕街自体はゆとりと重みがある。日本人団体客のひとりは空港で「モスコーは田舎ですよ」

とその印象を語ってくれたが、私にはとても田舎という印象はない。確かにレニングラードに比べるとハイカラな感じはしないが、落ち着いて広々とした感じは堂々たるものである。灰色にくすんではいるが、街中をあちこち歩いてみると広大な広場や公園が方々に在って、市民のための街という感じが強い。モスコー川や運河を中心にゆとりのある街並みは、やはりこれは都市だという感じがする。モスコー川を挟んで大スタジアムと少し高みにあるモスコー大学、これは広々としたキャンパスと堂々とした建物群と市街の喧騒を離れた場所に建てられた大学をみると、日本には大学が何百もありますなど軽々しく言えたものではない。モスコー河畔には大きなシャンツェもある。赤の広場はいつ見ても見飽きないし、アイスクリームを歩きながら気楽に食べられるのもよい。

レニングラードは比較的ハイセンスな街である。広場を中心にして四方八方から道路が入り込む街並みは、ロンドンやパリに似ているという。人々の服の着こなしも、この街の方が立派でハイカラな印象。両市ともにトロリーバスや地下鉄がよく発達しており、料金も安い。車も少ない。また、夜でも車が両サイドの小灯だけで走れるのにも感心した。ネオンなども全くなく、夜は静か。ソビエトは良く天気が変わる。朝は曇りか雨で、すぐに晴れるかと思うと、また降ってくる。そして、夕方には決まったように夕焼けが見られる。夏というのに雨が降ると風が出てきて肌寒い。こちらの人々がいともさりげなくレインコートを見事に着こなしているのには感心した。天気がこんなに変わるのであれば、いつも持ち歩かないと困るのであろう。決して上等な品ではないが、いつも着ているとそれは雨具ではなくて服装の一部になってしまっているのだろう。私もレインコートをトランクから取り出し着歩いてみたが、レインコートが歩いているみたいで様にならない。この時節、ソビエトの夜はいつも白夜に騙されてしまい、真夜中でもまだ明るい。

七月一四日　モスコー見物、ホテル・ベルリン泊。

七月一五日　モスコー見物（遊覧バス）、夜一一時四五分の列車でレニングラードへ移動。

七月一六日

レニングラード見物（遊覧バス）。ハーミテッジ博物館は馬鹿でかく人が多い。Hotel October に泊まる。

七月一七日

この日もHermitage Museum へ行く。夕刻、バレーを観に行く。午後一一時一五分の列車でHelsinki に向かう。車内でのソ連の税関は極めて不愉快。横田君の荷物から何故か「肥後随喜」が出てきた。税関は「これは何か」と訝し気に尋ねる。横田君は「ジャパニーズ・コンドームだ」と何食わぬ顔で答える。

七月一八日

ヘルシンキ泊（学生宿で一人五マルク、鍵代五マルク）、アメリカ人・ドイツ人など八人一部屋で少々煩い。この街は物価高く、碌な食事も摂れぬ。何処も見ないで街をうろつく。レストランではトイレに行くにも鍵が要る。

七月一九日

午前中に散髪する。午後二時、船でストックホルムへ移動する。カモメと戯れながらの船旅は、格別の趣在り。ストックホルム着午前八時半。

七月二〇日

毎日、ホテル探しと換金、荷物の運搬処理、安い食事捜しにエネルギーを使う。ストックホルムは街もねえちゃんもきれいで、まるでおとぎの国である。人通りは少なく、格式があり、何となく無意識に襟を正してしまい、塵もやたらに捨てられず、寛げぬ。公園と花と噴水。しかし、アイスクリームは美味い。物価が高いのでいつも駅での食事ばかり。エビと魚の酢漬けを挟んだパンが美味い。ホテルのシャワーは金を取られるので、節約して入らず。公園も入園料が要る。古い校倉造りの家や農家、緑の公園には花々が咲き乱れ、乗馬専用の路もある。ストックホルム塔（一五〇ｍ）からの眺望が素晴らしい。この国は鋼業（ステンレス関連）力が世界一で、一〇〇年位戦争をしておらず蓄えが豊か。国民皆兵。入江の周辺は原生林がまばゆく素晴らしい。

七月二一日

ローヤル・パレスへ行き、衛兵の交代式を見る。内部は豪華だが特に見るものなし。Wasa号を保存している博物館を見る。入場料六クローネ。この船は三〇年戦争の頃、一六二八年にストックホルム湾に沈没した軍艦で、一九六一年に引き揚げられセンセイションを巻き起こした。

七月二二日
ストックホルムを午後九時の列車で発つ。コペンハーゲン着午前七時三〇分。この船は、列車を丸ごと船に積み込んである。買い物を兼ねて街を見物。ノルディック製のセーターを買う（一一〇マルク）。公園でビキニスタイルの女性群に交じって日光浴をする。人形の岩を見てチボリ公園へ行く。ここでボール投げのギャンブルに戯れる。大人が入っても楽しめる公園である。サーカスを見ながらビールを飲む。中華料理の夕食は不味かったが、九時一〇分の夜汽車にやっと間に合う。二等切符で知らぬ間に一等車に乗り、ジュッセルドルフに着く（午前七時三一分）。コペンハーゲンは人通りも手ごろに混んで、適度に人臭く寛げた。物価も安く品物もよい。海岸沿いの公園も素晴らしい。

七月二三日
蘇友会の先輩である石田医師の自宅を訪れるが留守であった。この街は日本の街に似ている。ホテルは小奇麗でいかにもドイツらしい。掃除婦も部屋を磨いているといった感じで拭いている。横田宛ての金も手紙も届いておらず、欧州での自動車旅行の夢は破れてしまう。

七月二四日
石田医師に会うためジャパンクラブを訪れる。受付の日本女性の感じが悪い。三時間も待たされた挙句、とうとう会わずに帰る。ペリカンの万年筆を買う（約二五〇〇円）。午後一一時三三分の列車でジュネーブへ向かう。途中、バーゼルで乗り換える。

七月二五日

ジュネーブ着午前九時三〇分。ホテルユニオンに投宿する。このホテルの婆（ババア）はしぶとい。スイスでは余り英語が通じない。レマン湖の畔を散策する。水が澄んで綺麗。

七月二六日

午前八時三〇分、ホテルに蟻田医師（天然痘撲滅に貢献）夫妻の出迎えを受ける。車で夫妻のアパートへ向かう途中に、ＷＨＯ本部を案内して頂く。二人の娘さんと一緒に近くの山（フランス領）にドライブする。白いマーガレットが咲き誇っていた。帰ってから昼食をご馳走になる。米のご飯に沢庵……、久し振りの日本食に舌鼓を打つ。ホテルまで送り届けてもらい、恐縮の至り。夜は親元へ金送れの手紙を書く（帰国後に知ったが、この頃私の父は交通事故で頭部を打撲し、慢性硬膜下血腫で手術を受けていた）。

七月二七日

寝過ごしてしまい七時の列車を逃す。九時三〇分、荷物を駅に預け、いよいよ一か月間のアルプスの山旅に出る。途中二度乗り換え、最後に乗り換えた登山電車も乗り換えが多い。シャモニー着午後一時三〇分。モンブランをはじめエーギュドミディ針峰群などが望める。街もきれい。Snell Sport でグリベルのアイゼン・アイスハーケンその他、駅前で食糧を買い込む。灯油は捜し出せず。Le Tissole のテント場を捜す。

七月二八日

テント場一一時三〇分—（途中間道へ引き返す）—トンネル入り口午後一時三〇分—小屋下午後三時四〇分—水場（谷）午後四時〜五時—Tissole からの尾根午後六時三〇分—テント場午後七時四〇分。夜は日記付け、就寝〇時三〇分。

この日はトレーニングと周囲の観察を兼ねて終日歩き回った。

七月二九日

ユースホステルで割引券を貰い、エイギュドミディのさらに上の小屋（ケーブルの終点）まで上がるつもりが、悪天候の兆しで中止する。テント場を近くの別の処へ移す。

七月三〇日

エイギュドミディ付近に上る予定で夕刻より出掛けるが、ロープウェイの時間が遅く、またテント場へ戻る。

七月三一日　食糧の買い出し。

八月一日

テント場八時〇〇分―ケーブル・エイギュドプラン八時四五分、台地を横切りボゾン氷河末端部に出る。ここから氷河を歩き午後三時に、グランミレー小屋着。

シャモニーについて四日間はロープウェイの時間やユースホステルの場所、さらに天候に翻弄されてもたもたしてしまい、一向に上に上がれなかった。急ぐこともないが、やはり下調べをきちんとしておかぬと現地でそれだけ時間を喰うし、意気をそがれてしまう。しかし、自分で実地になれることも、また良いことだ。ロープウェイの料金はとても高く、天候と見合わせて利用しないと大変なロスになる。ここに二か月前から来ているS氏からいろんなアドバイスを受ける。

やっと三日間の食糧を持って上にあがる。Glacier de Pelerins の横断点付近のこの氷河は、中心部から縦に放射状にクレバスが走っているのが、変わっていて面白い。初めて氷河の上に立つことになる。Gare des Glacier 付近の無人小屋からボゾン氷河がよく見える。格好のテント場であるが、ここで昼食（午前一一時）。

横田は氷河を見て、「俺は恐ろしくなったので、此処で見ている」と少々顔を赤くして言う。俺は気でも狂ったかと驚いた。咄嗟に返す言葉もなく、無言で氷河の上を眺めていると、確かにクレバス亀裂と見分けのつく足跡が、氷河上に付いている。近づいてみると、取り付き付近はかなり崩壊が酷いが、さして悪くはない。いつもの五〇糎～一m幅の横に走るクレバスを踏み越えて梯子を渡ると、上部の悪いクレバスの下に広がる雪原様の処に出る。氷の川をみる。氷河上の解けた水を集めて、氷河の上に五〇糎幅の小川が、螺旋状にくねくねと曲がりくねった川床を作り、水音も高く流れている。グランミレー小屋直下の登りはまたクレバス帯で少々注意を要するが、大したこともなく喘ぎ喘ぎ小屋に辿り着く。岩尾根にある小屋で一人一五フラン。水一回分が〇・五フラン。小屋は小奇麗で程よく泊り客もある。静かで、ゴムの上履きがそろえてあり、自炊室・食堂・寝室ときちんと分かれていて気持ち良い。小屋の裏側は悪いクレバス帯で、これはボソン氷河の本流である。夜、雷光あり、雹が降る。登山者も小屋の混雑ぶりも、何もかにもが適度（mcderate）な感じ。夕方遅く、ザイルをつけた二人がもたもた上がって来る。クレバス帯でどうやらルートを外れたらしい。小屋の上から七～八人集まって双眼鏡で眺めていたが、難なく上がってきたので騒ぎは収まった。小屋番の若い二人は、明日の出立の時間を、一人一人に尋ねて回っている。朝、起こしてくれるのであろう。大変良いサービス振りである。

八月二日

月明りでライトは要らぬ。アイゼンを付けて四時二〇分に出発する。ゆっくりとして歩調はのろい。雪は良く締まり、踏まれた道がはっきり付いている。

Alegle de Midi の右肩の雪稜から朝陽を浴びることになった。ピッチは遅々として進まず、横田の調子も余り良くないようだ。頻繁に休む。Le Grand Plateau に達した時、俺は登高を止めると言い出した。早い登山者は既に下降して来ている（八時三〇分）。どんなにゆっくり登っても頂上だけは踏めると思っていたのに、天候も悪くなり出してきた。あと九〇〇m近い登りに少々焦りを感じながら独りピッチを上げる。見上げる Refuge Vallot（小屋）から上の稜線には点々と人影が連なり、頂上付近はガスがかなり去来している。Col du

Dome に辿り着いた時、頂上付近はすっかり雲に遮られていた。ともかく、Vallot 小屋までは登ってみよう。かなりの急斜面を喘ぎ登る。降りて来る奴は沢山いても、登っているのは俺一人だ。Vallot 小屋の処でヤッケを着込む。小屋の直ぐ上の斜面を二人が遅いペースで登っている。やっと同伴者を見つけた想い。九時三〇分、ピッチを上げて登る。Grand Les Bosses と Petite Les Bosses の中間のコルで追いついた。二人ともかなり疲れて休んでいる。風の唸る中、貧弱な英語で話す。二人とも英国人である。モンブランは三度目だと一人が言う。あの白い斜面の直ぐ近くが頂上だと教えてくれる。先に立って登る。La Tournette（四六七七ｍ）の岩峰の近くまで来た。左側は六〇度位の雪壁或いは氷壁が三〇〇～四〇〇ｍ切れ落ちて、その下は大きな青いクレバスが口を覗かせている。幅一ｍ位の雪稜が一〇〇ｍ位続き、その上の白い斜面を辿ると頂上であろう。雪稜を三〇ｍほど辿って考えた。天候も悪く、頂上は恐らく何も見えないだろう。かなり疲れてもいる。一人でザイルもない。この雪稜は技術的には簡単だ。しかし、どんな小さな失敗も許されない処である。スリップしたらそれきりである。この切れ落ちた斜面ではストップは不可能だ。暫し躊躇った後、引き返すことにした。何の悔いもない。降り始めると、あとから来た二人が言う。「どうして降るのだ。頂上はすぐそこだ」「この雪稜は少し悪い。俺は独りだしザイルもない。それに天候が悪い」「それなら俺たちと一緒に登ろう」「ともかく俺は降りることにした。君たちは登れるだろう。グッドラック！」。彼等は取り付いた。Grand Les Bosses の頂きまで降りて眺める。彼等は暫く立ち止まっていたが、雪稜の右側よりの斜面に取り付いて登っているのが、ガスの中に見え隠れする。いつまで見ていても仕方がないので、飛ぶように駆け下る。無人の Vallot 小屋で一〇分位休む。水を飲みビスケットを掻き込んで、また駆け下る。Grand Plateau で二人の老人登山者を追い抜いて、小雨の中びしょ濡れになりながらPetite Plateauまでくると、すっかりくたびれ果ててしまった。グランミレーの小屋が見えてきたが、そこまでの長いこと！　こんなにも登ったかと思わせる程の、一七〇〇ｍの下降。痛めた脚を引きずりながら、小屋に辿り着いたときは本当に疲労困憊の極みであった。夜、雨が降る。二人ともすっかり寝込んでしまい、夕食の支度をしていると、先程の英国人が夕食を摂っていた。たどたどしい英語で話す。「あんたは学生か?」「ああ、そうだ」「俺たちも学生だ。昼間は働いている。やっと、二週間の夏休みがもらえてモンブランにやってきた」……。お互いの国の山々のことを少々話す。「君らはアイスランドによく登りに行きますか?」「行くこともあるが、非常にエクスペンシブだ。グリーンランドもよい」「日本の山は雪がたくさん降るか?」「非常にたくさん降る。四～五ｍは軽く積もる。しかし、日本には氷河がない」など、他愛もない内容。

八月三日

遅く起きてゆっくり準備をして降りる。アイゼンを付けて下っていたらストッキングに引っ掛けてしまった。スリップはしなかったが、アイゼンを付けるならスパッツくらいははめた方がより安全なようである。わずか二日間でクレバスにはかなりの変化がみられた。亀裂が大きくなり、下降路も変化している部分がある。右脚が痛く、ゆっくり降りる。森林帯に入ると雨になる。蕗を取りながらテント場に戻る。どうしてだか判らないが、二人とも何となくつまらない想いに浸る。

アルプスは確かに綺麗な良い山である。初めての氷河も、長い登高も別に何という感激もない。氷河が森林帯の奥深く押し出している山、電車からすぐ頂上の見える山、ロープウェイですぐ一〇〇〇m～二〇〇〇mは上がれる山、確かに綺麗で美しく便利である。険しく、高く、麗しく、喧騒もなく静かである。

しかし、日本的な静寂さとは少し違う。山が高く険しく氷河があっても、日本の山の持つ人気なさ、奥の深さというものを感じることは出来ない。「目指す山というものは、やはり何日間かのキャラバンの後に初めて姿を現すようなものでありたいなあ」と横田は言う。俺も何となくそういう思いに駆られていた。そぐわない違和感のようなものを何となく感じる。アルプスの山は、日本的に山と一体となり自然の中に溶けこんだ存在としての自己を感じさせてくれるものを持ち合わせていないようである。まだ山に入って日が浅い所為かもしれぬ。山のスケールの大きさがそう感じさせるのかもしれぬ。

八月四日

晴天沈殿。久し振りに冷たいシャワーを浴びる。そのまま水着で日光浴をする。

夜、アラン・ドロンの映画を見る。小さな映画館で、係の老婦人が客を後ろの方から順に席に案内してくれる。欧州に来て感じるのは、どんなに小さな店でもこんな映画館でもそれなりの規則や慣習がきちんと守られており、お客の側から勝手なサービスを要求したりできないし、買ってやるのだとか、見に来てやったのだという日本的な態度は取れないし、店の方でも売らんかなという態度がない。むしろ、日本人の感覚からすると売ってやっているのだぞ、こちらが決めた枠から外れた奴はご免蒙ると言った態度に見える。決して卑屈な態度は取らない処が、さっぱりして感じが良い。

八月五日

モンタンヴェール(Montenvers)へ行く。電車に乗るつもりが余り高いのでぼちぼち歩いてゆく。森林帯の小径をくねくねと登る。Dru（ドルー）に接した時、横田君が言う。「すっきりして良いなあ！　これに取り付いて登ってみようじゃないか。この谷は岩場トレーニングに良い。ここにテントを上げて一〜二週間、どこか手頃な処を登ろう！」などなど。Druを眼前にして、グランジョラスを眺め、グレポンの岩場を仰げば、誰しも登攀意欲が湧くのは当たり前のことだ。しかし、俺は岩場を歩く目的でアルプスにやってきたのではないし、山登りというものは例えどんなに小さな山であっても、計画からアプローチからテント生活まで、やはり山に入るときはそれなりの緊張感・姿勢・一貫した態度が必要なのである。自分にもパートナーにもそれを要求したい。山を見て触発されて登攀意欲を掻き立てられる、それも確かに必要なことである。しかし、それならそれで次の機会に立案し、準備をして訪れるべきである。手あたり次第、その場限りの行き当たりばったりの行動は慎むべきであろう。このことは、普段の生活においてもしかり、山においては自分にとって取ることのできない方法である。俺はアルプスに来るに当たり、山のことは何も調べてこなかった。このこと自体、俺にとってはアルプスにおいてたいした登攀はしないということである。ただ、氷河やクレバスとはどういうものか自分の目でよく見て、実際に経験をして来ればよいと思って来た。だからそれ以上のことはしない。無論、安易に登れるクラッシックな一般ルートなら、山であるから登りたい。初めに決めた目的をやたらに変えることと、山に入ってからの緊張感なりリズムなりを欠くということは、俺にとっては実に耐え難いことなのだ。そんな山行きならさっさと止めて、こうやってなにもしないテント生活でものんびり楽しんだ方が、よっぽど増しである。横田君には彼なりの行き方があろうし、それは構わないけれど、横田君の行動パターンは俺にとって旅行ならなんとか付き合えても、山では絶対に受け入れられないものである。彼とはすでに一〇年以上の付き合いなのに、二人の行動パターンの違いをアルプスにやってきて初めてまざまざとその違いを見極められたという感じである。

八月六～七日　シャモニー滞在。Zermatt に移動することに決定。

八月八日
Chamonix（一二時四〇分）— Martigny—Visp—Zermatt（途中乗り換え二度）。ツェルマットの谷は浅く小奇麗。移牧の小屋が斜面に点在し、趣深い。落ち着いたアルプスらしい風景。ツェルマットは静かな街で気に入った。

八月九日
準備・買い物・休養に費やす。この街はシャモニーに比べおよそ二割がた物価が安く、騒々しくなく、暮らしやすい。

八月一〇日　テント場—（ケーブルカー）ヘルンリ小屋。

八月一一日

ヘルンリ小屋四時四五分―ソルベイユ小屋七時三〇分―肩（鎖場）九時二〇分―ソルベイユ小屋一三時〇〇分―ヘルンリ小屋一九時三〇分。下降時約二時間吹雪かれる。

早朝にヘルンリ小屋を出て、ソルベイユ小屋までは順調に登る。ソルベイユ小屋は小さな無人小屋で、この裏側の登りが少し手間取る。俺は独りで登ってゆくが、何故か横田君は遅れている。彼は小屋から少し上ったところでフーベルト爺さんと出会い、話しているうちに意気投合してしまった。

マッターホルンの肩の処で、俺は悪くなる天候を気にして少し苛々しながらもう四〇分も横田君を待っていた。独りで登ってきた横田君は「爺さんが途中でへばってしまい、腰を抜かしているので俺は上に行くわけにはゆかん」と申し分けなさそうに言う。「半分泣き出しそうな顔をしたまま残してきたので、良かったら降ろすのを手伝ってくれないか」と言う。仕方がないが、またもや頂上を前にして退却である。まあ、登ってもなんとも面白くもない尾根であるが、折角やってきたのだからという気持ちもないではない。からりと晴れ渡っていれば、そんなことにはお構いなく独りででも頂上を極めるのだが、あいにくとガスで何も見えない。アイゼンをはめたばかりの鎖場を二〇mほど下って、アイゼンを脱ぐ。

爺さんは待ちくたびれて、独り這うように降りかけているところだった。僕等が降りてきたのをとても喜んで、少し威勢がよくなった。陽気に口笛を吹き、笑い、喋る。歩きながら喋ってくれるのなら良いのだが、何せ、立ち止まって振り返り、ゼスチャーたっぷり喋るのでやり切れぬ。余りのろいので、降りて来る他の登山者の邪魔になることもある。既に降りて来る登山者もまばらになった。乗りかけた船だ、爺さんをほったらかしにして降りる訳にはゆかぬと、覚悟を決めた。ヘルンリ小屋まで一緒に降りると言うと、子供のように燥いで悦ぶ。「お前さんたちは、私の友達だ！　俺の親友だ！」と叫んで手を振って来る。「この男は日本ではガイドをやっているんだよ、爺さん。ここからは、この男とアンザイレンする方がいいよ」と横田君はとんでもないことを言い出した。爺さんも本気にしてアンザイレンしてくれと言うので、「いや、彼とアンザイレンした方がいいよ」と俺は濡れ衣を着せられては敵わぬと、一足先に降り出す。爺さんののろいこと！　立ち止まってよく話すこと！

ヘルンリ稜は上りはやさしいが、降りは簡単にはゆかない。

ソルベイユ小屋の少し上で休む。昼食を摂りながら爺さんと話し、動作を眺めているうちに、この爺さんは少しおかしいのではないかと気付いた。動作が多く、落ち着きがなく多弁。気が散って同じことを何度も繰り返す。躊躇うように、意志の決定が中々できず、簡単なことを何度も我々に尋ねて確かめようとする。一つのことをやりかけて、他のことに注意が向きおっぽり出しては他のことをやり始める。話題がぽんぽん変わり、話の内容は幼稚である。そして、子供のようにはしゃぎ、気分は高揚している。その場その場での並み外れたはしゃぎ様は、躁的な状態である。横田君にこの事を伝える。彼は最初はぎょっとしたような、それから道理で……とも取れる反応を示した。おそらく認知症も多少は混じっているだろう。爺さんはソルベイユ小屋でリュックの中から幾つかのセータを取り出し、どれを置いてゆこうかと何度も迷っている。彼は昨夜この小屋に泊まっており、世話になったお礼に何かを置いてゆきたいらしい。靴下の間からパスポートを取り出して見せてくれる。ベルギー国籍で、職業はピアニスト。

横田君に代わって、フーベルトとアンザイレンして降りる。以前、岩登りをしていたらしく、アップザイレンは何とか出来るのがせめてもの救い。しかし、アップザイレンの度に、今のはどうだったと評価を求めて来る。「ワンダフル！　ナイス・バランス！　エレガント！」などと褒めてやると、爺さんは飛び上がって喜ぶ。いちいちこの調子で頗る時間が掛る。乗りかかった船だから、彼を連れて降りるしかない。今度は横田君がアンザイレンする。彼は俺より厳しく、爺さんを引っ張る様に降りる。爺さんが倒れてしまい愚痴を言う。「そんなに急いで下ってあの世に行くより、ゆっくり下って小屋でワインでも飲んだ方が良いだろう」と言われて、すっかり観念してしまった云々。

横田君は半ばべそかきながら「ああ、日本人はなんて人が好いんだろう！　気狂いでも若い女の子だったら少しはおもしろいんだがなあ！」などとブツブツ言いながら降りて来る。俺も下で待つ時間が長くなってきた。彼の声が段々荒くなり、苛立ってきた。「どうしてお前さんは俺の言う通りに降りないんだ。立って歩くんだよ、ちゃんと立って！」、怒鳴られると爺さんは却っておろおろしてしまい、歩みが一層遅くなる。彼等の様子や物語の初めからを思い起こすと、はらわたが千切れそうに可笑しくなる。声を立てずに大いに笑う。二時間も降りると尾根筋にルートを取ったのでガレて悪い処に出た。アンザイレンしたがどうも安全な処まで届かない。ここで横田君とザイルパートナーを入れ替わる。嫌なことだが致し方ない。爺さんは「カマラードよ、アンザイレンしよう！」と寄って来る。「こう降りるのか、こっちが良いか？」、爺さんはいちいち振り返って尋ねる。「好きなように下っていいよ」。〝That's good!〟〝It's good〟爺さんはニコニコして降りる。〝Oh! Nice

Balance! Your Absailen is very elegant!〟と褒めてやる。爺さんは子供のように悦んで少しは歩調が早くなる。それからも、〝Don't stop, Looking down, Keep standing, Nice balance, As you like〟などなど、あやしたりすかしたり、流石に精神障碍者の扱いは俺の方が少しは上手い。でも、なんとのろく時間の掛かることよ。この調子では何時になったら小屋に辿り着けるかよ！　疲れて腹が減って苛立ってきた。「おい！　少し休もうよ。何か食わないととてもじゃない！」、ビスケットをかじり水を飲む。ああ、とうとう雪が降ってきた。爺さんは岩の上に寝そべって少しも参った様子がない。何というタフネスさ。寝転んで手を伸ばしたり曲げたり、体操なんかやって気持ち良さそうに鼻歌まで歌っている。本格的な風雪になった。ヘルンリ小屋はやっと見え始めたが、まだ半分の道のりである。雪で湿った岩がルートを判り難くしている。横田君とまたザイルを交代する。尾根筋に寄ってしまい、少々悪い。ガリー状の処を遮二無二降りる。ひとり先に下ってルートを捜していると、爺さんが大きな岩を落としてしまった。上の方で横田君が爺さんを叱りつけている。ヤッケもずぶ濡れだ。もう、もたもたしている訳にはゆかぬ。急なガリーを適当に右斜面寄りに下ってゆくと、どうにか正式なルートに出た。待ってもコールを掛けても二人は中々降りてこないし、返事もない。爺さんには少々厄介な処であろう。この辺りで、横田君が苛立って下からザイルを引っ張ったら、爺さんは転げ落ちてしまった。座り込んで剥れた爺さん曰く、「どうしてそんなに急ぐんだ！　急げば俺もあんたも遭難してあの世行きだ。あの世へ行くよりゆっくり下って、ホテルで旨いワインを飲んだ方が良かろうが！」。横田君はすっかり観念してしまい、しぶしぶゆっくり降りることに相成った。

二人はいつまでも降りてこない。じっとしているのも寒いので、ひとりルートを確かめながら降りる。かなり下で岩峰から眺めていると、やっと岩陰から二人が現れた。「おおーい！」と声をかけて、「左じゃない！右だ右だ」とルートを指示する。長いこと待って、やっと二人が降りてきた。爺さんは相変わらず良く喋り、元気である。「俺はもうすっかり諦めてしまったよ！」と横田君は言う。しかし、また同じことが始まった。幸い、雪は小降りになった。これ以上降られずに済みそうだ。時折、東面の岩壁から凄い音を立てて落石が落ちる。小さい雪崩まで見える。北壁の下の雪田へのトラバース地点へ、アップザイレンで爺さんが降り立った時は、本当にほっとした。「おお、エレガント！」、疲れていても、最後に褒めてやることを俺は忘れない。やっと解放された。爺さんは話す事ばかりに活発で、のろのろとザイルをしまい込む。「マイネ・カマラード！　さあ、小屋へ行ってワインを飲もう、そして食事をしよう！」と爺さんはご機嫌である。「そうだ、そうしよう」と幾らかおれも機嫌がよくなり相槌を打つ。小屋の直ぐ上まで来ると、小屋の前は人だかりで、じっと私達を眺めている。小屋で働いている少年が何か大声をあげて手を振っている。小屋に着くと皆ワイワイ寄って出迎えてくれる。小屋番とねえちゃんがワインをなみなみと注いで差し出してくれた。身に染みてとても旨かった。もう七時半である。一二時間も爺さんに付き合ったことになる。爺さんはまるで凱旋将軍よろしく誰彼となく話して廻り、僕らのことを「俺の友達だ！　友達が俺を連れて降ろしてくれた」と触れ回る。照れ臭い。

コーヒー、ワイン、スープと豆、それに久し振りのビフテキを、俺がおごるからと爺さんに振舞われて、たらふく食った。皆、物好きな日本人と思っていることだろう。

八月一二日

朝起きて朝食を摂っていると、二回の窓から爺さんが顔を出して「いま、行くよ」と言って、引っ込んでしまった。やれやれ、またか！。

今日も良い天気である。すでに三々五々、人が小屋に登って来る。爺さんと同席で朝食を摂っている僕らを怪訝そうに笑いながら見ている人もいる。小屋を辞す時、部屋を案内してくれた娘が横田君を呼んで言った。「彼は狂っている。しかし、あなた方日本人だけが彼に親切であった」。そう言って小屋代を一人一フランずつまけてくれた。皆が石垣の上に並んで見送る。もうすっかり諦めて気にもならない。爺さんはニコニコして、前に立ち後ろに立ちして歩く。そして立ち止まって話す。小屋に登って来る人が、「マッターホルンの頂上まで登ってきたのか?」と尋ねたので、「いや、頂上のすぐ下まで行ってきた」と答えた。

少しして爺さんが言う。「人からそんな風に聞かれたら、堂々と頂上まで行ってきたんだと言うんだよ」と。「ふうん、この爺さん今日は中々気の利いた口をきくもんだな」と思っていると、そう言いながらも爺さんは少し申し訳なさそうな声で、「お前たちが頂上まで行ってきても、俺はちゃんと下で待っていたのに」と言う。本当に済まないという気持ちが籠っている。

シュバルツゼーでビールを飲む。今度はこっちがおごる番だ。爺さんとはここで別れる。森の途中に荷を置いてきたし、ケーブルは高いので歩いて降りると言う。俺達は往復の切符が買ってあるので、ケーブルで降りる。爺さんは明日テント地に来ると言う。

八月一三日

午前一〇時に、爺さんは我々のテントにやってきた。雨天となる。テントの中で、爺さんと暫し雑談する。面白い。朝食と昼食を共にする。爺さんは買い物に出かけると言って街に行くが、二時間余りも帰ってこない。ワインや辛子や果物などを買い込んでくるが、昼休みで店が開かなかったので待っていたらしい。横田君のこさえたマカロニーを「旨い旨い」と言って、お代わりして喰っている。その後に洗濯。また、ひとしきりテントで話し込む。俺が精神科の医者だということが判ると、「人はみな、俺のことを頭がおかしいというが、俺は本当におかしいのか診てくれ」という。「あんたは全く正常だよ！」というと、子供のように躍り上がってはしゃぎ悦ぶ。「お前は何という立派な専門医だ！　お前のように立派な医者はドイツにはいない」と言うので、二人して大笑いした。戦争の話をすると悲しそうな顔をする。娘が一人いると言う。同胞が何か腹部の癌で亡くなったという話をしながら、悲しそうに涙を流す。聞いていて、こちらまでしんみりとさせられてしまう。横田君が電気カミソリを貸してやると、トイレで長いこと掛かって綺麗に剃ってきた。靴を二足、ズックの靴を一足持っている。赤いラシャ地の古びてしわの寄ったシャツをザックから取り出して、これはまったく新しいものだという。一体、どれだけ荷物を持って歩いているのだろう。「ハンブルグに小さい家を建てて持っている。家を建てるのはとてもお金がかかるので、小さい家だ。あんた方が遊びに来られるようにもっと広くしたい」云々。のべつ幕なしに話し続けるので、こちらも少々煩く眠くなる。いい塩梅に晴れてきて、爺さんはテントの前の草原に寝転んで昼寝。俺もいつの間にか眠ってしまった。夕方になり、とうとう爺さんとの別れとなった。マッターホルンの絵ハガキを俺と横田君に一枚ずつくれて、記念のノートに名前と住所を書いてくれという。日本語もついでに添えて書くと、また「素晴らしい！」と言って悦ぶ。横田君はとうとう爺さんの荷物を半分持って、駅まで送ってゆく。〝Auf Wiedersehen!〟握手をして別れを告げる。爺さんは何度も何度も振り返って、手を振って行く。なんだかとっても物寂しい気持ちに誘われる。

八月一四〜一五日　ツェルマット滞在。

八月一六日
テントで手紙など書いて過ごす。この雨の中、フーベルト爺さんは何処をどうやって旅しているのだろうと横田君と話し合ったりする始末。欧州に来て他人のことなど気にもならないのに、ちょっとばかり爺さんのことが懐かしくなる。

八月一七日　もう諦めて、クライネシャディックでスキーでもしようかなどと話す。

八月一八日　明日から天候が回復する。あすからモンテローザへ登ることにする。

八月一九日
快晴。朝、買い物を済ませてモンテローザヒュッテへ向かう。電車は高い（一人片道二〇フラン）し、ケーブル登山は嫌なので歩くことにする。教会の横の公園で、空にくっきりと聳えるマッターホルンを写真に撮り、一〇時半に川の畔の小道を辿る。牧場に入り、森の中の路を行く。登りが急になる。フランス人の母娘三人がベンチで憩っている。小さい女の子が、もの珍し気にくりくりと目を動かして僕を眺めるので、〝Are you going down?〟〝Up〟と上を指差す。横田君が追い付いてきて一緒に憩う。〝Bye! Bye!〟と女の子は手を振り、三人ともスタスタと歩き出す。大したものだ。こういう小さい女の子が一〇〇〇mの高度差を平気でハイクするのも欧州ならではであろう。日本では考えられない。昨今の日本人の過保護は、虚弱児や肥満児を創り出してはいないか? 日本人は歩くことを頓に忌み嫌うようである。欧州では、爺さん婆さんまで、実にスカッとした格好で悠々と山を歩いている。

Riffelalp に質素で小さい教会が二つほどある。その広場で、茶色と白の斑の乳牛が群れて草を食んでいる。眺望がよくなった。駅から降りてきたドイツ人のかわいいガキたちが二〇人ばかり、賑やかに喋りながら山腹の巻き道の方に去っていった。電車の軌道をずっと上に眺めながら、広いカール状の山腹の羊腸とした小径を喘ぎ登る。遠くから山羊の鈴の音が風に乗って伝わって来る。見渡すと、ずっと上方の山腹の白く細い流れの近くに山羊が群れている。Riffelberg まで一時間。ホテルのレストランで昼食を摂る。フランス人の三人の母娘はすでに燥ぎながらテーブルを囲んでいた。実に脚が速い。ここから山腹の巻道を辿る。降りて来るフランス人が声をかけるので、指差す方向を見ると二〇〇mほど先の岩場にカモシカが悠々と寝そべっている。Riffelsee という小さい池の一つ手前の池で憩う。先程のドイツ人のガキ共がわいわい騒ぎながら休息している。どこの国のガキも可愛くて無邪気である。

ケーブルで上って、降りはハイキングというコースを辿る人がたくさん下って来る。日本人も三々五々見かける。通りすがりの日本人の年配者が「グーテンモルゲン！」と挨拶された。「こんにちは！」と返すと、「あ～あ、こんにちは！」と日本人だったのかと言わんばかりの態度で、言い直してくれる。相手を見てから挨拶はするものだ。日本人同士で外国語で挨拶するのは、どうも妙な感じである。「ボンジュール！」「グーテンターク！」「ターク！」「グレッチェン！」「グッドモーニング！」など、実に様々である。俺は面倒だからすべての人に「ボンジュール！」で済ませる。「こんにちは！」はどうも欧州アルプスでは戴けない。

Rotenboden の下の駅の下から低いコルを超えると、ゴルナー氷河を見下ろしながら、山腹の中ほどを緩やかな下りとなって真直ぐな道が伸びている。

モンテローザ山塊が眩く映え目指すモンテローザヒュッテは、モンテローザ氷河の下部のインゼルをなした岩場の末端部に、ポツンと小さく建っている。五時までには辿り着けるだろう。ゴルナー氷河に降り立つ。表面がギザギザの荒いザラメ場をなしスタコラ歩いても滑ることはない。日差しで表面が溶け、至る所に小川をなして水が流れている。中央部のモレーン帯の部分まではクレバスはない。ここから境界氷河（Grenzgletscher）を登る。クレバスが至る所にあるが、狭く表面は滑らかで危険はない。小さな女の子や老人やご婦人が家族連れでこの氷河を降りて来る。外国人は実に勇敢で、こんな処までハイキングにやって来る。欧州では、ピッケルやアイゼンの使用はハイキングの範疇に入るのだろうか？

日本じゃ山と言えば、ごく一部の限られた若者たちの舞台になっている。親も周囲も山は危険だから止めろという。危ないというのはただの偏見である。山の何が危ないかを知っている人は、決してやみくもに危ないなどとは言わない。山は遭難するから危ないというのは、何となく危ない処だという先入観だけである。そのくせ、無茶な運転をする息子の車には平気で同乗する。どうも日本人はムードに弱く、物の本質を弁えようとしないから困る。確かに戦後、若者たちがジャンジャン山に登るようになり、登山が大衆化してきて、その人たちが家庭を持ち親になると、山歩きやハイキングがもっとポピュラーに日本社会に根をおろす日がやってくるかもしれない。欧州における登山の大衆化は、冒険というものに対する日本人の考え方や心理的な差によるものであろうが、アルピニズムの発生が日本より一〇〇年以上も早かったということがより大きかったのではなかろうか。白髪の老人がひょうひょうとして独りリュックを背負い、アイゼンを履いてピッケルを突きザイルを肩に氷河を歩く姿、幼子の手をひき氷河上を連れ歩く親子連れ、何とも微笑ましく・羨ましい情景である。そこには生活のゆとりも確かにあるだろう。登山用具も服装も個性があり、カッコよさからしてとても日本の比じゃない。ツェルマットの街角のコーヒー店に座り、通行人の姿を眺めているだけでもとても楽しいのである。

インゼルの末端に取り付いたのが午後四時半、ここからサイドモレーンの痩せたリッジを少し登るとヒュッテに着く。五～六歳の女の子が二人、岩の上を走り回って遊んでいる。小屋は泊り客が多くごった返している。小屋の上方へ岩場を少し登るとその向こうは、ガラ場を隔ててモンテローザ氷河の舌端が迫り、モンテローザのトップ・Dufourspitze が氷河の上方に小さな白い頭をピョコンと覗かせている。降りがけに、三人のドイツ人が岩登りの練習をしているのに出会う。お前もやってみないかというので、暫く戯れる。彼等は大して上手くない。俺が極めて小さいホールドを使って登って見せると、感心したように見ていた。彼等の登りは荒っぽくダイナミックである。俺の登り方は器用でも、欧州の岩場でのビッググクライムには余り向かないだろうと思う。小屋の外で炊事と食事をして部屋に戻ると、指定された我々のベッドには先客が寝ていて、少しトラブった。管理人を呼ぶと、お前さんたちが先であるから、権利があるという。しかし、相手も譲らず埒があかぬ。ドイツ人たちもベッドから降りてきて、結局、狭いが譲り合って一緒に寝ることになった。部屋は人いきれで暑苦しく寝苦しい。外でツェルトにくるまって寝た方が気持ちよさそうだと言っても、横田君は嫌だというので、結局、小屋で寝ることになった。夜半過ぎ、隣の男の鼾が凄く、中々眠れない。横田君が彼の顔に毛布を被せたら、やっと鼾が収まった。

八月二〇日

二時半起床。満天の星。小屋の外で炊事と食事をしていると、小屋で食事を済ませた人たちは次々と出発して、僕らがまたしてもドン尻になってしまう。小屋発四時一五分。ライトを照らして小屋のすぐ上手の岩場を攀じる。昨日見定めておいた雪渓の末端に向けて、なだらかな岩場の斜面を歩く。雪渓上にライトがちらついている。近いようで、この雪渓までかなりの距離である。急な雪渓のステップを踏んで辿り、広い雪の斜面の末端に着く。ここまで約一時間。これからが、長いモンテローザ氷河の登りである。東の空が山際を明るく染め始めた。マッターホルンの穂先が朝陽に輝くと、四方の山々もモルゲンロートに美しく濃く浮き出されてくる。モルゲンロートもアーベントロートも、日本の山々の方が美しいような気がする。雪渓に達すると、先発の連中に追いつき、次第に追い抜いてゆくようになった。彼等はガイドに連れられているパーティが多く、殆どアンザイレンしている。その必要はないと思うが、欧州人のしきたりか、用心深さかもしれぬ。年配の婦人

かなんでんも休くても無くつきは僕ら。い。ない休ま中々が、く歩りくっゆは等彼。い多もれ連族家、しるいりなかも

あまり広いので、傾斜をさほど感じない位である。Dufourspitzeから延びている痩せたリッジのコルに辿り着く。早い連中はもう下降して来ている。ここでアンザイレンして急で痩せたスノウリッジを登る。アイゼンが気持ちよく効く。ひとしきり登ると岩のナイフリッジが続き、一旦コルに下ってまた、急な雪稜の登り。ここが頂上と思えば、またナイフリッジが続く。頂上はまだ先である。両側は切れ落ち、極めて気持ちの良いリッジである。眺望も素晴らしく良い。降りてくる連中と交錯する煩わしさも出てきたが、最後の五〜六mのチムニー状の岩を登ると、やっと狭い頂上に出た。欧州アルプスに来てやっと踏んだ頂上だが、大した感激もなくやれやれという気持ちである。プラムを少し頬張ってすぐに降りる。天気は良い。先にイタリア人三人のパーティがもたもた降りるので、こちらもゆっくりタバコを吹かしながら降りる。取り付きのコルに降りアイゼンを脱ぎアウスザイレンする。ミュンヘンからの三人パーティが降りてきたので一緒に写真を撮る。「お前もペンタックスか！ 俺もそうだ」「俺はヤシカだぞ！」などと写真機を見せてくれて、お互いに撮り合いっこになった。「日本には、富士山があるな、登ったか?」「いや登ったことはない」などと交わし合い、仲良くなった。「日本から来たのか、どこに住んでいる?」「九州だ」「?」「長崎の近くだ」と言えば大抵の外国人は理解してくれる。長崎はそんなに有名なのか? 昔からの貿易港だからか、それとも原爆の所為か。私が「阿蘇山の近くだ」と言っても理解してくれた外国人は旅行中に一人もいなかった。ああ、カラチまでの飛行機に同乗したパキスタンの駐日大使の小さな女の子だけが、判ってくれた。この子は、阿蘇に一度行ったことがあるとも言った。

コルから下はグリセードで飛ばす。表面の雪が溶けて柔くなり余り快適ではない。傾斜が緩くなると、尻セードに換える。歩くより早くて楽だ。ジャンジャン飛ばして、コルから一時間半で小屋に着く。午後三時半。今日中にツェルマットに降りると、一日に二〇〇m登って、三〇〇〇m降りることになるので、日本ではやろうたって出来っこない。小屋でスープを注文して腹ごしらえをする。ここは実に気持良い眺望の場所である。小屋代は二人で二二フラン（税金・サービス料込みで）、高い。こいつだけが気に食わん。氷河の上を飛ばして山腹の路に辿り着くのに丁度一時間掛かった。ここから先は、急にぐったりしてしまう。腹が空いてきつい。眼が廻るようだ。池の近くまでもたもたして辿り着き、もっときれいな水を求めて Gakihanpt の分水道の処で、残りの食糧をがつがつ掻き込んで、どうやら少しは人心地が付いた。ここからまた一〇〇〇mの下りである。なんだ！　小屋からまだ高度差にしてやっと二〇〇mしか下っていない。Riffelberg のホテルのレストランで、先程のドイツ人の三人のパーティに会う。彼等が遅く出たのに何と足の速いことか！　元気なことよ！　ご婦人が一人混じっているのに。彼等は Rotenboden から下ってきたようである。コーヒーを飲む。彼等も僕らと同じテント場にいるという。明日はヘルンリ稜からマッターホルンに登る予定という。元気なものだ、毛唐は実に！「お前らはあそこのブライトホルンに登ったらどうだ」というので、「俺たちは明日は sleeping だ」と言って笑った。彼等は元気で一足先に、走り下って行った。俺たちはそれからぼちぼち下ったが、ツェルマットまでの何と長く、辛かったことよ。なにせ、三〇〇〇mだものなあ！　駅前のレストランでビールを飲み、夜の九時にやっとテント場に着く。

八月二一日

晴沈。休養。今日はマッターホルンがよく見える。夕方、双眼鏡で眺める。北壁に入った広島・名古屋のパーティを捜すが、ちょっと遠過ぎる。頂上の十字架は良く見えるが、人は見えない。ここからヘルンリ小屋の人影はどうにか判るので、十字架はかなり大きいのだろう。人でも動いていれば捉えられるだろうが、北壁の雪の斜面では動くものは何もない。留守番役の広島の女の子は、盛んに気にしているが、好天気が続いたから大丈夫だと言っておく。「私が登ったのは六月ですから、もっとたくさん雪がありました。スイス側の頂上から十字架のあるイタリア側の頂上まで一時間掛かりました。彼等はイタリア側には行かないんです。あなた方はツムット稜を登られたんですか?」「いや、ヘルンリ稜から頂上のすぐ下まで行って降りました」など他愛もない会話を交わす。

明日からグリンデルバルトへ行く。ツェルマットは良きベースキャンプであった。

八月二二日

Zermatt—（電車）—Brigue—Spiez—Interlaken—Grinderwald…（徒歩三〇分）…キャンプ地。

八月二三日

Bodengrad（キャンプ地）は雪で沈殿。雪なのに夏用のテントでは寒い。何も見えぬが、雪が森林限界を超えて降りて来る。ヤンキーのガキ共が騒いで煩い。

八月二四日

雪で沈殿。夜、アイガー北壁登攀の今井通子?ら六人パーティが下山してきた。彼等はペンション泊りのようである。

八月二五日

グリンデルワルト―インターラーケン―ルツェルン―チューリッヒ。

久方ぶりに晴れる。アイガーは末端部しか見えない。チューリッヒまで汽車の旅。午後二時過ぎに到着。胸躍らせて東銀支店に赴くが営業していないとの事でがっかり。日航支店で横田宛ての五〇〇USドルを受け取る。Bahnhofstrasse を覗き歩く。チューリッヒ湖畔で憩う。ここは実に綺麗な街である。雨となる。夜八時、ガラ空きの夜汽車でジュネーブへ向かう。

総括すると、スイスは人も姉ちゃんも親切。シャモニーはやや不親切で、テント場の爺さんなどはやたらと威張り腐って感じが悪かった。グリンデルワルトは穏やかで親切。

八月二六日

午前五時三〇分ジュネーブ着。ツーリスト・インフォメイションが開くまであちこち散策し、Hotel Tor に落ち着く。午後二時半、手紙などを受け取りに蟻田氏邸に赴く。桑原君、内藤先生、私の父から各一通ずつとスイス・サンド社から二〇〇ドル。近くの郵便局へ奥様が一緒に行って下さり、スイス・フランで受け取る。奥様には駅前まで送って頂き、恐縮の至り。夜、レマン湖の反対側の街を歩く。帰宿後、荷物整理。

八月二七日

午前中、荷造り。午後二時半、空港へ行きアメリカン・エキスプレスで二個分の荷を送る。約六〇ドル（二五〇スイス・フラン）。空港売店でフジカラーを買う。一四・五フランで日本の約二倍の値段。夜、今後の旅行計画を話し合う。横田君はフランスへ、俺はイタリアへ向かう。

八月二八日

Hotel Tor は駅の近くで小奇麗。二人一泊で三〇スイス・フラン。一〇時過ぎに起床。いつまでも起きぬので、しびれを切らしたマダムが朝食を部屋まで運んできた。朝食後、慌ただしく支払いを済ませ、一一時過ぎに離宿。駅に荷を預け、幾らかの買い物（電池、本 TURKEY 39SF、地図など）。その後、少し店を見て回り、昼食を摂りぶらぶらして時間を過ごす。夕刻、六時一五分に蟻田氏邸を訪れる。バスの停留所まで車で出迎えて頂き痛く恐縮。とても美味しい夕食をご馳走になる。豆腐の味噌汁を三杯もお代わりした。ノリも久しぶりである。奥様は俺たちにお握りまでこさえて下さった。感謝感激。暫く談笑して午後一〇時過ぎに辞す。駅まで車で送って頂く。蟻田さんには本当におせわになった。この御恩は忘れようがない。

横田君は二三時〇五分の汽車でパリへ発つ。本当に名残惜しい。彼にはお世話になった。これまでずっと横田君におんぶされ続けてきた旅であった。本当に有難う。今夜から俺一人の力で、切り抜けてゆく長い旅。旅はいわば人生のようなもので、独りで歩くのに意義がある。折しも満月に近い月。二三時二〇分にジュネーブを発つ。

八月二九日

ローザンヌで乗換えに一時間待つ。汽車は空いていた。独り座席で横になり眠る。ミラノで降りるはずだったが寝過ごしてしまい、気付いた時にはミラノを出ていた。検札に来た車掌に、ミラノまで行くのだと言って笑われてしまった。Bologna で乗り換えて、一〇時一八分の汽車でフィレンツェへ向かう。汽車ではずっとうつらうつらして過ごす。イタリアの風景の汚れ方は、日本とよく似ている。人の服装も日本より少し落ちる程度で、気楽な処である。フィレンツェのインフォメイションでホテルを依頼、シングルで一二〇〇リラ（約二ドル足らず）。駅の近くのお湯も出ないペンションだが、部屋には二つのベッドがある。五〇歳近いマダムが階段から顔を覗かせて優しく迎えてくれた。自分の家の幾つかの部屋を旅行者用に当てているようだ。

二時から市内見物に出る。まず、サン・ロレンツ寺院（入場料一七〇リラ）。一五世紀に建てられたメディチ家の霊廟で、ミケランジェロの最高傑作を観る。次いでドウモ・Duomo を観る。Santa Maria del Fiore の大伽藍、一四三六年から一五〇年掛かって完成した世界一の大規模なゴシック式の大伽藍で、その鐘楼の頂からの眺めは素晴らしい。フィレンツェは街全体がいわば、ひとつの芸術品である。上から眺めると、ややくすんだ橙色の屋根瓦で全市街が覆われ、その広がりは壮観である。サンシラバーンの礼拝堂、ヴェッキオ宮（Palazzo Vecchio）、ロジア・デラシュヨーリア（Loggia della Signoria）でチェッリーニ作の「メドウサの首を持つペルセウス」を観る。これはフィレンツェのシンボルと言えるもの。ピティー宮殿、ボボリ庭園、ヴェッキオ橋など銀細工の店が多く賑やか。カブール程ではないが、フィレンツェはヒッピーが多い。欧州の中では最も多い。物価が安く暮らしやすいのだろう。夜、駅の食堂で夕食。ピザという面白い団子のような料理。欧州はどこも水が良く飲める。熊本の水と少しも変わらず美味い。元来、水を飲む習慣がないのではないか、欧州という処は！ ここでワインを一本買う（五五〇リラ）。シャモニーやツェルマットと違い、水っぽくなくコクがあって美味しい。

八月三〇日

一〇時起床。朝食もそこそこに疫病の聖母マリア寺院に向かう。内部は薄暗く、奥まった突き当りの右側の部屋で、壁画・マサッチオのフレスコ「ペテロの生涯」を観る。その後、ピッティ宮殿（Palazzo Pitti）へ向かい、その中の博物館の一つ、Palatina Galleria を見る。ここはラファエロの作品が多く「椅子に座るマドンナ」その他、ティティアンの作品などを観る。聖書の物語はよく分からぬ。ルーベンスやボッティチェリの絵もあるが、余りにも多くごちゃごちゃで印象に残らぬ。次にウツフィイツ画廊（水）Galleria degli Uftizi を訪れる。ここはルネッサンス時代の絵画コレクションではイタリア随一と言われ、メディチ家の所蔵品を整理したもの。ボッティチェリの「春」、「ビーナスの誕生」などが印象に残る。とにかくあまりに多く雑然としていて博物館めぐりはとても疲れる。

夕方、食料品を少し買い込んで、ジュネーブで買った「Turkey」を読む。このペンション（一二〇〇リラ）

は安いが、少々水の出が悪い。しかし、部屋は広く静かで気分は良い。夕方よりずっと雨。

八月三一日

八月も今日で終わり。朝七時、人の好いマダムにちゃんと起こしてもらい駅に急ぐ。フィレンッェ八時発。ローマまでTurkeyを読む。イタリアの田園風景は、適度に柔らかく雑然としていて気分が和む。光の色も他の欧州の国々と比較してやはり明るく、南国である。少し日本的になり肩がこらぬ分、楽である。ローマ着一二時。駅のツーリスト・インフォメイションで宿を捜す。駅に荷を預けともかく飯を食う。イタリアは高く、あまり良いスナックもない。JALStazione Terminiの波打った屋根はユニークだが、噂程でもない。宿は四畳位の狭い部屋だが、清潔でシャワーもある。受付のセニョールも中々親切。ちょっと辛抱して水のシャワーを浴びスカッとしてから、午後三時、市内見物に飛び出す。ローマはやや暑いので、半袖のポロシャツ一枚で結構。ここは気分の良い街だ。第一に明るく開放的。街は落ち着いた古めかしい建物が多いが、眩く清々しい。JALは閉まっていた。バルベリーニ広場で「ホラ貝の噴水」を観る。城壁の下を潜り即興詩人の冒頭を飾るボルゲーゼ公園（Villa Borghese）に向かう。Via Ventの通りは並木が綺麗で、歩くのによい。ボルゲーゼ公園は広大で、下枝を刈った太い松林がそそり立ち、気分が良い。人も多く、賑々しい。ローマの街は兵隊さんが多い。イタリア人は開放的でスイスや北欧のように、礼儀正しく取り澄ましていない処が良い。若い母親が四～五歳の女の子の顔をひどくぶん殴って叱っているのを見て、少々驚いた。欧州の親は、子供をよく叱りぶん殴る。アイスクリーム売りのおっさんにGalleria Borghese（国立ボルゲーゼ美術館）を尋ねたら、もう閉じているという。とにかく入口まで行き時間を見ると、もう五時である。てくてくとポポロ広場（Piazza del Popolo）に向かう。この辺一帯は城壁が残り、全体が公園である。人通りが多く、車の波も続々と続く。この広場には、ＢＣ一三～一四世紀頃、エジプトで造られたオベリスクが立っている。少々雨になった。スペイン広場（Piazza di Spagna）に向かう。ここに「水舟の泉」という一六二七年ベルニーニ作製の噴水がある。バロック式のイスパニア階段（一三七段）には人が多く群れて、座り憩っている。ここは所謂、ヒッピーまがいの連中が居座り、真鍮の針金で器用にネックレス、指輪、腕輪などをペンチで造り、一米四方の布切れに並べて売っている。一個一〇〇〇リラ位。絵売りがいて中々楽しい場所である。ここで日本人の汚れた若い二人連れを見かける。石段に座り眺めていると、その一人が寄ってきて一〇〇リラカンパしてくれと言う。八か月にもなると言うが、二人とも寝袋を抱えいつも露天で寝ていると言う。何か目的があるのだろうが、どんなに落ちぶれた旅行でも乞食と変わらぬことをやっては何もならない。ヒッピーの立派さをちょっとでも見習ったらどうだろう。日本人は所詮、ヒッピーにはなり切れぬようだ。物乞いされても別に腹も立たぬし、断る理由もないので、二五〇リラほど与えてやったが、与えない方が彼等の為には良かったかもしれぬ。次は「トレヴィの泉（Fontana di Trevi）」である。ここは立派で人ががばっと寄っている。映画「ローマの休日」で、一躍有名になったそうであるが、一七〇〇年代、バロック芸術の傑作のひとつとされている。水音高くリラの硬貨が投げられ、水底でキラキラと輝く。ここは噴水の多い町である。次いでパンテオン Pantheon に行く。途中、通りでバンドのある喫茶店に人が群がっている。中に入りコーヒーを飲む。久し振りにいい気分。ローマらしい太ったセニョーラがボリュームのある声で歌う。この店は五〇〇リラ、チップ一〇〇リラで少し高く付いたが、気分は良い。パンテオンの近くまで行ったが八時過ぎており、暗くてよく分からないので、明日また訪れることにする。いそいそと、Via del Corsoをエマヌエル記念塔（Monumento Vittorio Emanuele II）のあるベネティア広場に向かう。夜で暗いが照明の中に、大理石の美しい建物が浮かぶ。正面中央にVittorio Emanuele IIの騎馬像がそそり立つ。左手彼方に、コロセウムの壊れた円形劇場が目に入る。もう、深夜の一時近い。帰らねばならぬ。Via Nazionaleを駅に急ぐ。駅でたらふく飯を食う。途中で見た、レプリカ広場の噴水も近代的で夜景に映える。エレキのバンドが高い調子で奏でられ、ここも夜は楽しい処のようだ。明日もまた、忙しい。宿で日記を付け、洗濯をしてTurkeyを読む。横田君はパリで何をしているだろうか？　何もあくせくすることはないのである。

九月一日（月）

八時過ぎBarberiniを通って再びFont Di Treviを訪れる。そこからPantheon P. Zaへ行く。途中、イタリア銀行に寄り、円を両替しようとしたら円は通用しないと断られる。ローマ時代の建物としては最も完全な形を留めているというもの。そこから真直ぐにTevere川を渡ってサンアンジェロ城に行く。閉じているので入口でタクシーの運ちゃんに尋ねると、明日しか開かないという。城としては完全に残っていて誠に立派である。河岸通りをそのままP・za・S。Pietroへ向かう。ここは壮大な処だ。サンピエトロ寺院の中でミケランジェロの「ピエタ」を観る。次にバチカンへ行く。入場料五〇〇リラ。ここの博物館のシスティーナ礼拝堂では「最後の審判」と「ラファエロの間」などを観る。その他、彫刻など多彩。博物館はとにかく疲れる。ローマの石畳は歩くのに疲れるが、きれいな飽きない街である。コルソ・ビットリオ・エマヌエル二世通りを歩いて、P.za.Veneziaに出てエマヌエル記念塔に上る。エマヌエル二世の大きな騎馬像が広場を見下ろし、塔からの眺望は大変に良い。Fororomanoを一時間半ほど歩き回り、三〇分ばかり森陰で憩う。ここを出るとすぐコロセオ・Colosseoである。カラカラ浴場まで行きたかったが疲れ果て、もう五時を過ぎた。マメだらけの足を引き摺り、コルソ通りからTritoneへ入りＪＡＬを訪れてみる。期待していたギリシャのパンフレットはまだできていないとのこと。しかし、ここで日本円を交換してくれる処を教えてくれた。すぐ近くの「ホラ貝の噴水」がある広場から入ったTritone通りの角から二軒目のかばん屋（靴製品）のかなり大きい店である。店内には五～六人の日本人がいた。一万円で一五〇〇リラのレート。

Barberini広場近くの喫茶店でコーヒーを飲みながら、イタリアでの旅程を考えて、結局二万円ほどリラに換えた。兎に角ほっとして、疲れた足を引き摺り駅で夕食を摂り、八時過ぎにホテルに帰り、ホテルの支払いを済ませる。久し振りにシャワーを浴び、荷物を整理し一一時半に就床。

九月二日

七時二〇分起床。大急ぎで朝食を摂り、駅へ向かう。トランクが重い。八時の汽車は満席で、ナポリまでずっとデッキで立ちっ放し。久し振りに海を見る。ナポリ着一一時半。ホテル探しを依頼したツーリストオフィスの係員は、態度がちょっと横着で口論となる。睨みつけると「そう怒るな」と、なだめにかかる。そして、タバコをせがむ。イタリア人は本当にずる賢くて嫌な感じである。陽気で気さくな処は良いが、油断がならぬ。駅でうろうろしてツーリストオフィスのマークの入った帽子を被っている奴に、荷物を預ける場所を尋ねると、ポーターのような者を付けてくれた。彼はニコニコして荷物を肩に調子よく歩きだすので、こん畜生！　と思ったが、楽なので後ろをついて歩く。着いたホテルで一〇〇〇リラも要求されて、悔しがったが後の祭り。ベッドで仰向けになって良く考えてみると、案内してくれたホテルは駅のインフォメイションで受け取った予約のホテルとは違っていた。まったく油断がならぬ。しかし、一〇〇〇リラほどこっちが安かったし、お湯も出るのでここに落ち着くことにした。駅で会った日本人旅行者にポンペイはこの近くだと聞いたので、出かけてみることにした。ポンペイまで、ローカル線の汽車で約四〇分、運賃は片道一九〇リラ。ベスビウス山の秀麗でなだらかな山裾にあるこの遺跡は、とても広大で立派な街並みが残る。良く保たれたのは、火山灰で埋まっていたために風化を受けずに済んだ所為か？　壁画が素直で、伸び伸びと描かれていて素晴らしい。化石は余り置いてない。人体は二体見ただけ。他にも五～六体あるそうだが、ナポリの博物館にでも収めてあるのだろう。競技場、劇場、アポロなどもなかなか立派である。アポロの近くで会った日本人旅行者と話していたら、シャモニーの駅前の公園で会った登山に来ていた人だと分かり、一時間ほど話し込み、一緒に遺跡を見て歩く。石畳の道路に、昔の馬車の轍が深く抉れて残っているのが印象的であった。彼の話だとユースホステルの会員証で、イタリアの博物館や遺跡には無料で入れるらしい。

帰路、久し振りに海への落日を見る。駅のインフォメイションで尋ねると、アテネ行きの船はブリンディジから毎日あるという。ナポリからもあることはあるが…。夜行列車の丁度良いのがあるので、明日はカプリに行き夜汽車でブリンディジに行くのが、安上がりで合理的だろう。

九月三日

起床七時。八時過ぎに離宿し駅に荷を預け、朝食。ドーナツとコーヒー、タバコを一カートンホテルに忘れてきたので取りに引き返す。波止場への道をポリ公に尋ねると、ニコニコしながら簡単に間違った方向を指して教えてくれる。どうもイタリアは警官までいい加減だ。自分で確かめないと油断できぬ。ナポリは特にひどい。それだけ観光ズレしているのだろう。Corso UmbertoI の通りを一五分も歩くと波止場に出た。カプリ行きの舟は大小沢山ある。名は知らぬが、港のすぐ前に立派な城がある。近くにヘリポートもある。海は靄んでいる。日向は暑いが、海に出ると風は涼しく快適だ。甲板の椅子で三日分の日記を認める。船からベスビウス山が望める。とにかくナポリは、立派なホテルに泊まり、ちょっと海に出てヨットでも走らせたりして豪遊しなければ、つまらない処である。それ以外だと、遺跡巡りしかない。街は汚く騒々しい。九時四五分の船で発ち、約一時間半で Marina Grande の港に着く。ここもかなり観光ズレしている。ナポリと変わらず客引きが多い。腹ごしらえをして、モーターボートで Grotta Azzurra（青の洞門）へ行く。料金は三〇〇リラ。周囲は水の色が綺麗だ。コバルト色或いは藍色の波のきらめきは、まこと銀波である。洞窟の入口で小舟に乗り換える。これが三七〇リラ。実によく金を吸い上げられる。舟底に身をかがめて、小舟が一艘やっと入れる位の穴を通り洞窟内に入る。中は幾らか広いが、がらんどう。水の色が太陽光線の具合でなんとも表現できない色合いに変わる。船頭が朗々とした声を張り上げて、イタリアの歌を唄ってくれる。洞窟を出ると私は独り舟を降ろしてもらい、Anacapri へ海岸の道を歩く。オリーブ・ブドウ・レモンなどがたわわに実るなか、うねうねとした道を上ってゆくと、コーラ売りのおっさんが小さい車を止めてくれ、アナカプリまで乗せてくれた。

白い壁の街をIduc Golfiまでのんびり下る。狭い島だ。Marina Grande発午後三時半の船でナポリへ戻る。少々小雨になった。ナポリ港の近くの街を少し歩き、駅へ行く。待合室でTurkeyを読み、飯を食ったり駅前の広場で果物をかじったりして過ごす。午後一一時三五分発のブリンディジ行きに乗る。車内はそんなに空いていないが、脚を延ばして休めた。はにかみ屋のフランス人と一緒になる。

九月四日

朝八時過ぎにブリンディジ駅着。駅から真直ぐ約一km歩くと港に着く。ここで船会社の社員に呼び止められ、Student-Shipというものがあるという。これは安いのでこれで行くことにした。Patraまでデッキクラスで一〇ドル、思ったよりも安い。フランス人と一緒にコーヒーを飲み、街を歩き回る。この街は南部といっても何とも静かで落ち着いている。人も擦れていない。ナポリとは大違い。港の前の小さい公園で二人の日本人旅行者と会う。話し込んでいると、中々話が合うし、同じ方向への旅行者なので出船まで一緒に過ごす。一人の女性はローマ滞在八か月、中々の保守派。もう一人は欧州旅行一か月で、中近東・インドを経て日本に帰るという東京の木場君。スーパーで少々食糧を買い込む。夜、一〇時半の出航。デッキに長椅子を拡げ、寝袋に収まって寝る。他にも二人の日本人旅行者が同席。

九月五日

イオニア海もカプリに劣らず、水の色は明るく綺麗である。途中、Levkimmiという港へちょっと立ち寄る。

この近くの島陰に空母その他フリゲート艦が停泊している。アメリカのものか。終日甲板で、安いワインを飲んで過ごす。この船は小さいが中々清潔である。夕刻七時半、Patre着。ここにとまる予定だったが、この船会社がチャーターしているバスが、お客をそのままアテネまで乗せて走るというので、これに乗る。アテネ着二四時ちょっと前。暗い街中に降ろされて、戸惑ってしまう。兎に角、ペンションを捜し歩き、街角のおやじに尋ねて、バスに乗りまた歩いてやっと探し当てた処が、なんとユースホステル。一晩二〇ドラクマで安い。シャワーを浴びて寝たのは一時半。

九月六日

朝から情報集め。日本人から中近東（アフガニスタンとイラン）にコレラ発生の情報を得る。歩いてオモニアスースタディウム通り—憲法広場—THY—International Student Cardを得られる処などへ行く。アテネには嬉しいことに、カバブーが至る所にある。昨夜別れた日本人に街で遭う。彼等はインドのボンベイまであと半月足らずで到着しなければならないので、急いでいる。明日、汽車でイスタンブールまで行くという。切符を買いに駅に行く木場君は、荷物はこの駅でしか預かってくれないという。A・B・Cで切符を買う。俺もクレタ行きの船の切符を買う。九八ドラクマ。その足でHill of Lykavetos（リカベットスの丘）へ登る。夕日が間近で見事だ。アテネの街はだだっ広く、ビルが立ち並び壮観である。丘の頂上にはギリシャ正教の寺院があり夕涼みの人で賑わっている。食糧を少し買い込み、ユースに戻る。

この夜、木場君と二人、カバブー屋でささやかなお別れの晩餐会をやる。二人共生卵が喰いたいということになり、おやじに注文するが意味が通じない。色々やっているうちに、木場君は床にしゃがみ込んで、両手を拡げてバタつかせ、「コケコッコー」と叫び始めた。彼の努力は、瞬時にして効果を現し、私達は目的を達したのである。「いつもこんな調子でやっています」と彼はケロリとしていた。

九月七日

荷物を持ってバスで駅に行き預ける。バスでアクロポリスへ向かう。パルテノンはさすがに立派だ。しかし、大したことはない。ここでまた、日本人の一人と一緒になる。ゼウス神殿、ハドリアヌス凱旋門などを見て、オリンピックスタジアムへ行く。グランドは細長く、一周三〇〇m位。観客席は広く立派。National Parkを見歩いて、オムニアスに出る。遅い昼飯を摂り国立博物館に行くが、今日は日曜日で昼までで閉館。夕立となり雷が酷く、一時間ばかり入口で雨宿り。飯屋で肉を喰い、ビールを飲んで旅の前途を木場君と二人祈り合う。オモニアスの地下鉄で木場君と別れる。若いがいい男。大阪弁で結構器用にギリシャ人と渡り合う面白い男であった。

ピレウスの港まで徒歩二〇分かかった。Minosの船がいたので、切符を見せると乗せてくれた。かなりでかい船である。ここで二人の日本人と一緒になる。水野女史と長岡氏で、二人とも西ベルリンに留学中。ここもデッキクラスだが、粗末なベッドが付いている。しかし、臭くて仕方がない。

九月八日

朝八時過ぎにイラクレオンに上陸。ユースまで歩いて三〇分。余り込んではいない。朝食後、まず

Archeological Museumに行く。この街は活気がありかなりエキゾチックで少しずつ中近東に似通ってきた。マメ科の植物が多く、バザールも賑やかだ。兎に角、ギリシャ人は特にクレタ人は人が良い。その上、素朴で穏やかで親しみがある。この博物館の素晴らしいクレタ文明は、伸びやかで大らかで、その抽象化した絵画やデコレーションはとても素晴らしい。ギリシャ・ローマ文明とは全く異質なものだ。日本の紋章や家紋ととても良く似たものがある。ここにも昼寝の習慣があり、博物館は一時に締め出されてしまった。バザールでカバブを喰い、バスで一五分のクノッソスへ行く（バス代一・七ドラクマ）。ここはスカッとした処で、迷路のような王宮の跡には現在でも、八〇〇位の部屋がある。建物の丈は少し低い。夕刻五時、バスで再びイラクレオンへ戻る。街を少し歩き、夕食にイワシの揚げ物と豆を喰う。ここはドイツ語を話す人が多くいる。活きのいいイワシが多く、塩焼きにして喰いたい思いに駆られる。夕風が涼しく心地よい。明日はマタラに行って泳ごう。何しろ泳ぐのは、パキスタン以来なのだから。

九月九日

八時半のバスでMatalaへ。クレタ島の風景はからりとして清々しい。ブドウ畑とオリーブの森とカラカラした土壌と、折しもブドウの取入れ時期、オリーブの林の中や畑にブドウの房をどっさりと、丁度稲の苗代のごとき幅に並べて干している。まだ干したばかりのもの、もう乾いて紫茶色に干し上がったもの。茎を落とし目の粗いザルで、穀類を選り分けるようにしている風景も見られる。ロバ、牛、豚、鶏、茶色の山羊など様々な家畜が、至る所でのんびりと餌を漁り、寝そべっている風景。白壁の家々の軒は低く、家畜が同居し、人は善良で擦れた処がない。山を登り切りマタラ側を見下ろす処に来ると、ダーッとした高原が広がる。ここは山国である。だんだん中近東に似てきた。喰い物も人も、チャドルに似た黒い衣装で頭を覆っている婦人、これは中年以上に多い。そもそもチャドルにしろこの地の衣装にしろ、恐らく暑い処のこういった類の衣服は、何も回教やキリスト教の、ただ単に宗教的規制によるものだけではあるまい。気候風土の方にむしろ基本的な理由があるように思われる。無論、衣服のスタイルの歴史などにも関連はあろうけれど。風が涼しい。日に晒されると暑いが、陰はひんやりして涼しい。Moiresで乗り換える。これから田舎道。マタラの近くで街の道路の真ん中で工事中のブルトーザに塞がれて通れない。迂回しようと別の道に入ったが、今度は狭すぎて通れず、元の処に戻り、工事が済むまで一時間も待った。ここはまったく面白い処だ。バスや道路といった公共性があまり強くない。マタラ着、一二時半。浜辺の飯屋で昼食。小さな入江が入り込んだ素晴らしい海。少々、波が荒い。時間がなくちょっと泳いだだけ。両側の崖は、昔、人が住んでいた洞穴の廃墟が残っていて、右側の洞穴には多数のヒッピーが住み着いている。この洞穴は高さ七〇m、五~六階建ての自然のビルディングである。小径が縦横斜に走り、小さな二~三畳位の広さの洞穴に、何人かずつグループで住み付いている。「快適か?」「おお、そうだ」「もう長くいるのか」「四か月だ」、気楽なものだ。写真を撮っていたら、長岡さんがバスが出ると呼びに来た。走って駆け込み着替える暇もなく、水着のままでバスに乗る。バスは往路を引き返し、五時半イラクレオン着。ゆっくりと街を歩き、麦わら帽子を一つ買う。

ここはドイツ語を話す人たちが多い。長岡・水野両氏の話では、ギリシャ人やトルコ人は、ドイツに出稼ぎに行く人が多い。ギリシャは軍事政権でボンには反政府同盟があり、これに関連したクレタやギリシャ人の留学生は、帰国すると捕らえられるので帰れず、ドイツからの学生がクレタの連中と連絡を取っているらしい。クレタにはドイツからの学生や旅行者が特に多い。街を歩いていても「Sprechen Deutsch?」と、よく声が掛かる。魚屋やバスの切符売り場のおやじまで、かなりの人がドイツ語を話す。

夜、ユースで耳に入った話。ドイツ人の子連れの夫婦の婦人の方が、そういった容疑で警察に捕まったと一人の女子学生が興奮した口調で他の連中に話していた。

クレタの海辺は、朝夕とも海鳴りが強く、朝方は重たい雲が低く千切れて垂れ込める。昼間はカラリと晴れ上がる。

九月一〇日

六時起床。三〇分ほど浜辺を散策する。今日も少々波が荒い。港にある砦に行く。これはベネチアが造ったという砦。波の飛沫が城壁を洗い、鍵が掛かって何処からも入れない。舟の脇で一人の漁夫が小さなザルを海中に漬けて餌にする小魚を獲っていた。

午前中は「Turkey」を読む。午後から「Tylissos」へ行き、夕方の船でアテネへ戻ることにする。

午後、長岡・水野氏とバス停に行ってみるが二時半のバスしかない。彼等は今日もここに泊まるとのことで、私はティリソスには行かず夕方の船でアテネに戻ることにする。浜を三〇分ほど散策し、バス停に戻り彼等と別れる。船は混んでいたが、何とかベッドを確保できた。

九月一一日

午前一〇時近くにピレウス港に到着。波止場近くで牛乳を飲んで、すぐに電車でオモニアへ行く。デルフォイ行きのバスはすぐ見つかったが、午後一時発。オモニアへ引き返し、銀行で二〇ドル換金し、昼食を摂る。午後五時、デルフォイ着。山の上の実に良い処。下に港と海を見下ろし、岩山が覆いかぶさる。下方にはオリーブの樹海がひしめき壮観。ユースホステルはすぐに見つかった。ガランとして人げなく清潔。眺めも良い。明日観るところを下検分する。街はこじんまりとして人も少なく、静か。こんなに良い処なのに、どうして人が少ないのか。静かで却って良いのではあるが。レストランも清潔で安い。土産品店で毛織物を見る。毛皮やセーターなども立派だが、北欧などに比較するとやはり造りが余りよくない。しかし、クレタよりも安いものがある。夕方、満天の星。

九月一二日

小雨。博物館を観る。入場料一〇ドラクマ。写真撮影一〇ドラクマ。ガイドブック八六ドラクマ。小さい博物館だが、良いものが多く展示されている。「青年御者の像（ブロンズ）」はぞくぞくするほどの凄味がある。その他、「Smiling Child」など存分に写真を撮る。晴れてきた。次いで神殿跡や劇場、スタジウムなどの遺跡を観る。かなりでかい。山の上に登り、最後にスタジュームを観てハッと気が付いた。こいつだ！　アテネの第一回オリンピックのスタジュームは！　こいつを真似てあんなものをこさえたのか！　フィルドの大きさなど全く同じ。しかし、よくもまあ！　大昔にこんな岩山の中腹にこんな立派なスタジュームをこさえたものだ！

ゆっくりと歩いて、山の中腹から街へのんびりと下る。眺めも実に良い。一時のバスでアテネへ下る。デルフォイは最高に良い。車中、辞書をめくってTurkeyを読んでいると、後方の座席の女性から声が掛かった。「自分は高校の教師で文学に関心があるが、貴方の使用している辞書を見せてくれないか」という。辞書を手渡すと、彼女は辞書をめくって漢文を示し、「これは何の象徴なのか?」といちいち尋ねてくる。日本語の母音などを説明しているうちに、すっかり親しくなった。中々の美人である。無論、年齢は俺よりうんと若い。二四〜五歳か? デルフォイ近くの高校にずっと勤めていて、アテネの実家に帰省の途中らしい。終点まで話し込む。私は自分の荷物を減らしたかったので、何かお土産をやりたいからと彼女を駅まで連れてゆく。駅で荷物を受け取り、立津教授からミュンヘンの教授への届け物の沖縄の土産物を取り出して、彼女に差し上げた。彼女はとても喜び、ユースNo.2までタクシーに便乗させてくれた。何とも可愛い女性であった。

ユースNo.2で長岡・水野氏に会う。他にも日本人が四〜五名いて、賑々しい。このNo.2は、トイレやシャワー室などが汚い。良いのは、三階から隣にある野外映画が覗けることくらい。上等の席で、皆揃ってみている。Maliaの海岸は大したことはなかったと長岡氏がいう。他の日本人の話だと、ベイルートやシリアなども簡単に入れるらしい。Anharaで確かめよう。夕方、国際学生証を取りに行く。二五ドラクマ。これを持って、THYに行く。八時前で、受付に先日の眼鏡嬢が座っている。月曜日のイスタンブール行きの便に乗りたい旨伝え、学生証を見せる。「あんたは二九歳だから、駄目だ!」と取り合ってくれない。「なぜ駄目なのだ。この前は学生証を持ってくればイスタンブールまで一五ドルでよいと言ったじゃないか。俺は学生に違いないのだから乗せろ!」「駄目だ、一六〜二七歳までしか駄目だ!」と彼女はボールペンで大きく数字を書いた。何故それを早く言わないんだ！　この学生証はトルコでも通用するのかと尋ねると、「Only THY」とまた素っ気ない。何たるこった！　この姉御は相当に意地悪なねえちゃんだ！「お前はきっとオールドミスになりよるわい」と日本語で呟きながら、「サンキュー」と怒鳴ってオフィスを出る。混雑したアテネの街はとにかく疲れる。

九月一三日

朝、ユース№2のマスターらしい男性が、「ノブユキはいないか？」と捜しに来る。俺に電話だという。ああ、さては昨日の女性からから早速デイトの申し込みだと、少し鼻の下を長くして電話に出る。「今日はお暇ですか」「ああ、暇です」「それでは貴方の好きな時間に遊びに来ませんか」「夕方六時に伺います」、そんな会話を交わし、マスターに彼女の住所を控えてもらう。今日は終日手紙書きなどをしたいので、見定めておいた一泊三〇ドラクマのペンションに行ってみる。ここはイタリアの船で一緒だった日本人からの情報で知った宿である。汚れた細いズボンを脛までまくり、サンダルを突っ掛けて麦わら帽子を被って入って行くと、丁稚みたいな小僧が出てきて、「What do you want ?」と言う。

「この野郎、何がWhat do you want ?だ。ここはてめえのホテルらしき処じゃねえか。俺のなりを見て舐めやがったなあ！　たったの三〇ドラクマの安宿じゃねえか。俺のように金のないやつが泊まる処と相場が決まっている処だ。さては、此処に泊まった日本人が何かやらかしたに違いない。まあ、いいや」出来るだけ穏やかに言う。「俺はここに二～三日泊まりたいのだが、部屋は空いているかい？」「No!」と素気無い返事。「サンキュー」と紳士を繕って、ペンションを出る。

また、あちこちと一時間ほど歩き回り、ペンションらしき宿を見つける。一泊六〇ドラクマ。かなり古いが部屋は大きい。二時に来いと言うので、ＯＫの返事を返す。オモニアに近い場所である。今度は切符。まず、Ａ.Ｂ.Ｃ.へ行き、ここで船を捜す。月曜日の出航でおよそ六〇〇ドラクマ、学割は効かない。折角の学割を使用せぬわけにはゆかぬ。汽車は学割が効き、毎日ある。こいつにしよう。明日の切符（アテネ―イスタンブール）を買う。たどたどしい英語でだいぶオフィスのおっさんに苦労を掛けた。ユースNo.2に戻る。昼食を摂り、三時間ばかりTurkeyを読み、洗濯をしてシャワーを浴びそそくさと髭を剃って、デートに備える。トランクから皺の拠った一張羅のスーツを取り出し、少々暑いのを我慢してめかし込む。「何ですかその格好は、堀田さん」と長岡さんが私を見て、眼を剥く。「アテネの彼女とデイトですよ」とにんまり。「堀田さんも隅に置けないわねえー！」と水野女史。

足取りも軽々とアカデミー近くのバス停へ向かう。アカデミーでその辺に屯するバスの運ちゃんに住所を示して尋ねると、親切に教えてくれた。ギリシャ人は実に親切で穏やかで親しみ深い、というのがこの数日間で感じた私の主観的なギリシャ人の性格の一部である。ここではドイツ語も英語も一般によく通じるので、外国人にとってはこの上なく有難い。西欧諸国も見習うべきだ。特に、スイスやシャモニーなど観光で稼いでいる処は…。バスの車掌に住所を書いた紙きれを渡し、「ここで降ろしてくれ」と頼むと、車掌は独りの女性客に尋ねていたが、降りる処に着くとその彼女が一緒に降りてきて、その住所の近くまで私を連れて行ってくれるではないか！　何とも至れり尽せりだ。番地を捜して歩く。すぐに見つかったが、当の私には件の彼女の名前が分からないのである。外国人の名前は判り難いし、彼女がプレゼントにくれた絵葉書には名前が書いてあったが、それはユースNo.2に置いてきた。三つあるうちのどのベルを押したらいいのか分からない。通りの前の親父さんに尋ねる。「この家に高校教師をしている女性がいるはずだが、どのベルを押せばよいのか」と。

少し英語の喋れるこの爺さんと暫く話をしていたら、何か勘違いしたらしい。側にいた彼の女房の婆さんが私を連れて、反対側の通りに連れて行きベルを押した。なんと、日本人の少し年増の女性が現れた。俺は面食らってしまったが、とにかく日本語が話せるので事情を説明すると判ってくれた。この女性はギリシャの船員と結婚してここで生活しているという。婆さんは俺が日本人なので、日本人を訪ねてきたのだと勘違いしたようだ。件の家まで戻ると、入口に彼女の親父さんが待っていた。彼女は二階のベランダから手を振っている。早速、内に招き入れてもらう。彼女はギリシャの音楽を掛けてくれたり、エンサイクロペディアを手元において、日本のことをいちいち事細かに尋ねたりする。俺の女性観を尋ねたりして、楽しいひと時を過ごす。親父さんが側に頑張っているので、彼女ににじり寄ってこられても手も握れない。お袋さんと法律を勉強しているという弟さんも帰ってこられ紹介される。夜の一〇時近くまでお邪魔して、バス停まで弟さんと二人で送ってくれる。別れ際に「いつか私も日本に行きたいわ」と彼女が言う。「I hope you'll visit Japan with your husband!」。手を振って別れる。いい夜だった。

九月一四日

朝、バスで駅に向かい荷物をデポする。例のおっさんがにやりと笑って、俺の荷を中へ仕舞ってくれる。オモニアに出て、汽車の座席の予約を済まして Archeological Museum へ行く。今日も日曜日で入場料は無料である。大きなものがたくさんあるのに、短い時間で見て回るのは、少し多すぎる。駆け足でめぼしい物だけ見て回る。土器類や装飾品はクレタの方が、Decoration はよい。抽象的なものはこちらの方が良い。土器類は茶と黒の極めて渋い感じで味がある。写実的な模様も彫刻もよい。ローマのものよりも俺は好きである。しかし、何と言ってもデルフォイのものが冴えている。午後二時前に出て、アゴラ付近を歩いてみようとオモニアを通り過ぎてゆくと、公園のような処にある野外の喫茶店で、ブリンジディで別れたフランス人が独りちょこんと座って新聞を読んでいる。声をかけて再会を喜び合う。コーヒーを飲み、アイスクリームを食べて、交通公社の豆単を取り出して話す。彼はアテネ郊外にキャンプしているという。フランス人にしては珍しく人の好いこの男。また、一緒に歩くことになる。アゴラへ行き、アクロポリスの向こう側の丘に上り、さらにあちこち歩き回る。夕暮れ時にナショナルパークで憩う。それからオモニアへ。この男、寂しいのか気が弱いのか何も余り喋らず、よくもまあ、こんな俺に一緒に付き合ってくれるものだ！　目が合うと、決まって何かフランス語で喋り、にっこり笑う。かわいい声である。しかし、フランス語だけで英語は少しも判らない。彼は鉛筆で寝袋の絵を描き、〈ach de Couchage〉だと一つだけ教えてくれた。きりがないので、オモニアで握手して別れを告げる。「オルブワール・ムッシュ、ボンスジャンヌ」。実に人が良く、フーベルト爺さんみたいに多弁でないのが取り柄だが、どこか寂しさが残る。オモニアの街の灯の中に肩を落として消えていった。とにかく今日は歩き疲れた。夜、九時三〇分のイスタンブール行きに乗る。駅は騒然としていた。ギリシャの汽車は余りよくない。線路も細い。トイレは水も出ない。駅自体が停車場といった感じで、カラチの駅とどっこいどっこい。

九月一五日

朝、テロニカに着く。ここでギリシャ人の教師夫婦とその子供達（娘一人、息子二人）が乗り込んできたので、彼等と話してゆく。ギリシャ人て奴は、実に人が良く親切だ。アレキサンドロスは夕刻。ギリシャの田園風景はまた楽しい。羊が群れ、鶏が放し飼いにしてあり、中近東に似ている。濁った河の崖っぷちのトンネルの多い処。梨や林檎や無花果や、石榴がたわわに実る。この教師がピトスでコーヒーを驕ってくれる。通関。

九月一六日

朝方、イスタンブールに入る。城壁の跡やモスクが多い。汚い街。木造アパート、石造りの家、雑然としてきた。「ご覧よ、この家々の汚いこと！」と奥さん教師が指し示す。ギリシャとトルコは仲が悪いんだ。三〇〇〇人のギリシャ人がイスタンブールに居住しているが、彼等の子弟たちを一年間教えに来たと彼女はいう。

午前八時、イスタンブール駅着。目の前が港である。駅でＹＭＣＡの看板を見つけたので、そこを訪ねると部屋は空いていたので、落ち着くことにする。八人の相部屋で一二ＴＬ（一二×四〇＝四八〇〇円）。スルタンアーメット（Sultan Ahmet）の良い場所にある。小さい石畳の埃っぽい街に、ごちゃごちゃに車が走り、狭苦しい感じで第一印象は余りよくない。とにかく疲れた。何処も見らずに暫く寝て過ごす。夕方、ガラタ橋へ散歩に出る。橋の袂で魚を釣っている。この橋は揺れるが、魚を喰わせる店が橋の下に何軒も並び、客引きしている。エビと野菜と一緒の串焼きの魚と貝と米を貝殻に入れて煮たものを注文する。熱くて実に美味い。久し振りに旨いものをたらふく食った（二五ＴＬ・約一〇〇〇円）。満足して宿に帰る。

九月一七日

午前中、アヤソフィア寺院に行き、それからブルーモスクを観る。ブルーモスクは丁度お祈りの時間で、信者で溢れ回教的な熱気に包まれていた．午後一時にトプカピ・サライに行く。ここの宝石は凄い。エメラルド、ルビー、ダイアモンドなど実に綺麗でデカイ。殊に、濃く澄んだ緑色の大きな丸いエメラルドは直径一五～六cm以上あり、驚嘆した。ここには中国の陶器類も多く展示してある。有名な処だけに見物人も多く、内部は混雑している。ブラックマーケットで闇屋にボールペンを一本盗られてしまう。俺の油断から生じたことだが、実に油断のならぬ奴らである。夕方、covered bazaar へ行く。実に大きい規模で嬉しくなる。内部は迷路そのもの。横田君に知らせてやりたい。明日また写真を撮りに来よう。夕食はガラタ橋でサバをパンに挟んだものを喰う。美味い。

九月一八日

考古学博物館・Archeological Museum へ行く。ヘレニズムのものが多いが、疲れてしまう。大した感銘もなく、T.S.Fe.で学生証を作り、バザールへ行く。その後また一つモスクを観て、ガラタのもう一つ先にある橋を渡り、向こう側から再度ガラタに戻る。

イスタンブールの街は、いわば、大きなスラム街である。明日乗る船の時間を調べた後、ＹＭＣＡへ戻る。シャワーを浴びフィルムと地図書籍類を少し郵送する。明日はガラタから船で Yalova へ、そこからイズニックへ向かう予定。イスタンブールもそうだが、三日間もひと処に居ると、俺はどこでも大体退屈してしまうようだ。

九月一九日

イスタンブール（ガラタ）発午前九時三五分の船でYalovaへ渡る（船賃三・七五トルコリラW.S.R.）。そこから一二時二〇分発のバスでイズニックに一三時五〇分到着（バス代五トルコリラ）。今日もよい天気。ヤロバ（Yalova）ではいろんなバス会社が客引きしている。ここは何処に行っても活気がある。舗装された立派な道路。トルコの田舎はギリシャよりも清々しい。この国民はバイタリティに富んでいるように見受けられる。Izunik Gölü（イズニック湖）沿いの道は人気もなく、オリーブの林が続く。山は低く穏やかに伸びて、湖面は白く青く陽に照り輝いている。途中でパンクしたが、難なくイズニックの古い城壁が残る城門に入った。昔の都の跡にそのまま続いている町。城壁の周りにはポプラが並び、内部は梨やオリーブの林。通りが整然と整った町である。先日、アヤソフィアの切符売り場の中年男に紹介してもらった一泊一〇T.L.のホテルに泊まることにする〈この男は少し英語が話せてチャイまで驕ってくれ、アヤソフィアの中をガイドまでしてくれ中々親切であった〉。宿に入りまず、東方の門に行く。この門は三重の構えである。ここでは、ローマ時代の水道施設もそのまま使用されている。博物館には大した物はなく、陳列品も少ない。グリーンモスクは小さくパッとせずミニュレットが少し綺麗なだけ。イズニック湖に面した西の入口に行く。湖がダーッと広がり眺めが良い。人が三々五々泳いでいる。少し濁っている。俺も泳ぎたいが時間がない。南西の城壁を一周すると、畑の中に入ってしまい引き返す。溝の中でゴソゴソ音がする。亀である。近くの子供たちを呼んで亀を指さすが、珍しがりもしない。たくさんいるのだろう。「フォルクスワーゲンだ」と教えてくれた。宿でシャワーを浴び、洗濯をする。その後、劇場跡と西門を観て、夕食を摂りに賑やかな場所に行く。明晩は「ブドウ祭り」で、店々はブドウの蔓とブドウで飾り付けられ、街路は色とりどりの電球で飾られ賑々しい。食後、暫くチャイを楽しみ、バスの時間を尋ねて宿に戻る。今日の費用は全額でおよそ四〇Ｔ．Ｌ．。まあまあ、安いものだ。

九月二〇日

八時少し前、宿の主人がバス停までトランクを運んでくれる。途中走ってきたBursa・ブルサ行きのバスを停めてくれる。握手を交わしてバスに乗る。イズニック湖畔の清々しい道をバスは走る。街を離れると湖岸のさざ波は緩く、水は澄んできた。ブルサ着九時二〇分。トルコは何処でもバス屋と客引きにてんてこ舞いさせられる。ブルサも忙しい街のようだ。通り過ぎよう。バス停でチャイを飲み、一〇時のバスを捜して乗る。トルコの田舎はどこも同じような丘陵と畑が連なる。牛、羊が多い。さして殺風景でも綺麗でもない。森は少ない。アフガンのようにだだっ広い高原でもなく、樹木は点々としてまばらだ。昼の日差しは暑い。イズミール(Izmir)着午後五時。バス停でスイスから来たロバーツ君と一緒に、インフォメイションで安い宿を捜す。ここで英国人と一緒になり、三人部屋で一人六Ｔ．Ｌ．。部屋は清潔。夜はKultur Parkiへ行く。騒々しく人でごった返している。一時過ぎに宿に戻る。

九月二一日

朝から英国人の具合悪く嘔吐している。サルファー剤を与えてロバーツと二人で街へ出る（一一時二〇分）。昨日換金できなかったので、ロバーツから一〇Ｔ．Ｌ．借りる。港へ行きロバーツの友人のトルコ人に会い、一緒に彼の自宅近くの浜（Inciralti）へ行く。文学を勉強しているという彼は、フランス語しか話せない。マイクロバスのような一種のドルムシュで彼の家の近くまで行く。アトリエのような家で、ロマンチックな庭の周囲には柑橘類や石榴・リンゴの畑で、樹々が生い茂り、柿の木もある。静かでのどか。浜は海水浴客が多いが、あまり良い海ではない。三九歳でびっこひきでのっぽのオランダ人も一緒になり、午後五時近くまで遊びイズミールに戻る。英国人をバス停に送る。ここでトルコ人の兄も加わり、Inciralti のアトリエに遊びに行く。室内の装飾は中々に凝っていて、トルコではまあ新進の作家という処だろう。彼の出版物を紹介した新聞の写真を見せてくれる。川端康成や三島由紀夫のトルコ語の訳本も見せてくれた。二階のバルコニーからイズミールの夜の眺めがとても綺麗だ。畑を横切って浜の近くの草原に五人で出かけ、燥ぎ唄い踊る。この作家は中々哲学じみたことを言い、あからさまに自己を表現する。何処か詩人じみた処もあるが、どうもっしっくりゆかない。Artist の類はどうも俺は苦手である。ただ、彼の踊りは面白い。タシュケントの食堂で見たウズベキスタンの踊りとリズムや形がよく似ている。ウズベキスタンほど激しくリズミカルではないが、とてもセクシーで情熱的である。帰り道、大きな石榴をもぎり、リンゴをかじる。二階のソファーで寝るが、今日は一回の食事も摂らず、とても空腹である。

九月二二日

朝九時近くに起床。暫く談笑し、ブドウだけの朝食を摂る。イズミールへ戻り、ＡＫ銀行で換金（六〇ＵＳドル、一ＵＳドル―一二T．L．）。今夕のバスでアンタルヤ（Antalya）へ向かうロバーツと宿で別れ、アゴラへ行く。大したものはない。それから、Kadifekale（Mt. Pagus）の城址へ。ここからの眺めは誠に良い。それからバザールへ（Karaosmanoglu Hani）。狭い通りだがブドウ棚で日陰を作り、中々良い雰囲気だ。しかし、イスタンブールのような屋内バザールは見られなかった。Hiar Camii の入口で見ていると、六〇がらみの電気工事のおっさんがトルコ語で話しかけてきた。彼は俺をその付近を案内してくれた。イズミールには Camii がおおいが、さほどデカいものはない。宿に戻ると、ロバーツがまだ残っており、新しいフランス人の学生が一人加わっていた。一緒にバス停までロバーツを見送りに行く。宿はオランダ人が加わり三人部屋。床屋に行き、クリーニングに出し物をして、三人で食事に出る。嗚呼！　いつまでたっても安ホテルではガキ共と一緒になる。しかし、新手のフランス人は幾らか可愛気がある。オランダ人は英語の発音が悪く、どうもうすのろだ。ロバーツはシャキシャキしていて茶目っ気があり面白かった。明日はペルガマ（Pergamon）へ行くことにする。

九月二三日

イズミール発八時〇〇分。相変わらず日差しは強く熱い。スカッとした明るい海岸線の道路。ラクダが憩い黒い山羊が群れ、畑では農夫たちが総出で綿の取入れをやっている。イズミール～ペルガマ間は四・七五T. L. で、約二時間掛かった。宿をとる。Park Hotel でシングル一〇T. L.、小奇麗で清潔。トルコに来て以来、最も居心地の良い部屋である。タクシーは一三・五T. L. とのことで、アクロポリスへ歩いて登る。値段が問題ではない。高々六㎞の道程だ。街並みを見ながら北に聳える高い丘に向かう。街から、丘の中腹や頂上付近にかけて、城壁や遺跡の一部が望まれる。古代の道を辿る。かなり広く立派な石畳の道で、ポンペイと同様に石畳に車の轍が刻まれている。実に広く壮大である。下からLower Agora, Gymnasium, Stadium（これは屋内の雨天用、現在屋根は残っていない）と中々立派なものだ。道路に沿って下水道設備も備わっている。歩きながら思う。何千年も昔に、小さな王国とはいえ、人間の生活に必要な設備をとくとくと作り上げてきたことは、現代を振り返ってみても、実に賞賛に値する。これらは人間生活にとって決して贅沢でも豪奢でもない、最低限必要なことである。ただ、デカいことのみ或いは壮大さのみに感心するのでは、見て歩く価値はない。人間生活そのものは、その最も必要なMinimumにおいては、昔も今も変わりはないのである。見習うべし！　日本から、代議士や大臣たちが外遊する。その日程の一部でも割くなり加えるなりして、こういった古代の遺跡をとっくり見て回る必要があるのではないか。施政者は考えるべきである。劇場は写真で見る如く壮大である。頂上付近の遺跡はたいして見るべきものはない。同じ道を引き返すが、帰路、少し南側の街並みを見て歩く。坂の多い石畳は少々歩き難いが、小さな路地が多く面白い。子供がタバコをねだって纏わり付いてくる。考古学博物館はヘレニズム期でローマ時代のものが多く、見るべきものは少ない。セルジュクトルコ時代の墓標と思われる物が入口の庭にかなりあり、少し目を引いたくらい。良いものは皆、ベルリンやパリやロンドンに持ってゆかれたようである。どうも腹が立って仕方がない。発掘した功績は認めるけれど、元の場所の博物館に是非とも保管すべきである。

夕方、風が少し強くなり肌寒い。満月に近い月がのぼる。丘の上には鰯雲。アンカラでは半袖シャツでは無理であろう。ギリシャやトルコを旅して思う。いまのトルコとギリシャの民族は、古代においては接触はなかったろうが、両方ともとても親切で善良かつ大らかな国民である。その両国民がお互いのことになると眉を寄せて仲が悪い。歴史的なものだ、領土の問題があり戦争の歴史があり、世界のあちこちで見る現象とあまり変わりあるまい。ギリシャ人はイスタンブールからエーゲ海沿岸の領域は、昔はギリシャのものであったというう。ずっと昔のことをいまさら言っても仕方がないではないかと言ったところで、それはただの理屈にしかならない。感情や民族間の心理というものは、どうしようもないのである。これからの長い長い時間が、唯、平和という唯一の条件で満たされたとき、初めてそれは解決されるように思える。これまで幾代も至る所で繰返された大きな民族移動や、帝国主義的な戦争・侵略などは、もはや現代〜未来においては許されないであろうから、若い世代がお互いに他の国々を旅行しその国民と直に接し、相互理解を深めるようになってほしいものである。それはただ単に欧州の先進国だけではなく、ギリシャもトルコもアウガニスタンもパキスタンも……。戦争や侵略を地球上から無くしてしまわぬ限り、こうした相互不信や悪感情は永久に消滅し得ないであろう。

欧州旅行中、多くの日本人旅行者やいろんな立場で各地に居住している日本人の意見を聞くと、「欧州は何処も国民皆兵である。日本はだらしがない。アメリカにおぶさり、自分の国を守ることを怠っている。自力で防衛手段を取るか、安保改正に踏み切るか、どっちかを取るべきだ」という人たちが多かった。「軍隊がない、戦争はしない、平和憲法というものは理想的ではあるが、ナンセンスである」という意見をよく耳にした。現代といえど確かに力の均衡において、世界の政治は動かされている。超大国の意見が取り入れられ、アメリカとソ連が思うように世界を動かしている。それは確かに現実の姿として、認めざるを得ない。しかし、人間というものは、大昔と比べるとどんなにのろくとも、少しずつは賢くなってきているのである。世界の国々が各々抱え込んでいる問題は、確かに深刻なものも、複雑で解決困難な問題も数多い。けれどもやはり、武力を持ってはならぬし、使うべきではないと思うのである。日本の国防費一％は、誇ってよいことなのであると、俺は信じない訳にはゆかないのである。戦争は勝っても負けてもどちらも痛手を蒙る。それが判っていてもやらざるを得ない、愚かと判っていてもやってきたのが人間の歴史である。だから、愚かと判っていたらやらないようにと心掛けようというのが、日本の平和憲法の世界に誇るべき見本なのである。百年も戦争をしていないスエーデンや永世中立を謳うスイスにしろ強力な軍事力があるから平和が保たれていると、彼等は口をそろえて宣う。確かにそれも立派なことだし、過去においては事実であった。しかし、日本は軍事力を持たずに平和を保とうではないかといっている。それが現実にそぐおうとそぐわなかろうと、精神はより以上に立派ではないか。この態度を日本がずっと将来も押し通せたら、それは何物にもまして素晴らしいことであるし、是非とも世界に先駆けて守り通して行かねばならないと思う。これが現実に可能だと世界が認めるようになったとき、人類は初めて戦争の歴史に終止符を打つことが叶えられるし、また新たな精神の飛躍というステップを踏み出すことが出来るのだと思う。少々、理想的すぎるかな！

アクロポリスの駐車場の上に二軒ほどポツンと建った土産物屋の一軒の若者に、マンドリンと三味線をごっちゃにしたようなトルコの楽器を見せてもらう。サーズ（Saz）という名前で琴かマンドリンのようなやや破けたような音を出す。線は八本（両側三本・中二本）で、値段は六〇〜一〇〇T.L.である。この楽器は長さ一〜一・二m、楽器の腹部は空ろではなく、長さ四・五㎝で幅〇・六〜〇・七㎝のものを使って線を奏でる。

九月二四日

ペルガマから遥か北方の海岸にかの有名な「トロイの遺跡」がある。ここにも行きたかったが、現在大掛かりな発掘が行なわれている最中で一般人は恐らく入れて貰えないであろうとの思いから、また、日数も掛るし他に見るべきところもあるので、将来に夢を託して、今回は行くのを辞めた。

朝食後、Asklepion へ徒歩で行く。ここはローマ時代の皇帝などがいろんな病気の治療に訪れた処。入口付近は現在発掘が続けられ、トロッコのレールが敷設してある。ここもかなり広くて立派。少々風邪気味。丘を越えて再び街へ降りる。カメラをぶら下げて歩くと、子供たちが寄ってきて撮ってくれとせがむ。「アドレス、アドレス」といいながら送ってくれという。一人の子に手帳を渡して、住所・氏名を書いてもらう。野っ原で一〇人くらいの子供達が遊んでおりカメラを向けて撮る。タバコを吸おうと取り出すと、やにわに「シュガラ、シュガラ」と走り寄ってせがむ。ここいらでは、一〇歳位からタバコを吸うのか。タバコをせがまれるのは、これで三回目。手で背丈を示し「まだ小さいから駄目だ」と取り合わない。彼等は不満げに何やらブツブツ言っている。二時半のバスでイズミールに帰り、同じ宿に宿泊する。

九月二五日

イズミールからエフェソス（Ephesus）に泊まるつもりでバスに乗る。Selçuk で車掌に降ろされる。ここからドルムシュのような車に乗せられ（ドイツ人のカップルと英語を話す英国人らしい二人の女性が同乗）、エフェソスへ行く。最初に Panaya Kapili （House of the Virgin Mary）へ行く。これは Aladag という山の上にある。そこから引き返してエフェソスの遺跡を観る。ここもかなりでかい。しかも五人一緒で、時間指定で車が反対側に待っているので、そうゆっくり観ることが出来ない。再び Selçuk に引き返し三〇分ほど待つと Denizli 行きのバスが来た。それに乗って夕刻六時 Denizli に着く。一〇T. L. で小奇麗な一人部屋の宿に泊まる。宿の小僧は少し英語を喋り、親しみ易い。ここは静かでいい街である。更衣して食事に出る。レストランでひとり座っていると、白い背広の六〇歳位の男が話しかけてきた。聴き取り難い英語で「お前は日本から来たのか、どうして Denizli に来たのか、何しに来たのか」などと問いかけてきた。「旅行者だ」と答えると、「私は音楽教師をしているが、貴方とお茶を飲みながら話をしたい。バイオリンのレッスンがあるので、一〇時にあそこの茶店で会いましょう」というので、一〇時に会った。取り留めて面白い話もなかったが、この街は物価が安いので住み易いと言っていた。本当にその通りである。また、「私はヨーロッパの音楽が好きだ。アメリカの音楽は好きでない」と言う。どうも、トルコ人はアメリカを好きでないらしい。翌日、一緒にパンカーレを見物したイスタンブールからの学生もそう言った。満月の夜。

九月二六日

一〇時のバスで北方二〇㎞にあるパンカーレ（Pamukkale/Hierapolis）に行く。バス停でイスタンブールから来た学生と一緒になり、いろんなことを話しながら行く。鍾乳石の台地の丘にローマ時代（?）の遺跡があり、温泉があり極めて特異な場所。鍾乳石の噴出したものが丸く浅い池を創り、とても素晴らしく、全体に特長のある風景を創り出している。遺跡を巡った後、ホテルの温泉プールで泳ぐ。

彼はあまり泳げない。「あんたはまるで魚のように泳ぐ。スウィマーか？　どうしたらうまく泳げるのか教えてくれ」という。

温泉で泳ぐのはあまり適当でないが、こんな素敵な場所で泳ぐのは良い気分だ。ローマ時代の浴場もある。バスを待つ間、鍾乳石の台地を一巡りする。友人が出来て、楽しい一日であった。デニズリーで彼はイズミールへ、俺はアンタルヤ行きのバスに乗る。夜八時、Ispartaという処で降ろされ、ここでバスを乗り換えろといわれる。バスの時間を聞くと「Bir! Bir!」と言うので、てっきり一時間後の九時だろうと思ったら、翌朝の一時のことだと後で判った。少々寒い。デニズリーから同席した一人の男が、バスの中でも盛んに俺にタバコを勧める。俺は自分のものを持っているからと断っても、中々俺のものを吸わせてくれない。夕食もこの男を誘ってLokantasiへ行くが、俺に払わせてくれない。言葉はまったく通じないが、おとなしくて人の好い男である。彼はとうとう眠いからとホテルに泊まると言い別れてしまった。その後、バス停で待っていたら、何かしらあんちゃん風の男が三人ばかりやってきた。俺にトルコ語で話しかけるが、中々通じない。トルコでは日本のことを「Japonya」という、と紙に書いてくれる。「日本では日本のことを何と云うのか?」、Nipponと紙に書く。「おお！　Nipponか！」と声を挙げる。今度は、「日本ではこの国のことを何と呼んでいるのか」とくる。また、「Toruko」とローマ字で書く。「ふーん、トルコというのか」と珍しがって、「トルコ、トルコ」と呟く。「お前の名前と住所を書いてくれ、俺のはこうだ」と紙に書いてくれる。トルコ語にゼスチュアを交え、手紙を書いて寄こせと言うので、「ああ、書くとも！」と頷いて見せる。

バスを待っている連中が酒でも飲んだらしく、通りで喧嘩を始めたらしい。騒々しくなってきた。走ったり、喚いたりしている。「人が騒いでも心配するな、此処に居ろ」。あんちゃんの一人は手で俺に合図して、通りへ出てゆく。野次馬根性旺盛である。喧嘩の張本人共が、バス停に入ってきた。俺のすぐ前に座り、また口論を始めた。やれやれ、厄介なことだ。一時間近くも喧嘩しているのに、殴り合いにならないのは、民族性の違いであろうか。双方ともかなりエキサイトしているのに。日本じゃ直ぐにポカポカやりだすに違いない。ドイツ語を喋る一人が俺に握手を求めて出て行った。あんちゃんが少し眠れと言うので、寝袋を出して椅子の上に寝るが、ガヤガヤと騒がしくて眠れない。バスが来たのは二時近かった。うとうとしていたら、いつの間にかアンタルヤに着いた（五時過ぎ）。

九月二七日

眠い目をこすって駅に荷物を置き、宿を捜す。海に面した街だが、たいして綺麗でもない。一軒の宿へ行き部屋を見せてもらい、一五T.L.でチェックインした。荷を置き、眠ろうとしていたら、ボーイがやってきた。「ガールが二人来るので、部屋を別な処に移ってくれ」とのこと。眺めの悪い、前より悪い部屋へ連れて行かれた。「お前の国が、ガールに対して親切なのは良いことだが、俺はお前に部屋を見せてもらってOKした。ガールが来ようがどうしようが、俺には関係ないことだ。それにこっちは非常に眠いのだ」、そう言っても言葉は通じないので、俺も癇癪を起こし、解いた荷物を整理した。ボーイは呆気に取られポカンとして戸惑っていたが、俺はぷいと宿を出た。こんな処に泊まるもんか！　バス停を捜して八時半のバスに乗る。アランヤへ行こう。昨夜からどうも頭にくることばかり多い。スカッとした海岸線に出ると、直ぐにアランヤである。海辺の宿に落ち着く。二人部屋で一五T.L.。ここの小僧も英語が話せて、中々親切で親しみ深い。西側はポッンと岬が突き出て、その山全体が城壁で囲まれた要塞になっている。セルジュク期の城らしい。昼食を摂り、少し眠かったが城に登る。いい眺めだ。城は荒れているが、全体にはまとまって残っている。大きなトカゲをあちこちで見かける。サボテンがたくさん自生している。城壁の上から眺める海岸線が素晴らしい。茶店では爺がのんびりと昼寝をしている。静かな城内である。入場券売場の係員もどこかに行って居らず、タダで入ってしまった。訪れる客も俺一人で、誠にのんびりしている。

城を降りていると、どこかの木陰にいたのか小さい一〇歳くらいの女の子が二人駆け寄ってきた。薄い襟巻のような布地を色々取り出して、一〇T.L.で買ってくれと言う。断ってさらに下っていると、また出てきた。今度は独りである。「Yarin Sabah（明日の朝、買ってやる）」と言って、写真を撮らせろと頼む。素直に撮らせてくれたが、別れ際に「私のをかって頂戴よ！」としきりに自分を指さして見せる。可愛い少女である。嘘をつくことに少々罪悪感があるが、仕方がない。こっちは毎日荷物を減らすために、何かを捨てているのだ。宿に戻り直ぐに海に泳ぎに行く。この辺り、別荘や貸別荘を持っているドイツ人が多いようである。波は静かで砂は柔らかく、実にいい海だ。太陽は熱く照り、水は暖かい。浜に寝そべって肌を焼く。ああ、何ともいえぬが、何かが足りない。それは女性だ。こういった静かな海、太陽と砂と海に恵まれた地中海の海岸こそは、女連れで旅すべき処ではないか、などとつまらないことを考えたりする。しかし、独りぼっちもいいものだ。何に束縛されることもなく、何を考えることもない。久し振りにスカッとした。

九月二八日

離宿してバス停へ行き、七時半のバスに乗った。うっかり切符を買わずに乗ったら、車掌が切符がないなら通路に座れと小さな椅子を指さしたので、こんな処じゃ嫌だとバスを降りてしまう。もう午後三時のバスしかない。ここはバスの便が少ない処だなあ！

なあに、昨日乗ったアダナ行きのバスが一一時にはきっと来るはずだとタカをくくったのだが、待っていても仕方がないので、オウトストップをやってみようと、バス停より二〇〇m先の木陰に陣取って三時間ばかり試みてみたが、まったく停まってくれない。そのはずで、みなこの辺をうろうろしているだけの車である。アダナへ行く車など、よほど運が良くないとぶつからないであろう。昨日のバスもとうとう来なかった。土建屋のおっさんが一人、時々やって来ては何やら話しかけては、すぐ前の建築中の家に出入りしている。「この車はチェコスロバキア製だ」と自分のオートバイを誇示して見せる。日本にはどんな車があるかと尋ねるので、「ジャポン、ホンダ」と言うとああそうかと笑って判ってくれる。「ターキーのはあれだよ」と言って前を通っている二頭立ての馬車を指差して笑う。三時のバスが来るまで、手紙書きをして時間をつぶす。車中は、イランからの学生や地元の中学生らと一緒に話しながら過ごす。どうも大変な処である。しかし、道路は良い。地中海への落日が素晴らしい。この辺りはバナナの栽培がかなりみられる。途中、鉄兜を被った二人の兵隊が乗り込んでくる。キプロスに近い所為で護衛の意味かどうかは知らないが…。アダナには深夜の二時に着いた。バス停前の汚い宿に泊まる。

九月二九日

アダナの駅前には折しも、羊や牛の競り市が行なわれていた。アンゴラゴートという毛並みの長い山羊が、たくさん見られて珍しかった。ここからバスで北の方、アンゴラへ向かう。少々眠い。うつらうつらしながらのバスの旅。座席はリクライニングで立派である。Ulukişla で昼食。この辺りから南側に聳える山々の北面は、残雪を見せている。三五〇〇〜三六〇〇mだから、こんなに地中海に近いのに、たいしたものだ。頂上はなだらかで、北面は岩壁が深く食い込んでいる。これからアンカラへかけての高原は、実に広々として素晴らしい。段々とアフガニスタンに似てきた。このアナトリアの高原はすっきりとして平らで、地平線がダーッと広がり、地球は丸いという感じを与えるほどにすっきりと平らである。そして、良く耕されている。無論、麦の刈り入れは済んでいるから、全く何もない。綺麗な耕しの跡だけが残った大地である。実にすっきりしている。夕刻、アンカラに着く。何だか判らぬがでかい街である。何処にホテルがあるのか見当がつかぬままにトランクをぶら提げて灯りの多い方にどこまでも歩いて行ったら、賑やかな処に出て、三〇分ばかりしてやっと宿を見つけ、投宿する。やれやれである。

九月三〇日（火）

ともかく疲れた。朝から嫌に元気がなく、一一時に宿を出る。途中、公園に寄る。中々綺麗で大きい。チャイを飲む。大きい湯の入った器で、水道の栓をひねると湯が出てくる奴。中々凝っている。茶瓶はアフガニスタンで見かけたものと同じ。一三時、ツーリストインフォメイションに行く。アタチュルク通りを上り、やっとシリア大使館を探し出し、ベルを押す。誰も出てこないので、扉を押して中に入ると九時〜一四時までとある。もう一五時過ぎである。仕方がない。帰路、三時間ばかり、レバノン大使館を捜すが見つからない。七時過ぎに宿へ帰る。アンカラはでかいが思ったよりも綺麗で、計画的に造られたのか街並みにはゆとりがある。手紙を書き、日記付けに追われる。トルコ以東の旅についていろいろ考えるが、明日はともかく、シリア大使館に行ってみよう。もうどうでもよい、早くカラチに着きたいという気持ちと、折角だから何としてでもじっくりと旅をしよう、という気持ちが交錯する。ベイルートに引っかかるのだ、どうしても。ベイルートに一体何があるというのだろうか。

一〇月一日（水）

少しばかりめかし込んでシリア大使館に行く。下手な英語で最初もたつき、ビザ申請用紙がフランス語で書いてありまごつく。サングラスの若い館員は嫌に威張り腐った態度。フランス語を英訳してくれと頼んでも、忙しいと言って足を投げ出して本を読んでいる。仕方がないので、両腕を後ろに組んで黙って室内をゆっくりとぐるぐる歩き始める。三巡回もした頃、後ろから「ジェントルマン！」と声が掛かった。彼はめんどくさそうに申請用紙を受け取って、俺に英語で質問しながら申請用紙を書いてくれた。そして、明日午後一時半に受け取りに来いという。有難い、半日でビザが取れるとは！「国境で取ればもっと簡単に取れるよ」、彼はいった。ここでは四五T. L. 取られた。こういう場合は、「これはあんたの仕事だろう」などと言ったら、見も蓋もない。何にも喋らず、出ても行かないことである。

ここで、ひとりのスウェーデン人が入ってきた。髭を生やしたハンサムな男である。シリアに行くのかと俺に問う。「俺たちは六人で、全長一二mの大きなバスで、シリアからイラク、クエート、イラン、アフガニスタンを通ってインドまで行く。バスにはベッドもありホテルに泊まる必要はない。アフガニスタンまで四〇U.S.ドルでどうか」と言う。俺は宿探しと、トランクをぶら提げてあちこちうろつく煩わしさに疲れ果てていたので、ベイルートもダマスカスも諦め、彼等と一緒に行くことにした。イラクのビザは多分国境で取れるだろう。取れぬ時はダマスカスに行けばよい。

直ぐに出発するというので彼等のバスに乗り、宿の前に停めてもらい、着替えをしてバスに乗り込む。スウェーデン人三人、フランス人二人（男女）、英国人一人。バスの内部はカーテンで三区分されていて、後部に四個のベッドと荷物置き場、着替え室がある。中部にはソファーと椅子、机があり、前部は運転室と台所で、冷蔵庫が置いてある。あまり慌ただしい出発で、アンカラでは何も見ることが出来ず極めて残念だが、これは致し方ない。

アダナからの同じ道を、逆に走り出す。バスの前部と後部の天井は開かれて、ここに上がれば見晴らしがよい。暗くなりうとうとしていたら、寝ろと言われベッドにもぐり込む。

一〇月二日（木）

目覚めたらアダナをとっくに過ぎた処にバスは停車していた。身体を洗い一〇時近くに出発。Iskenderunを過ぎると、少々山道に入る。この辺りまでずっと平地で、綿花の畑が続き、取り入れに大わらわの状態。夕刻間近、シリアの国境に着く。この辺りは今までと違い岩山が多くなり、大地も強烈に赤茶けてきた。さすが、シリアである。樹木も殆ど見かけなくなった。通関に約三〇分を費やし、茶を飲み、換金をして（一〇五T．L．―三二シリアポンド）バスに乗る。アレッポは夕闇の中。かなりでかい街。しかし、トルコの街と比べると殺風景で暗い。アレッポを過ぎて闇の中を走り、茶店で夕食を摂る。ここでは既にナイフやフォークはなく、すべて手掴みである。チャパティのように小麦粉を練り拡げたものに、野菜の揚げ物とトマト、玉ねぎ、胡椒、ゆで卵を刻み、挟んで喰う。人は善い。シリアのタバコは、紙で巻いて吸う。

一〇月三日（金）

朝、ダーっと広い砂漠の中に、泥と小石でできた粗末な家が並んでいる小さな村に着く。バスの周りに村人たちが走り寄って来る。朝食を摂り村人達と談笑。写真を撮る。俺を撮ってくれと、白いターバンに黒い長襦袢のような衣服の中年のおっさんが言う（彼のターバンはぐるぐると巻いたものではなく、二重の布製の輪を白い布の上から被せている）。女の子が寄って来ると追っ払ってしまう。大人の女どもは物陰から物珍し気にうかがっているが、決して近付いては来ない。トルコ語も幾らか判ってくれるが、単語だけでは話は出来ない。

いよいよ砂漠の旅である。道路の舗装はトルコよりも幾らか悪い。乾燥の度合いが本当に強くなってきた。昼間はみんなおとなしい。終日バスの屋根に座り、写真を撮りながら行く。どうもこの連中は、ただ突っ走るだけで面白くない。留まるということをしない。それも一つの旅の在り方かもしれないが…。まあいい。俺もなるべくアフガニスタンまで急ごう。そして、インドかネパールでゆっくりした方が良い。ネパールになるべく長く滞在しよう。中近東は暑く独り旅は疲れるだけだ。文庫本『アジアの見方』を読む。夕刻、Abu Kamalに着く。通関でストップさせられた。今夜通るならば、五〇U.S.ドルばかり税金を払わねばならぬとのこと。三日以上シリア内に滞在するなら無税でよいというので、結局、滞在することになる。街へ一kmほど歩いて夕食を喰いに行くが、今日は金曜日でレストランはみな閉じている。仕方なく菓子を喰ったら、甘すぎて気分が悪い。夜、バス内に税関の役人どもが退屈しのぎに遊びに来て、寝たのは一一時過ぎ。

一〇月四日（土）

曇り。今日もイラクに入れぬので、イラク領内のポリスへ行きビザを取っておくのがよいと髭のリーダー（ドライバー）が言うので、折よく来合わせたトラックに便乗して国境へ行く。ポリスへ行くと、「ここではビザは発行できない」という。アレッポまで引き返さねばならないかと思っていたら、バクダッドまで行ける他の通行許可証をくれるというのだろう。但し、シリアのポリスで出国の印をもらって来ないと、それを与えられないというので、明日再び来ることを約束して国境に引き返す。三kmばかりカンカン照りの砂漠を歩き、そこでオートバイに乗せてもらい、税関の場所に辿り着く。昼食、洗濯。どうやら今夕、通過の許可がおりるらしい。結局、夜はポリスが閉じてしまうというので、明日出発となる。ホコリを防ぐためにバスを締め切っているので、暑くて敵わぬ。夜、何度も飯食いや、スイカを仕入れに街に出かけるが、碌な食い物はない。しかし、人は皆、中々親切である。無論、好奇的な面もかなりあるが。高校生くらいの少年が、俺よりたどたどしい英語で、懸命に意を通じさせようと話掛けてくる。彼とは直ぐに仲良くなった。街から歩いて、我々のバスへ戻る。俺を二度も自転車に乗せてくれた。こういう子供たちは、みなかなり英語が判る。尋ねてみると、中学校で教わっているという。若い層は、英語が強い。夜、あまりいけ好かない税関の役人がバスに入り込んできて中々帰ろうとしない。アラックを持ち込み、フランス娘のそばにいつもくっついて離れない。段々と酔っ払ってきてその後に加わった三〜四人と、ビールまで持ち込んでわいわい騒ぐ。こちらはいい加減眠たいのに、はなはだ迷惑千万である。メンバーたちはおとなしく、何も言わずに付き合っている。遠慮しているのか、意気地がないのか。一二時近くなるのに、何も言わぬ。俺のバスなら文句を言って、追っ払ってしまうのだが。そういう訳にもいかず、俺はプイと寝てしまった。スウェーデン人のドライバーは中々に慎重である。英国人は無口でおとなしく、自発性が余りない。フランス人の坊やは、まだ甘ったれのガキでどうしようもなく、これまたフランス娘と抱き合ってキスしたり、子犬のようにじゃれ合う位が関の山である。

今朝、若いスウェーデン人は、黙って俺に手を差し伸べて握手し、独り埃っぽい砂漠の彼方に消えていった。俺は呆気に取られて髭のバイキングに思わず尋ねてしまった。「Why?」「I don't know.」。しかし、これは愚問であった。腹が減っていなければ、決してこんな愚問は発しなかったろう。バグダッドまでの五〇〇㎞もの砂漠を、小さいショルダーと寝袋を小脇に抱えて彼はとくとくと歩き出したのである。二〇歳にも満たぬ青瓢箪のようなガキが、なんでまたこんな突拍子もないことをやるのか。人の価値観というものは、極めて個人的なものである。彼にとっては予定の行動であり、他人の思惑などなんの関係もあろうはずがない。それは山に登る者に、「何故山に登るのだ」と尋ねるのと同じ類の愚問であるが、突然のことで少々恐れ入ったのと、畏敬の念を禁じえなかったからである。

夜、シリア側のポリスのスタンプを貰う。中々に親切で、お茶を何杯も振舞ってくれた。

この夜は食い物談義となった。「フランスじゃ、カタツムリがご馳走だそうだな」と誰かが切り出す。「カエルも美味い、お前はこれを喰うか。フランスではとても高いんだぞ。もも肉が美味いんだ」と横からヒゲが言う。「馬の生肉をお前の処では喰うか?」「Oh! It's very delicious!」とフランス娘。サクラを喰うのは、日本人ばかりじゃねえのか。それじゃ、生卵はどうだ?「We sometimes in Sweden」とまたヒゲが言う。どうもしょうがない。以前読んだ本では、生卵を喰うのは日本人だけだ。外国人が聴いたらおったまげるだろうなどと、ごく最近の海外旅行者が書いていたが、出鱈目もいいとこだ。「じゃあ、チキンの生肉は喰ったことがあるか」、俺は取って置きの切り札を出した。フランス娘もヒゲも頭を振る。フランス娘はゲーッと声を挙げて、横に頭を振って見せる。「ところで、お前の国じゃツバメの巣を喰うというじゃないか」とヒゲが言う。「いいや、とんでもない。あれは恐らく中国だろう」。

「スウェーデンでは生魚を喰うか?」「おお! 喰うとも」「本当か?」、俺はおったまげて聞き返す。「a kind of raw fish, but very old and it smells strongly」と彼は鼻をつまんで見せる。「Old? How long?」、俺は興味津々聞き返す。「About one month. We call it Surstromming.」、彼は緩やかな調子で笑いながら答え、スウェーデン語のスペルを書いてくれる。どういうものかよく分からないが、刺身とはまったく違うもののようだ。他愛ない食い物の話に明けくれた夜だったが、最後に「Many countries have each curious foods」と、ヒゲが結論じみた言葉で結び、お開きとなった。

あちこち外国を旅行していると、珍しい食い物にぶつかる。どうしてもその味になじめないものもある。

しかし、こうして話してみると、自分では日本人だけしか食わないと信じている食い物でも、外国人が食っている物もあるということが判る。考えてみると当たり前のことである、みな同じ人間だから。多少の違いはあっても、食文化においての共通性は充分に考えられるのである。

一〇月五日（日）

七時に発つ。イラク側はカスタム・ポリスともに極めて敏捷に対応してくれた。イラクのこの付近の道路は舗装が悪い。地面にアスファルトをただ流した感じで、それが熱でべとべとに溶けて地面に溜まっている。国境沿いの道路もとても悪い。砂漠も一段と凄ましくなってきた。暑さも益々酷くなる。さあ、砂漠らしくなってきた。シリアではバスの屋根に腰掛けていると涼しかったが、ここでは熱風である。さっさとまたバスへ潜り込む。しかし、写真も撮らねばならぬし、腹も減る。砂と泥以外何もない広大さ。村も少なくなってきた。路は曲がりくねり起伏も多い。広々として赤茶けた感じが一層強くなってきた。砂漠を写真に撮るのは難しい。屋根から顔を出していたら、後ろから来たトラックの運転手が、俺を写真に撮れとゼスチュアで示す。これはいい具合だ。「もっと俺の車から離れてくれ」、俺もまた両手を拡げてゼスチュアで答える。トラックは速度を落とし見る間に離れる。すかさずパチリとやる。「ＯＫ！」と合図する。トラックはバスの横をすり抜け、追い越してゆく。とにかく、だだっ広い処へ来てしまった。二～三時間走っても何もないが、道は次第に良くなった。乾いた大地にほんの僅か、所々に草が生えているだけ。他に何もなく、地平線はくすんでいる。もういい加減、飽きてしまった。ドライバーは相変わらず、じっと前を向いて平然と姿勢を崩さず運転する。時々、席の後ろの水の入った瓶を取って飲む。この水も熱くお湯のような感じ。「どうして彼だけが運転するのだ!? 何故お前は運転しないのか?」とヒゲに尋ねる。「He loves driving.」、彼は眼の玉をくりくりさせて笑う。ドライバーはいつも貴公子然としている。すらりとして背が高く髭を生やし、声は透き通った低温で柔らかい。

暑くてまったくやり切れぬ。腹も減ったが、車を止めて憩う茶店もない。ここは砂漠の真っただ中だ。写真撮りにも飽きて、ソファーに胡坐をかき、タバコばかりふかして、「Hungry, Hungry!」「Very hot, Very hot!」と繰り返していた。すると、すぐ隣で抱き合ってじゃれ合っていたフランス娘が顔を上げてニヤニヤ笑いながら、「Oh! You are joking.」とわざと口を尖らせる。「Oh no! It's really hot!」、俺は両手を拡げて弁解する。二人ともニコニコして俺の方を見ている。ガキのじゃれ合いなど、何で気になるものか。こいつらは暑さも気にならんのか。暑いのは誰も同じこと。しかし、誰も「Hungry」とも「Hot」とも言わず黙ってじっとしている。独り日本人の俺だけが、自分の感情を素直に曝け出しているようだ。デリケートで素直なんだよ、日本人は！ しかし、無邪気な彼等の愛の行為を妨げたとあっては申し訳ない。「ああ、ひもじい、ひもじい！。ああ、暑い暑い！」。それからの俺は日本語で自分の感情を表出し続けたのである。

午後三時過ぎ、シリア以来再びユーフラチス河の岸辺に合する。ここで泳ごうということになる。皆、素っ頓狂な声を挙げて素っ裸になり水着に着替えて、岸辺の砂地を走って河へ入る。スイカを河へ投げ入れて冷やす。どんよりと濁って水は浅く、流れは比較的早い。付近の子供たちが珍らしがってぞろぞろと付いて来る。膝までの水深に寝転んだ恰好で水に浸り、涼を楽しむ。岸辺にはナツメヤシがたわわに実る。丁度食べ頃である。

再び、バスは走る。故障で道端で修理していたトラックの運ちゃんが、「あと二〇〇㎞でバクダッドだ」という。日は沈み始めた。退屈しのぎにフランス娘と彼氏にフランス語を習う。「シュクル・アン・モルソー」（角砂糖の意味）。俺は何度も発音してみるが、彼氏は違うと言って笑い出す。シュクルのルがどうしても駄目だという。「You can't pronounce it.」とフランス娘も頭を振り振りいたずらっぽい眼をして笑う。次は「You are welcome.」は何というのだ。「Bien Venue.」。「それでは、Thank you! は日本語で何というの?」と彼女が聞き返す。「ありがとう」だと答えると、「ふうーん」とまた頭を振って、口の前に両手を拡げてパクパクやって見せ、「これか」といってキャッキャッと笑う。「アリガトウ、アリガトウ」とまた口をパクパクさせて笑うので、不審げに尋ねる。彼女は英語の説明では難しいので、絵にかいて説明してくれた。タバコの箱の裏に描いてくれたのは何と「鰐」の絵であった。フランス語が駄目な俺には何のことかてんで判らぬが、「They say alligator in English.」といってくれたので、やっと判った。フランス語では「アリガトウ」と発音するらしい。言葉というものは、こうしてみるとなかなか面白いものである。

夜八時、バクダッドに着いた。俺とスウェーデン人二人はラシッド通りにある Irak Hotel へ、他の三人（フランスのアベックと英国人）は別のホテルへ。ああ、疲れた。しかし、久し振りに冷房の効いたホテルらしい処に泊まり、美味い夕食にありついた。ここのホテル代は四U.S.ドルでトルコ以来で最も高い値段。

一〇月六日（月）

イラクの滞在ビザを取りに Resident Department へ行く。あちこちたらい回しにされ、何と事務手続の煩わしかったことか。およそ一五人もぐるぐる回された。皆、next-room と手と顎をしゃくるだけで、本当に面食らった。それから急いでイラン領事館（Iran Consulate）へ行くが、一時ですでに閉じていた。仕方ない。帰路、少しアラビアンナイトの雰囲気が残るバレグ通りの北側のバザールを覗いてみた。汚くて狭い路地に異臭が漂い、不気味であまり気分の良い処ではない。活気もなく、品物も貧弱。暑さの所為か、砂漠の旅で疲れたのか、やたらときつい。午後の時間は、手紙書きと休息に費やす。

一〇月七日（火）

一〇時過ぎに起床。急ぎチェックアウトし、荷を預け、イラン領事館へ行く。ここは英語の文書で一時間ほどでビザが取れた。バクダッドは暑い。とことこ歩いてラシッド通り。ここは果物が豊富で、石榴やライムがとても旨い。今日は砂塵の靄が濃く、黄土色の大気が街を包んで五〜六〇〇米先は霞んで見えぬ。何とも異様な雰囲気だ。五時過ぎにバスへ戻る。出発が一日延びたことを知る。一方的だが、俺は何も聞かないことにする。イラク・ホテルで貴公子と会う。特に言い訳もしないが、悪びれた様子もなく淡々としている。幾ばくかの憤りも、その雰囲気にのまれてしまう。まあ、いいや。暇つぶしに二人で映画を観に行く。ユールブリンナー主演の「The long duel.」。

一〇月八日（水）

一二時頃起床。どうも暑い。この暑さでは、何処も見て歩く気はしない。
ラシッド通りをぶらついたり、チグリスの汚い河岸に佇んだりして過ごす。本当に汚い河である。バクダッドの街もこれまで見てきた首都では最も汚い〈しかし、旅行者にとってはそれがかえって良いのかもしれぬ。夕刻発つ。郊外付近はかなり都市の建設が進められているが、まだ道路だけ。規模はかなり大きい。あちこちでポリスの検問がある。国境の一㎞手前で止められた。夜は危険だからここで泊まれとのこと。ライフルや自動操銃やピストルを持った連中が、物珍し気にバス内にやって来る。つい先日も頭を打ち抜かれた男がいるとのこと。それを聴いて「Oh! nice place!」と海賊が歓声をあげる。食い物もなく、夕食はチャパティとお茶だけ。

一〇月九日（木）

出発するとすぐイランのカスタムとポリスに約一時間を要す。この辺中々物々しい。税関で換金する一U.S.ドル＝七五 Rial（銀行だと七六・二六リアル）。ケルマンを過ぎたある街の近くで夜になる。イランに入ると道はずっと良い。食い物も一日何も取らず、タバコも切れた。レストランがあってもバスを停めてくれず、空腹は辛い。大きな街を見下ろす高台の上に来て、ここで泊まるというので、とうとう癇癪を起してしまった。「Why don't you go to the Town? I want to take dinner.」とつい声を張り上げて、怒鳴ってしまった。「Hey! Hotta. We have soup. Do you like soup?」「なに、スープだと！　そんなものでどうしようというのだ」。俺は黙りこくって貴公子を睨みつけたまま、ソファーに座り込んでしまった。暫くの沈黙の後、バスは動き出した。あやれやれだ。感情を露わにしてしまったのは悪かった。もう少し穏やかに自分の希望を述べるべきだった。あ　あ！　しかし、タバコが吸えないことと、空腹はどうも俺の最大の敵であるらしい。これは、旅行を通じて得た私自身の大きな発見でもある。しかし、まあ、何と単純で御し易い男であることよ！　飯を食いケントなどを見つけて悦び、また走る。一二時過ぎに道路わきで泊まる。

〈日記文とは関連がないが、このページに記載されたものを、そのまま記載しておく。〉

＊バイオリンのような一本弦の小さな楽器：アラバーバー

＊イスラム圏での女性の黒いチャドルのような物：アラバーヤ

イラン、イラクとも一枚布で頭から被り、口元で交差している。パキスタンやアフガニスタンで見られたような網の目の形をしたものは、田舎でしか見られない。

一〇月一〇日（金）

イランに入ってみると、この国は少なくともイラクより豊かであると旅行者には見える。土地もよく耕されているし、緑も多い。食糧もイラクよりかなり良い。乾燥地帯そのものには変わりがないが、少なくともイラクやシリアよりも豊かな雰囲気が漂っている。イラクやシリアほどの荒涼とした趣がなく、紫色の山肌も、景色も美しいといえる。バスの屋根から景色を眺めながら行く。夕刻、ソファーで寝ていたら、いつの間にかテヘランに着いていた。空港に行きExchangeする。テヘランは中々モダンな都市である。街は通りが大きく、歩道と車道の間には比較的綺麗な水が流れ、その中にプラタナスの並木が茂っている。車道には中間帯があり、少なくとも中近東界隈の都市では最もモダンな都会であろう。ネオンサインもかなり多い。人も英語をよく話し親切である。シャハレザ通りにあるテヘラン大学の前にバスを停めて泊る。

一〇月一一日（土）

午前中、四人がタクシーでアフガニスタン大使館に行く。ビザは明日取れることになる（写真三枚必要、一五〇レアルズ）。午後、考古学博物館を観る。ここの土器類の模様は、極めて素朴だが、自由でモダンである処がクレタの土器類と似通っている。時代もほぼ同じ時期である。しかし、クレタほどに伸び伸びしていなくて陳列数も少ない。ペルセポリスから持ってきたというダリウス王のレリーフ、楔形文字盤、その他を観る。二階にはイスラム芸術の品々、絨毯、器などが陳列されている。写真は自由に撮れる。帰りにP．T．T．へ寄る。このサンドイッチは旨い。パンにカバブ、トマト、キュウリの漬物などを挟んであり、なかなかの美味である。日本のサンドイッチも少しは考えるべきであろう。テヘランは街もモダンだが、人の服装も洒落ていて、ネエチャンたちも綺麗である。アラバーヤを頭から被った女達もかなり多いが、若い連中やＯＬは、ミニスカートである。色は少し浅黒いが、眼が何ともエキゾチックで魅力的である。若い女学生などは茶目っ気を覗かせ私達を冷やかして通る。夜は映画を見に行く。イランの映画は、色彩が綺麗で出演している女優も美人が多い。映画館はバグダッドよりはるかに上等である。上映に先立ち、スクリーンに王冠が映り、イラン国王・王女が映し出され、イラン国歌が奏でられる。観客はさっと起立して礼を正す。俺もつられて立ち上がってしまった。やはりここは王国である。

一〇月一二日（日）

午前中、ブレーキの故障でガレージに行く。その後、一人でバスに乗り、バザールへ向かう。イラン経済の中心をなすというこのバザールは中々でかい。絨毯も見事なほど綺麗である。半ば屋内バザールの観がある。一人の男が話しかけてきた。何やら彼と話していたら、本を買いたいが金が不足しているので少し援助してくれないかと言う。

「I'm not so rich. I'm a tourist.」と即座に断った。どうもこういう奴は気分が悪い。美しいモスクがあるからと案内してくれたが、大したことはなかった。一一時過ぎにアフガニスタン大使館へビザを受け取りに行く。午後四時まで、何とかシャザーレ通りをうろつき、テヘラン大学を覗いたりして時間をつぶす。夕刻六時過ぎにバスが来る。今日は駄目で、修理は明日まで掛かるとの事。疲れ果てて寝る。

一〇月一三日（月）

目覚めると、バスはいつの間にか空港に移動していた。Exchangeをしてから朝食を摂る。八時、ガレージに行く。ガレージで降りて独りでバザールの近くにあるGolestan Palaceを訪れる。一面に鏡細工を施した室内は絢爛豪華。三人のアメリカ婦人と一人の男性と私。綺麗な三〇歳代の女性の通訳で、コレクションを見せてもらう。ここは写真は禁止。絨毯が綺麗。シャーがインド遠征で持ち帰った孔雀の王座など、その他絵画や器など。まあ、雰囲気は落ち着いて好い。通訳嬢に「Crown Jewel」のことを尋ねると、入場料を払えば特別な許可は不要とのこと。急ぎ「Ferdower の中央銀行」に行くが、午後三時半からのオープンだというので、そのまま近くの国立芸術博物館へ。ここは小さいがイスラム芸術の博物館で、いろいろな細工物や土器類の製作現場が見られる。細い針金を束ねて、それを一㎜位に薄く切り木に張り付けて、あの精巧なイスラム芸術の模様を作っている。二時半過ぎにバスが戻って来た。三時にスウェーデン人の二人と、中央銀行へ行く。Ferdowsi通りは賑やかで店々も綺麗。三〇分ばかり店内を見歩く。Darya Noorは期待したほど大きくはないが、電灯を消して暗くした地下の国家財宝室で沢山の宝石類が煌めくさまは、何ともファンタスティックだ。写真禁止。入場料一〇〇Rial（学生五〇Rial）。六時過ぎバスに戻り出発。テヘランのラッシュ時の混雑はかなりすさまじい。エルブルース山脈を越えて、カスピ海沿岸に出る。雨となる。付近はイランの穀倉地帯であるが、暗くて景色が良く見えないのが残念。山越えは九曲折れのかなり大きな谷を下った。夜半一時過ぎに寝る。

一〇月一四日（火）

一日中走る。何と緑が豊かなことか！　稲が実り綿畑が続き、牛の群れを多く見る。道は極めてdustyで悪くなった。しかし、山は緑に覆われ原生林の中を狭い道が貫いている。何とも楽しい場所で、大木の中を狭い流れが幾筋も曲がりくねって流れ、ときに野ブタ（猪）の群れを見かける。こんな森を通り抜けると、降らないのに高台に出てしまう。ここからまた、乾燥してきた。道は悪い。山々の景観も次第にアフガニスタンに似てきた。夕焼けだ。Bo. Jnuに泊まる。肌寒い。今日も空腹でタバコも切れた。どうもいけない。

一〇月一五日（水）

八時半に起床。冷たい空気。既に陽が射し、南に佇む山の頂はうっすらと雪化粧。身が引き締まる思い。雪に覆われると、何と景色のくっきりすることか。街まで広い通りを一㎞ほど歩きタバコを仕入れ、五ドル換金。街でタイヤの取り換え、その他で手間取り、午後一時近くに出発。空の青さが目に染みてきた、もう秋だなあ！　夕刻、マシャッド（Mashhad）着。この街は、イスラム教シーア派のメッカ的存在である。モスクが綺麗。金箔のモスクを中心に、円形の部分がモスクとバザールに囲まれている。寺院内には異教徒は入れない。夕食後に寺院内に入ろうとしたら、追い払われてしまう。そのまま散髪に行く。鉄道駅前の広場には公園がある。この駅は中々モダンである。

一〇月一六日（木）

午前中モスクの周りのバザールを見物がてら、写真を撮る。ここも屋内バザールで、四方八方からモスクへの入口があり、半径四～五〇〇ｍ。羊毛、皮革のチョッキが約五ドル。安いといえば安いが、まだ必要ではない。ネパールで買うことにしよう。午後一時に出発のはずが、貴公子がイラン人を二～三人連れてきて商売を始めたので、結局、五時頃出発となる。茶を飲んだり、そこいらをぶらついたりして過ごす。どうも他人のペースで事が運ぶのが、面白くなくなった。早くカブールに着きたい。夜、Torbat-E-Jam のポリスの前で泊る。食いものもなく、腹ペコで寝る。

一〇月一七日（金）

朝になりやっと卵とチャパティと玉ねぎにありついた。ポリスと税関の手続を済まし、出発。アフガニスタンのポリスまで随分遠い。ここでまた、四時間も待たされた。ここには他にも欧米人が大勢屯して待っている。アフガニスタンのポリスはとにかく手間取る。相変わらず制服も着ずに、のろのろした事務振りである。やっと午後四時過ぎに出発できた。アフガニスタンの金がなく、腹ペコ。夜、ヘラート（Herat）に入るが、暗闇で一五㎞程通り過ぎて引き返し、街内に入る。ホテルで夕食。ここは衣類・皮革製品が安い。タバコも安い。Lucky Strike 14Af.、555 23Af.。俄然、ヒッピーまがいのヨーロッパ人が多くなった。夕食後、バス内でフランス娘（クリスティーン）が、何やら動物の糞を固めたような物を取り出して、ナイフで刻み始めた。それを、タバコの紙を取り外した刻みに混ぜ合わせて、吸い始めた。「何だこれは一体？　動物の糞か？」「……」。何だか意味ありげな笑い、秘密じみた雰囲気。普段はぼんやりして本を読んだり、碌に話もしない英国人の Jhon までが集まってきて、興味深げな顔付き。ちょっと考えてから、はは一んと合点がいった。なんか麻薬のようなものに違いない。「これは。一種の医薬品のようなものか？」。俺は単語不足を補うために、遠回しに尋ねてみる。「そうだ」とジョンがニヤニヤして頷く。「これは禁止されているのか、中毒になる薬か？」。また、同じような質問を繰り返す。「ヘロインか？　コカインか？」と今度は実名を挙げて尋ねる。中々ズバリと答えてくれないので、終に、「これは一体何というものか、名前を教えてくれ」「ハシュシュ（Hasschiisch）だ」とクリスティーンが言う。「これを吸えばファンタスティックになるのか」と彼女に問うと、「Oh! Yes. Fantastic!」とゲラゲラ笑い出した。英語の辞書を取り出して調べてみると、「インド大麻の固形エキス」と書いてある。ああ！　やっと判った。こいつが目的なんだな、奴さんたちがアフガニスタンにやたらと集まって来るのは。確かにアフガニスタンは物価が安く、気候も好い。人も大らかである。確かにそれは大きな魅力に違いないが、それだけなら何もアフガニスタンに限らず、他の中近東の国々でも余り大差はない。これでやっと謎が解けた。「こいつは幾らするんだ?」「ここで一ドルだ」「欧州では入手できにくいのか?」「いやさほど困難ではないが、とても高い！　イギリスでは一個二五ドル近い」とジョンが言う。普段タバコを吸わないジョンまでが、タバコを買ってきてハシュッシュを混ぜて吸っている。「お前も好きなのか?」と言うので「俺は吸ったことはないが、興味があるので吸わせてくれ」と頼んで吸ってみるが、これが中々難しい。どうにか吸えるようになるが、余り吸うと気分が悪くなる。香りが強いが、慣れると旨そうな味である。クリスティーンは中々堂に入ったもので、立て続けにスパスパやっている。「お前さんは、まさにプロフェッショナルだ。きっと今に、中毒になるぞ！」と海賊が笑う。クリスティーンは気分よさそうに猫なで声を出し始めた。「おお！　ファンタスティック！」などと冗談を言いだした。ついでに彼等に覚醒剤のことを尋ねてみる。「フェニール・アンフェタミンを注射したことはあるか?」「いや、ない」と海賊が答える。「スウェーデンではこの五年間に非常におおくなったが、これは禁止された。他の欧州の国々も同じだ」と彼等は口々に答える。「日本では第二次大戦後流行ったが、現在は消失した」と俺は少しばかり説明してやる。彼等は覚醒剤が恐ろしい薬で、分裂病様症状を来すことをよく知っていた。本日は、少しばかり収穫があった。

一〇月一八日（土）

午前中、ヘラートの街を見物する。ミニュレットが五〜六本、半ば壊れて立っている。アドベ（日干し煉瓦）で造られたお城。ここのモスクはかなり大きく形が整っている。カバード・バザール（屋内バザール）は見つけることが出来なかったが、かなり整った大きな街である。しかし、人々の生活は相変わらず貧しく、大らかで活気がある。「ここの連中は、スェーデンでいえば二五〇年前の生活をしている」と海賊が言う。なあに、二五〇年どころではない。ごく一部の近代的なものを除けば、太古から余り進歩していない生活である。記念にハシュシュ（大麻）を一つ買う。午後一時半、出発。ここは松の並木が素晴らしい。また、だだっ広い草原を走り、山脈を超える。砂塵が遠くで巻き上がり、雨雲を思わせる。近づくと黄土色の砂塵の中にすっかり包まれてしまい、四〜五〇m先は霞んで見えぬ。二〜三km走ると、再びぼんやりと視界がはっきりしてくる。陽が砂漠に落ちて、赤々としたその光線が近くの砂塵の渦を強烈に照らし出し、その濃淡をくっきり浮き出させ、何ともいえぬ光景である。夜半一二時近く、カンダハル（Kandahar）に着く。腹が減って仕方がないので、一kmばかり歩いて、寝ていた果物屋を起こしてメロンを一個買って帰る。茹で卵にチャパティの夕食。

一〇月一九日（日）

朝早く、近くの子供達がガヤガヤと寄ってきて煩いので、郊外までバスを移動してそこで一眠り。一〇時頃、街に引き返し、やっと出来立てのチャパティとチャイと果物にありつく。ここで、車の修理と街の見物。カブールで会ったホテルの主人とかいう男が、ここに住んでいるとのことで、「Mr. Waiss Hotel」を尋ねてみるが、そんな男はいないとのこと。バザールを観る。ここは道路の両側にドブがあり、悪臭が強く、埃っぽくてハエがわんさと群がって来る。大変な処である。しかし、活気はある。大昔のバザールも、こんなものだったろう。モスクは小さいが、綺麗である。内院とモスクを写真に撮る。道と壁と家の色がまったく変わらない泥レンガの連なる路地を歩いてみる。トイレや炊事汚水を幅一m位の路地に流していて、汚いこと夥しい。付近のかなり綺麗な流れに車を乗り入れ、午後はバスの洗車。ここから眺める山脈の風景は中々立派。汚くて裸に近い洗い屋が、元気に車を洗ってくれる。もたもたして、出発は午後六時過ぎとなる。夜、ガズニーのずっと手前で停車。貴公子はやや疲れたような感じで、俺と二人で夕食をこさえる。ジャガイモ、茹で卵、玉ねぎ、トマト、キュウリとチャパティ。彼は生水を決して飲まないし、汚らしいものを決して口にしない。神経質な男だ。今夜はやけに親切にしてくれたり、しんみりとした話をする。やはり人にはこういった面がいつかは出てくるものである。思えば、長い退屈な、やきもきさせられた砂漠の旅。明日は楽しくも辛かった仲間たちともお別れである。別れが近付くと、どんな間柄であっても、辛い思いをいつもさせられるものである。

一〇月二〇日（月）

ガズニーには停まらず通過する。見覚えのある懐かしい城塞が左手の丘に見えてきた。午後一時過ぎ、カブールに入る。やっと、ユーラシャの西半分を一周してきた。カイバーレストランの前にバスは停まった。バザールで換金。一USドル＝七四アフガン位。夏よりだいぶ下がっているが、仕方ない。二〇ドル換金。メトロポールホテルに宿をとる。「好ーく、いらっしゃいました」のずんぐりした男はもう見かけられなかった。海賊は今朝から腹痛で、少しげっそりしている。貴公子はバスの窓に張り紙を出した。「3 people can go with us to India.」。俺に安くしてやるからインドまで一緒に行こうと誘ってくれた彼もとうとう諦めてしまった。これで我々のパーティは解散だ。皆それぞれ独自の旅をこれからも続けるだろう。バーミヤン行きのバスは出発が、朝の三時だという。とてもじゃない。

一〇月二一日（火）

カラチの寺谷氏へ手紙を書く。バーミヤン行きのバス停を、二時間ばかり掛かってやっと捜し当ててみて驚いた。とんでもないバスだ。古ぼけた小さいバスで、座席は前から後ろに横にびっしり連なり、所謂、前後に縦に走る通路がない。バス代は六五アフガンというが、切符はないという。一応六五アフガン支払うが、信用ならないと思いまた、取り返す。結局、飛行機（Ariana）で行くことにする。カイバーレストランの前に停車中のバスに帰ってみると、バス内は綺麗に整頓されて、「三人のアメリカンガールが、インドまで我々と一緒に行くことになった」と、貴公子がニコニコしている。さらに「二人は俺用で、もう一人はアベ（海賊）用だ」とニヤニヤ笑っている（注）。銀行で二〇ドル換金し、アリアナで切符を買う。片道九ドルで少し高い。

注　昨日、カイバーレストランでこの二人と食事中、二人の日本人女性が入ってきて食事を始めた。二人共私達と同じ旅装で、特別に美人でも不器量でもない。年の頃は三〇歳前後であろうか。貴公子と海賊は食事中も彼女らを観察していたらしく、しきりに「好い、好い！」と褒めるのである。余りいつまでも褒めるので、「彼女らのどこが好いのか？」とつい愚問を発した。返事は「小さいところが好い」とのこと。なるほどと感じ入った。北欧やドイツの女性たちは一般に大柄で背も高いが、中には猛々しく、一見して「アニマル」という感じがする女性も含まれる。こんな女性にいつも囲まれていると、小さい女性が可愛くて好く見えるのだろう。

一〇月二二日(水)

朝食を済まし荷物をホテルに預け、タクシーで空港へ。五〇アフガン請求されたが、予めタクシーの値段をホテルで聞いておいたので、三〇アフガンしか払わずに済んだ。八時一五分発。二〇人乗り位の小さいセスナ機。久し振りの空路で、少々揺れたが、さほど高く飛ばないので、景色をよく眺めることが出来た。カレートと呼ばれる灌漑用地下水路の存在を示す小さい擂鉢状の隆起が、村の外囲から畑に向かって伸びているのがよく観察できる。付近の山は既に新雪。四五分でバーミヤンに着いた。ポプラの真黄色に熟れた中の砂地の小さい空港に難なく滑り込んだ。開けた実に気分の良い処。形の良い山々が南方に連なり、ニュアンスはかなり違うが、久し振りに新雪の穂高にでもやってきた感じ。広い草地に羊や牛やロバが群れ、人は三々五々のんびりと各自の仕事に散り、大気はひんやりと冷たい。爽やかだ。そして、日差しは強く、暖かい。空は青く澄み、ポプラの梢を渡るサラサラとした風の騒めきがある。歩くのに丁度好い。並木が二〇〇m程真っすぐに村へ延び、その端の崖の上にバーミヤンホテルがある。空港へ広がる台地と村のある浅い谷を隔てた対岸の薄紫がかった赤茶けた何ともいえぬ色合いの岩壁に石仏群がある。無数の小さい洞。バーミヤンホテルはシングルベッドが六ドルで、やめた。まあ、好いだろう。まだ九時過ぎだ。のんびり歩いて谷へ降り、ポプラの並木を通り川を渡り、まず、小石仏から見ることにする。これはやぐらを組んで修理中。石仏を下から見上げていると、中年の男が、仏の頭の上へ案内するという。小さい洞に入ると、そこから岩の中に刳り貫かれた狭い階段が螺旋状に或いは縦横に上方に伸び、外からは見えない幾つかの洞を通って、仏の顔の左側から後ろに廻り、頭の上に出た。洞はどれも黒く焦げ、大小様々の仏が安置されていたと思われる。刳り貫きの洞だけが残っている。小石仏の頭の上の天井には、漆喰が幾らか残り、それに色褪せた仏の絵が僅かに認められる。下に降りると、「バクシーシー」と金を要求され、一〇アフガンだけ与える。次いで、大石仏へ行く。今度は俺一人で、入口を捜してやろうとあちこちの洞を試みてみるが、捜し出すことは出来なかった。そうこうするうちに、下からひとり、男が上ってきた。「トップか?」と尋ねるので、「そうだ」と答えると、鍵を示し、こっちだと案内してくれた。大石仏から一〇〇m以上も離れた谷の入口につけられた、かなり広い道を岩壁の上⅔位まで登り、少しトラバースした処に肩があった。ここから少し下り気味に穴の中を辿ると、すぐに頭の上に出る。この案内人にも一〇アフガンを与える。

バザールへ行きホテルを捜す。ここの子供等はわりと人慣っこく、「サラーム。サラーム」と呼び掛けてくる。歩いている一人の男に、安いホテルの場所を尋ね、バザール入口の道路脇にあるレストハウスへ行く。五〇アフガンで、レストランもある。まず、昼飯を食う。茶・ご飯・羊の肉・ジャガイモ・ナンで一〇アフガンは安い。明後日の飛行機のブッキングをしておこうと、バーミヤンホテルのある台地まで行き、アリアナの事務所を捜す。ひとりの男に尋ねると、「ファルダー（明日にしようの意味。スペイン語のアスタ　マニャーナと同じ意味）」という。仕方がない。こいつも「ファルダー」か！　レストハウスに戻る。そこでジョンともう一人の英国人（イスタンブールで別れたという彼の友人）と三人の日本人（山田・百合本・津田の各氏）に出会う。彼等と向かいのレストランで夕食。

一〇月二三日（木）

朝食後、少しの熱感と倦怠感。昨日の午後、服を着たまま寝袋に入り、昼寝をしたのがいけなかったのか？　とにかくそこらを歩いてみようと、台地のずっと左手にある丘の方に行くことにする。流れに沿って上流に歩き出す。どうも身体の調子が良くない。川辺で憩っていたら、いつの間にか小学生の女の子達がガヤガヤと群がってきた。口々に何か言っているらしいが、素知らぬ顔をしていたら、そのうちに罵り始め、やたらと唾を吐きかける。金をくれと言っているらしい。なされる儘にしていると、一七〜八歳の青年がやってきて追っ払ってくれた。彼女達は今度は遠くから石を投げ始めた。どうも回教圏は女の子が一番厄介で、扱い難い。俺を救ってくれた青年も金をくれと言い出したので、知らぬ顔をしてまた歩き出す。一〇〇m程下ると、日本人の三人がやってきたので、一緒に行くことにした。山田氏はアフガニスタン来訪は今度で三回目、この国の言葉も少し話される歴史の専門家。洞のある処まで約二km、かなり遠かった。特に何も見ることなく引き返し、バーミヤンホテルで昼食。その後、下流の街、小高い城、および女王の墓などを観に行く。こちらは蒙古（ジンギスカン）に皆殺しにされたイスラムの廃墟。どうも未開の地に行くほど人は純朴で人慣っこいようだ。夕刻、レストハウスに帰る。若い二人は早稲田大学の学生。三人とも、欧州へ行く途中、ネパールとインドをだいぶ旅行してきたらしい。ストーブを囲み、メロンに舌鼓を打ちながら、いろんな話に花が咲いた。

一〇月二四日（金）

七時少し前に起床。朝食を摂り、七時半にホテルへ行く。八時半、マイクロバスで空港へ。九時一五分、飛行機が飛んでくるが、どうしたことかカブールへの飛行は午後三時ということになった。たまたまお客があり、どこか近くの村へでも運んで行ったのだろう。やれやれだ。此処はバスでもお客が少ないと、今日はもう此処で終わりだと、途中で運行を辞めてしまうらしい。お陰でバーミヤンからカブールに帰るのに、三日も掛かったという日本人の旅行者がいた。ホテルで朝食を摂り直し、レストハウスへ戻る。一一時過ぎに、石仏のある崖の上の台地とを二時間ほど彷徨する。気分の良い開けた処でラクダ（ヒトコブ）が放牧されている。草地で微睡んでいたら、顔にラクダが息を吹きかけてきたので、目が覚めた。ラクダの背丈は恐ろしい程に高かった。ラクダの群れの間をのんびりと歩き、ぐるりと一周してレストハウスに戻る。ここにはジョンとその友人、今朝の飛行機できたというアメリカ人の若い女性（カラチで寺谷さんが、バーミヤンにはアメリカの女性が一人住んでいると言っていたが、彼女のことであろう）が居た。彼女はアフガニスタンの言葉を巧みに話している。まだ若く、学校の先生をやっているのだろう。ちょっと挨拶だけで他には何も話さなかった。軽い昼食を摂り、三時に空港に行く。今度は確かにカブールに飛ぶことが出来た。カブールでブラックマーケットへ行く。金曜日で一軒しか店は開いていなかった。ここで以下の換金をする。インドルピー：一〇〇ドル分、パキスタンルピー：八〇ドル分、アフガニ：五ドル分。

メトロポールホテルには、五人の日本人が泊まっていた。バスの事務所は閉じていた。明日はやっとパキスタンだ。

一〇月二五日（月）

六時半、バス停に行く。タクシーの運ちゃんに二〇アフガンも取られてしまった。オンボロのアフガンバスで、ペシャワールまで一〇〇アフガニー。パキスタン人の乗客も多い。他にフランス人客が三人。ジャララバード（Jalalabad）で昼食。カバブーの串焼きの喰い納め。ここにはもうコカコーラがある。パキスタンから入って来るのだろう。相変わらずハエの多い街だ。国境の通過に約一時間、相変わらずパキスタンはうるさい。しかし、手続はスムーズ。カイバー峠もあっという間に通り過ぎた。ペシャワールでは久し振りにサモサにありついた。汽車の駅まで市バスに乗る。駅で学割を請求すると、なんとかかんとか言って極めて不親切で取れない。三人のフランス人は学割が取れた。パキスタンに入ると、とにかく雰囲気が変わってしまう。アフガニスタン以西の民衆の何とスカッとして爽やかであったことか。Reservation Office のパキスタン女性の高慢な態度は、却って滑稽ですらある。駅の食堂で飯を喰えば、チップなんかで厄介なことだ。英国の遺産の悪い面ばかりがいつまでも残っている国だ。一〇時の汽車でラワルピンディへ。二等の切符（約一六ルピー）、まああまあだ。エアコンもシャワーもないが、この程度ならゆける。しかし、乗り込んでくる連中は余り好くない。ガヤガヤと遅くまで話し込んで煩い。仕方ないが、やはり二等客は一等客に劣る。

一〇月二六日（日）

午前二時、ラワルピンディ着。ホームの屋台で茶を飲んだりして夜明けを待つ。ここで Registration Office（S. S. Police）へ行かねばならぬ。ビザ不要とはいえ、厄介なことだ。インドのビザはカブールで取るべきだった。

カラチで取れると思い込んでいた。ホームに居た青年に今日はS. S. Policeは開いていないと聞いた。朝、道を尋ね乍ら街を歩く。山の手は広い屋敷が連なり、樹々がこんもり茂っていい街である。やたらと、政府関係の看板が目に付く。一時間も尋ね歩き、やっと捜し当てたが、案の定閉じていた。明日はオープンとのことで、引き返してホテルを捜す。兎に角眠い。駅の近くに取ったホテルは、一二ルピー。まあまあだが、汚い。しかし、シャワーもトイレも付いている。四時間ほど眠る。夜、駅のレストランで夕食。ここはかなり清潔で、給仕の爺さんも感じが良い。夜は手紙を書く。

一〇月二七日（月）

ホテルで朝食後、Registration Officeへ行く。すぐに登録を済まし、引き返してバスで二〇分、イスラマバードへ向かう。だだっ広くさほど綺麗でもない街。大きな建物も少ない。インド大使館はすぐ判った。今日中に取れるとの事で、待つ。アメリカ人の三人の女性と話しているうちに、彼女たちはカブールからスェーデン人のバスに乗ってきたことが判った。俺もそのバスでアンカラからカブールまで乗ってきたということで少し打ち解けたが、すぐに彼女たちは出て行った。まだ、そのバスはパキスタン内に居るという。終に、俺のビザは取れなかった。インド人はどうも信用ならぬ。態度も極めて横柄だ。よっぽどパスポートを引ったくり戻ろうかと思ったが、昼食を摂っていたので、腹は空いておらず、癇癪を起さずに済んだ。ホテルへ戻り、駅で夕食。昨夜からノミか南京虫か判らぬが、大腿部をこっぴどく噛まれて痒いこと夥しい。夜半、二度も目が覚めた。蒸し暑く、扇風機は付っ放し。ここは馬車の多い街で、夜中もパカパカとヒヅメの音が絶えない。

一〇月二八日（火）

一〇時過ぎ、ホテルを出て駅に荷を預け、学割を取る。Information の女性はなお高慢。こんな有様ではパキスタンの近代化は程遠い。むしろ、アフガニスタンやイランのベールを脱いだ女性の方がよっぽどモダンだ。D. I. Office の連中は親切で気持ちがよかった。直ぐに学割が取れた。モヘンジョダロまで切符を買う。昼過ぎ、イスラマバードのインド大使館へ行く。二時近かったが、暫く待たされて今日はもうオフィスを閉じるので、明日また来てくれと言う。遂に癇癪が出てしまった。俺は怒り心頭に達し、喰ってかかる。どうしてもくれるまでは帰らんという俺の態度に奴さんは諦めた。鍵が掛かって部屋が開けられぬといいながら、いい加減なものだ。俺の他には英語のできぬスイス人が独りだけ。どうもこんな酷い大使館はない。俺の凄まじい気迫にタジタジとなりながら、また一時間も待たされた挙句、やっとビザを貰うことが出来た。このスイス人と二人で、バス停のレストランで昼食。一緒にラワルピンディに戻り、彼の泊まっていたホテルで二時間ほど過ごす。七時過ぎ、駅へ行き夕食。今夜は涼しい。汽車は夜半の二時四四分だ。なんとカラチまでの遠いことか！　待合室で過ごすが、夜中には雷光が酷く、嵐となる。

一〇月二九日（水）

Rawalpindi（二時四四分）—Rholi（二二時五〇分）。

二等の汽車の旅は相変わらず辛い。暑く埃っぽく、混む。飯も不味い。Rholi で下車。待合室で泊まる。三等車の混み具合は凄まじい。車内も汚い。Rholi はかなりでかい駅だ。ここはでかい Junction である。

一〇月三〇日（木）

朝の五時前、待合室の世話係に起こされた。まだ夜明け前。Moenjo Daro Expressというこの支線の列車は、とにかくのろく停車時間が長い。三等の混み方は凄まじく、積み残しが各駅で続出。ポリスが出て整理しているが、口論・喧嘩が絶えない。騒々しいこと夥しい。約一時間遅れてモヘンジョダロに到着。駅前から折よくバスがあり、馬車屋の呼び込みを振り払い、バスに乗る。約六〜七マイルほど、狭い真ん中だけ舗装してある道路を走る。この辺は瘤牛が多い。緑も水も豊富で、のんびりした田園風景。水田が多く、丁度取り入れどき。何とものどかなインド的風景。レストハウスが入口にあり、そこで受付を済ませる。その横にわりと新しい博物館（たいして目ぼしいものはない）。三人の日本人の尼さんと、ひとりの老人、ひとりの若い男という五人連れと会う。今朝飛行機で来て、今夜カラチを発つという。京都の某女子大学の春日井教授のご一行である。

昼まで休息して、午後からガイドに案内され、見学となる。赤煉瓦のがっちりした遺跡で、三つの部分に分かれている。遥か西方、樹木の向こうにインダス河が霞んで見える。余り大した感激もない。ここは喉が渇くところだ。レストハウスの宿泊料、三・五ルピー、食費は三食で一〇ルピー、ガイド料八ルピー。蚊が多く夜中ファンを回し続ける。

一〇月三一日（金）

頼んでいた馬車が、六時半に来る。七時、レストハウスを出る。朝靄のひんやりした田舎道を、一時間半ほどゆらゆらと馬車に揺られて好い気分。珍しい鳥があちこちに多い。オウム、インコ、孔雀、頭に毛や鶏冠のある鳥などが、あちこち樹々を飛び回っている。なんとものどかな処だ。馬車代六ルピー。八時四〇分、Moen Jo Daro Expressでカラチへ向かう。退屈。カラチではメトロポールへ行ってみるが、予約していないので断られた。ＪＡＬのあるセントラル・ホテルへ行く。エアコンなしで三九ルピー。

一一月一日（土）
午前中、日本人学校に寺谷先生を訪問。相変わらず元気で快活。午後、車で荷物を持ってJapan Clubへ移る。夕刻前、ムガール帝国時代の墓であるChoganliの遺跡を寺谷氏の案内で訪れる。Japan Clubで久しぶりの日本食が美味い。夜、キャバレーみたいな処に案内され、パキスタンの踊りを観る。

一一月二日（日）
午後カラチ大学に行き、その後、西方の海岸へドライブ。外務省の研修生の沖野氏・田中先生・寺谷氏と俺の四人。二台の車で行く。

一一月三日（月）
日本領事館に沖縄のビザを貰いに行く。その後、ＪＡＬを訪れるが、日本からの帰国用航空券は届いていなかった。これは後輩の桑原氏を通じて俺の父親に頼んであったものである。ここに届いていなければニュウデリーのＪＡＬへ行かねばならない。夜、インタアコンティネンタル・ホテルの屋上でパキスタン料理のバイキング。これは旨かったが、動物の脳みそが露わになったものを喰うのは、気持ちが悪い。

一一月四日（火）

終日何となく古い週刊誌を読みふける。夜、カラチの夜の見物。寺谷氏の案内で踊り場や、遊廓などをちょっと見て回る。

一一月五日（水）Intercontinental Hotel で朝食。少々疲れた。カラチもいい加減退屈してきた。

一一月六日（木）～一二日（水）

毎日、Japan Club に寝袋で泊まり、ぶらぶらと過ごす。極めて退屈で、横田君は現れず、連絡もない。来年のエベレスト遠征参加を考慮すると、ネパール大使館にもビザを貰いに行かねばならぬが、古原さんからも何の連絡もない。時々、寺谷さんが夜は、パキスタンダンスを見物に連れて行ってくれる。

一一月一三日（木）

横田君も帰ってこないし、古原さんからの連絡もないので、一応、日本に帰国してみるのがベストであるとの結論に達した。午後一時三〇分の飛行機でラホールに発つ。ラホール着午後三時。この街はパキスタンでは最も美しいといわれ、モスクが多いことでも知られるが、タクシーで Hotel Indus へ直行する。ホテルで俺のパスポートを調べていたフロントマンが、パキスタンの滞在ビザが一一月一〇日までになっていると指摘してくれた。パスポートを返してもらい、部屋にこもって同じ青色のボールペンで一〇日の〇の上に、また〇をくっ付けて書き添え、一八日とした。これでOKだとフロントマンに返してやった。

一一月一四日（金）

インドに入国すべくバスで国境に向かうが、Road Permission を取っていなかったので入国できず、再びラホールのホテル・インダスに投宿。フロントに事情を話し、タクシーでお役所へ取りに行く。もう何が起きても腹は立たず、状況に合わせるしかない。

一一月一五日（土）

ラホールを一〇時のバスで発ち国境へ。インドへ入国し、Firozpur へバスで向かう。Firozpur 着午後二時。このバスの中で、ロンドン留学から帰国途中の中西氏に会い、一緒に同行する。

一一月一六日（日）

Firozpur から汽車でニューデリーへ向かう。九時間余汽車に揺られ、午前六時二〇分、ニューデリーに着く。少し値段が張ったが、この夜はＹＭＣＡに宿をとる。昼間は Jama Masjid というモスクやアグラ城を観たり、買い物をしたりして時間をつぶす。アグラ城の近くで買ったスタールビーは、二五〇ルピーも払ったのに、ボラれた上に平べったいものを掴まされた。夜、インド舞踊の店を捜してみるが、宿の付近では見つからなかった。

一一月一七日（月）

午前中、アメリカ大使館に沖縄のビザを貰いに行く。七二時間の通過ビザだけだが、沖縄に行くのに面倒なことだ。沖縄は早く返還してもらわなければならない。何処へ行っても、米国大使館は馬鹿でかい。インドは米国人最優先だと他の日本人旅行者がこぼしていたが、俺にも身に覚えがある。午後、ＪＡＬの事務所へ行く。俺の切符は此処に送られて保管されていた。ここで、沖縄経由で日本に帰るのと直接帰国する航空運賃に何故差があるのかなどとインド人女性にブツブツ言って腹を立てていたら、日本人の男性従業員に代わってくれた。結局、香港―沖縄―東京で切符を買うことになった。やはり、日本語でやるといろんな有利な点が出てくる。銀行へ行き七〇ドル換金する。インドは何でも厄介で時間が掛かる。ＪＡＬの従業員は、米国大使館へ一緒に行ってくれ、七二時間のビザを貰う。これはゴネドクのひとつの例である。夜、宿で慶応大学の学生・田口氏に会う。快活で愉快な青年。久し振りに四人の日本人で夕食をする。

一一月一八日（火）

一〇時二〇分の汽車でアグラへ向かう。四人一緒。インドの汽車は相変わらず汚く、埃っぽい。四時間でアグラ着。駅からタジー・マハルへ行くタクシーの中で、とうとう運転手に癇癪を起して怒鳴りつけてしまった。どうもいけない。疲れている所為もあるが、空腹でもあった。アグラは綺麗な街だ。樹々が豊かでゆったりしている。タジー・マハルはさすがに華麗なモスクである。庭も綺麗だ。大理石だけの造りできらびやかさはないが、レンガモザイクの中近東のモスクとは異なった風情がある。遅い昼食を摂ったら午後五時を過ぎてしまい、次に人力車で向かったアグラ城は閉門していた。アグラの宿もＹＭＣＡにするが、六ルピーで汚い。田口氏と伊藤嬢は日帰りでニューデリーに戻る。夜、付近のバザールを歩く。またもや、人力車のあんちゃんと喧嘩してしまう。インド人も煩く、余計にねっちりしていてパキスタン人より嫌らしい。

一一月一九日（水）

午前中にアグラ城に行くが、ここはたいしたことはない。他に見たい処もないので、中西氏と二人で歩いて、再びタジー・マハルに行き庭で昼寝。五時半、中西氏に別れを告げて、独りタジーエキスプレスでニューデリーに戻る。この汽車のエアコン付きコーチはとても立派で、こんなに良い汽車に乗るのは初めてだ。どうも日本人が設計したような感じの汽車だ。三時間でニューデリーに着く。ああ、インドもこれで終わりである。何となく旅を終えるのが悔やまれるが、仕方ない。もっと頑張ればよかった……云々。悔いはいつまでも付きまとうものだ。カラチであれほど自分に言い聞かせ、慰め、諦めたことだ。無理をしない方向に自分を自制できたことで、今回は善しとしよう！　夜遅く電話でＪＡＬを呼び出し、Reconfirm を頼む。

一一月二〇日（木）

午前三時、ボーイが起こしてくれ、朝食を持ってくる。三時半にタクシーでＪＡＬの事務所へ向かう。丁度、バスに間に合った。伊藤嬢も一緒である。あちこちのホテルで客を拾ってゆくので、空港まで結構時間が掛かる。ニューデリーは日本人客が非常に多いが、税関は簡単。午前五時半に離陸。離陸後一時間くらいして、左方にマナスルなどヒマラヤの連山を見る。バンコクはとても暑かった。待合室で果物のサービスに舌鼓を打つ。香港着午後三時半。ここの税関は厳しく荷物を調べる。女性の税関員である。伊藤嬢と二人でタクシーでYMCAへ。一八階建てのでかい立派な建物で日本人が多い。シングルで一四香港ドル。さすがにこの街は賑わいを見せている。夜、夕食がてらメインストリート（Northern Road）を歩く。中華料理を独りで喰うのは厄介で苦労するが、メニュウの言葉が判らず、注文して出てくるものは碌なものはない。

一一月二一日（金）

午前中、ウインドーショッピングをしながら海岸まで行き、ノース・ウエストのリコンファームを済ませ、フェリーで香港島へ行く。こちらが買い物には好さそうだ。ペリカンの古い流行型の万年筆をあちこち捜しまわってやっと見つけ、三本買う。加えてモンブランのでっかい万年筆とダンヒルのライター。ああ、俺も俗くっぽくなってきた。それに寒いのでコールテンのズボンを一着。もう、何でもかかってしまえという心境。夕食は、昨夜と同じく中華料理で、またも失敗を繰り返す。

一一月二二日（土）

Northern Roadで昨日目に付いた黒のセータを買う（九五香港ドル）。一二時半、タクシーで空港へ。空港税一

○香港ドル。午後二時一〇分発のノースウェストで沖縄へ発つ。那覇空港で平安先生に電話すると、奥様が出られた。本日から上天草病院の職員旅行に本渡の永吉先生が一緒に加わっておられるとのことで、同じホテルを紹介して頂く。夕刻、空港に平安先生に出迎えて頂く。夕食をご馳走になり、沖縄舞踊を観る。平安病院を訪れたのは、精神科医局で俺の一年先輩の石川先生が、ここに勤務されていたからである。しかし、石川先生は既に辞職されていた。

一一月二三日（日）

永吉先生と二人、平安先生の車で南部戦線跡などを案内してもらう。平安病院も見せて頂く。午後、ゴザ基地を観る。大変でかい。夕刻より、三〜四軒、バーやクラブで酒を飲み、歌う。

一一月二四日（月）

上天草病院（院長・岡崎先生）のマイクロバスに同乗させて貰い、沖縄本島の北部旅行。沖縄はどこもみな基地ばかりである。パインを喰う。買い物もするが香港の方が安い。夜、買い物に永吉先生と二人で少し街を歩く。アフガニスタンで購入した大麻を明日如何にして持ち込むか熟慮する。結局、パンツの底に縫い込むことにする（注）。

注　苦労して持ち込んだ大麻は、後日、立津政順教授にお見せした。俺は教授へのお土産のつもりであったが、教授は受け取られなかった。しかし、興味深げに手に取られて眺められていた。大麻など吸わなければ、まったく意味はない。捨てるわけにもゆかず、生化学教室のビーカーの中に収められていたが、その後どうなったかは知る由もない。

一一月二五日（火）

午前中、ゆっくりと支度する。午後〇時二〇分発で板付へ発つ。空港で兄の裕之夫婦の出迎えを受ける。特急「はやぶさ」で熊本へ。医局に暫く立ち寄り、桑原君に、菊池の実家まで送ってもらう。

昭和四四年（一九六九年）九月二日（火）発行の熊本日日新聞の記事
—熊日新聞社会部スポーツ班担当の岩下信而《しんじ》記者の要請で現地から投稿—

『西アジアの旅から』

熊大山岳部　堀田　宣之

—ヒマラヤと肩を並べるアジアの屋根〝カラコルム〟遠征を計画している熊大山岳部のOB組織「蘇友会」は来年度、登頂のための偵察隊を派遣するが、その予備調査とトレーニングを兼ねて六月中旬日本を出発した同会員、堀田宣之さん（二八）＝熊大付属病院勤務＝から、このほど熊日本社へ第一信が届いた。堀田さんはカラチで会員の横田晃さん（二九）＝カラチ病院勤務＝と合流し、西アジア—ヨーロッパ—中近東を回っている。—

単調で殺風景な眺め

カラチの横田さんのところに十日ほど滞在のあと、六月二五日、一緒に列車で出発、パキスタンを縦断してアフガニスタンとの国境の町ペシャワールへ向かった。二昼夜の汽車の旅もエアコン付きのコンパートメントの中は快適そのもの。ただし、一歩でも外に踏み出すと、熱風と砂じんのうずに包まれてしまう。

車窓の眺めはつづく限りの畑作地帯。緑や起伏の多い日本の田園風景を見なれたわれわれには、荒地か砂ばくにしか見えず、この単調で殺風景な眺めに退屈していたら同室のパキスタン軍人の機げんをそこねてしまった。ペシャワールから西へ八時間ほどバスの旅を続け、アレキサンダー大王のインド侵入路として有名なカイバル峠を越えてアフガニスタンのカブールへ。同じ砂ばく地帯でもアフガニスタンは雄大な高原の国で、その牧歌的風情に慰められた。

カブールでソ連のビザ取得に待たされた十日間を利用して、ガズニー地方、マザール・エ・シャリフ、バルフを訪問した。ソ連製の舗装道路を通って一三時間のバスの旅。中近東・西アジア独特のバスの旅の面白さは、その苦労に十二分に値するものを持っている。時間に合わせて早朝からバス発着所に出かけてみても、満席になるまで出発しない。出発してもバスは、途中で給油、給水、食事、お茶の時間やガソリンスタンド、涼しげなオアシスなどで運転手の気の向くままに停車する。乗客も思い思いに水でノドをうるおしたり、桑の実やアップリコットをかじったり、中には裸になって水浴を楽しむ人さえもある。定まった時間の停車は、イスラム教の日に何回かのお祈りの時だけ。敬虔な教徒は、バスから降りて、夕日の輝く西の方のメッカに向かってすわり込み、長い長い祈りをささげる。無心に祈る人々を見て、異教徒のわれわれであっても何か心打たれるものがあった。

落着いた古都の香り

カブールから北に進み、サラング峠(三四〇〇m)を越えて四〇〇〇m級の山々をながめながらマザーリ・エ・シャリフへ。ここは歴史の古い町ではないが、中央にブルーモスクと呼ばれる華麗な寺院があって、一面にレンガモザイクが施されたモスクやミニュレットが朝日や夕日を浴びて輝くさまは見事だった。翌日、マザール・エ・シャリフの西の方二十キロの所にあるバルフを訪れた。ポプラや桑の並木が連なり、遊牧の黒いパオが点在、ラクダや羊が群れをなして草をはんでいた。そんな草原、情緒豊かないなか道を、鈴をつけた一頭立ての馬車で走り抜けた。バルフはシルクロードの最盛期に中央アジアのサマルカンド、南のバーミヤンなどを結ぶ交易路の要所として栄えた所で、のちにはイスラム王朝が長い間繁栄を誇った村だが、ジンギスカンの侵略を受けて廃墟となり、現在は訪れる人もいない。小高い丘のような城郭の跡があちこちに残り、静かで落ち着いた古都のかおりが漂っていた。

悩み、矛盾どこにも

アフガニスタンの経済は、まだ遊牧とオアシス農業にたよっている。しかし、アフガニスタンの人々の純朴さ、質素だがゆうゆう自適の生活ぶりを見ていると、貧乏とは全く相対的なものだと考えた。後進性などということは、そこに住みついてのどかに暮らしている人々にとっては、何の意味もないのではないか。そして、せわしげに近代文明を享受しなければならないわれわれを振り返ってみると、人間の生活における幸福とは、元来、文明などとは無縁な別の次元のものではないかという疑問さえわいてきた。それは単なる旅人の感傷や、太古へのノスタルジアにすぎないのだと簡単に片づけてしまうには、少しばかり重すぎるものを心に投げかけてくる。

気の向くままに歩いたこの一カ月余。全く異質の社会、歴史、文化、宗教を持つ国々を見てきた。その国の近代性や後進性のいかんを問わず、人間社会にはいつの時代にも数多くの矛盾や悩みがあり、人間は常にそれを乗り越えて生きていかねばならない――ということを痛感した。

注　このあと堀田、横田さんはタシュケント、ブハラ、サマルカンドからモスクワ、レニンクラード、さらに西ドイツを経てスイスへ。ジュネーブを拠点にしてシャモニー、ツェルマット付近の山に登り、トルコ―イラン―イラクと中近東を旅行する予定。

＊この記事の中央部には、『面白いバスの旅―純朴なアフガニスタン』という大きな見出しが入っている。

ネパール雑記

ヒマラヤの国、ネパールを一か月ばかり歩いてきた。若い頃ネパールに想いをはせてからそれは長い年月だった。三年前、中近東を旅した時、最後にネパールに入る予定があったが、インドまでてくてく歩いてきた長旅で疲れ、ネパールを目前に帰国してしまった。

ネパールにはやはり山姿で意気揚々と入国したい。ささやかな山旅だったが、それがやっと実現した。一二月二三日、大阪をタイ航空で飛び立ちバンコクに一泊、翌日の四時頃カトマンズに降り立った。狭いカトマンズ盆地を取り囲む茶褐色の前山の頭越しにヒマラヤの白い峰々が顔をのぞかせる。ネパールの冬は日本の秋の気候、乾いた大気に陽射しも明るい。関税は古ぼけた小さい建物で人と荷物で混雑したが一時間で通過して山の手にあるシヤンカルというホテルに落着いた。日本各地からの山好きが、総勢四〇名程集まってくつろいだ、カトマンズでのクリスマス。谷口千吉夫妻も仲良く顔をみせていた（私の同伴者は山岳部の先輩で吉良さん、吉岡さん。二人共高校の教師である）。カトマンズには三泊してトレッキング（徒歩旅行）の許可を待ち、その間、街を見物して歩いたり、旅行に随行するシェルパやポーターを雇ったり、彼等と街で食糧を買い込んだりした。シェルパはガイド兼通訳のパサン（一九歳）、料理人のラクパ（二五歳）、小間使いのミンマ（一八歳）の三人。皆若くナムチェバザールというエベレストの山麓の出身である。シェルパ族は非常によく日本人に似ている。混雑する狭い街のバザールで手際よく二〇日分の食糧を調達してくれた。カトマンズの街は全てレンガ造りで中世がそっくりそのまま残っている。これは嬉しい驚きであった。イタリアのフィレンツェとよく似ている。私のイマジネーションの内にあった中世のギルド制と農奴制に基礎付けられた社会が、まだここには確かに生きている。そういう印象を街の造りは与えている。少し街をはずれると小高い丘に集落をなして家々が肩を寄せ合い、家畜は概ね放し飼い。人も粗末ななりこそしているが愛想がよく、おおらかで礼儀正しい。栄養は概して不良で子供の発育も悪い。アバタ顔もちらほら見受ける。家の内をのぞくと、狭い間取り、軒も低く、室内は暗く便所は設けてない。到る処が便所であり道を歩くときは注意を怠れない。咳をする人、痰を吐き散らす人が多く、ネパール人の三〇〜四〇%が結核に罹っていると言われている。ネパールは多民族国家で文化的には、南からインド、北からチベットの影響を受け、両方の波に押されながら独自の文化を保ってきているように見受ける。寺院に行くと、仏教（ラマ教）の寺院とヒンズー教の寺院が混在しており、彫刻にも両方のものと土着のものが混ざり合い奇妙で面白いものができあがっている。宗教はどこの国でも、時の権力者に利用されてきたものだが、このカトマンズの寺院の奇妙な取り合わせは、古来ネパールが中国、インドという大国に挟まれながら独立を堅持し続けてきたその政治的苦悩の一端を示しているのであろう。人種的には、カトマンズはやはりインド系が多い。顔立ちは整っているが身体つきは小さい。しかし、性格はインド人に似ていて、シェルパやチベッタンほど親しめないが商売は堅く上手い。

衣装も種族による伝統をそれぞれに受け継いでいる。ただ特長的なのは、女性の洋装をほとんど見かけなかったこと。洋装はごく小さい少年・少女に多くみられる。長い鎖国の状態にあった国であれ、簡単に外来の文化に押し流されない根強い文化をネパールはもっているのであろう。このことは建物をみても一層はっきりわかる。コンクリートのビルディングなどまず捜すのが困難である。ごく大雑把だがネパールは中世〜近世が根強く生きており、首都であるカトマンズ周辺に一部現代の文明が外から入り込んで浸透しつつあるといった印象である。カトマンズの近くにある、パターンやバドガンという古い街を訪れてみるとその感じが一層強まってくる。日本ならさしずめ江戸末期といったところ。

一二月二七日、準備が整い、山姿でカトマンズからポカラに飛ぶ。ポカラはカトマンズの西方三〇〇キロ、ネパールの中心部に位置する街で標高八〇〇m（カトマンズは一三〇〇m）。カトマンズより五〇〇m低いだけに暖かい。冬だというのにバナナやパパイヤが実り、ブーゲンビリアも咲き誇っている。ポカラはいわば宿場町である。ここから北にヒマラヤの山脈を通りチベットに抜ける古くからの交易路があり、チベット人がロバの背に岩塩を運んでくるルートである。南へはインドへの道が開け、シャカ誕生の地であるルンビニという処がインドとの国境近くにある。天気に恵まれ飛行機からマナスルやアンナプル連峰がよく見えた。ポカラ空港は広々とした草原、水牛や山羊が放たれている真っ只中に着陸する。正面にマチャプチャレがそそり立ち、その左にアンナプルナが白く輝いている。

その間の谷奥まで私達は歩いて行く。カトマンズをトラックで出発したシェルパ達は翌日の夕刻になってやっとポカラに着いた。ポーターも夕刻までには集まった。カトマンズから連れてきた女のポーターが二人。これはラクパの嫁さんとその友人である。他にチベット人の若い三人とグルン族の一人。総勢一二人の遠征隊ができあがった。明日からモディコーラ（コーラはネパール語で河の意味）沿いにアンナプルナの氷河の末端部まで七日間のキャラバンが始まる訳である。

キャラバンに入る前にポカラについて少し触れておこう。ポカラは二つの顔を持っている。ひとつは昔からの宿場町としての古い顔であり、もうひとつは、いまや観光国として世界の脚光を浴びつつあるネパールの有望な観光基地としての新しい顔である。この国には車の通れる道路網はまだ完備していない。カトマンズ周辺やカトマンズとポカラを結ぶ主要道路や、平野部にあるわずかの道路、及び最近中国がつくったカトマンズとチベットを結ぶチャイナロードなどを除けば、ネパールはいまなお徒歩交通の時代なのである。大まかに言えば、ネパールの東南部に道路が集中しており、西北ネパール、特にポカラから西の方は全くの徒歩交通といってよい。人々は山奥から人とロバだけが通れる街道筋まで歩いてくる。地方の山奥に住むネパールの人々にとってカトマンズは憧れの花の都であり、ポカラはその西の玄関口でもある。そして西の方からてくてく歩いてきた旅人にとってポカラはいわば東海道の終着駅である。ここから木製のガタガタのバスやトラックに乗り継いで一日がかりでカトマンズまで出かけてゆく。近い将来、西部ネパール道路網が完備されたとき、ポカラの地理的重要性はいささかも損なわれることはないであろうが、それ以上に観光都市として発展する条件をポカラはもっている。

ホテルでシェルパ達を待った一日、貸自転車で街や周辺をサイクリングしてまわった。空港から北へ一キロも走ると街道に沿って石造りの家並みが賑やかに続き、そのまわりは全くのどかな田園風景である。澄んだ紺の空に陽射しはまばゆく、パパイヤやバナナが実っている。北方にはアンナプルナ連峰からマナスルまでの白い峰々が輝き、街角から仰ぐマチャプチャレは、スイスのツエルマットから眺めるマッターホルンに似る。街の南のはずれには、ベワ湖という人工湖があり、山陰を映して静かに波打っている。湖岸にはネパール王室の別荘があり景勝の地である。いまポカラを訪れる外国からの観光客は年々増加している。しかし、彼等を受け入れられる設備の整ったホテルは僅か一軒しかない。ほとんどの客がカトマンズから飛行機で飛んできて山を眺め、その日にまたトンボ帰りといった有様である。その所為か、いまポカラはホテルの建築が盛んであった。

　私達のポカラでの宿はヒマラヤホテルというチベット人家族の経営する石造りの粗末なホテルであった。飛行場から道路を隔てたすぐ向かい側にあり、軒の低い棟が内庭をへだてて三棟建っている。道路に面した棟は階下が食堂と売店、二階が住居になっており台所は内庭に独立している。客の泊まる棟は一棟に三室ついており、一室に三個粗末なベッドが置いてある。ベッドに掛け布団はなく持参の寝袋に入って寝るわけである。壁と床は石造りで灯り取りの窓が二か所あり、入口には裸電球が一個寒々と取りつけてある。屋根はトタンぶきで石がたくさん載せてある。いわゆるチベット風の造りで、母屋の屋根にはタルチョ（ラマ教の経文を書いた布切れの旗）が四、五本風にはためいている。洗面所やトイレのある別棟がさらに奥の草原に面した処にあるが、トイレは汚くて、夜半か朝薄暗い頃に草原で用をたす方が気分がよい。宿代は一人素泊まりで五ルピー（一ルピーは約三〇円）。食堂のメニューは、米飯、ソバ、ワンタン、モモ（チベット語でギョウザのこと）、焼飯、焼ソバなどがあり、肉は水牛の肉が主。これは硬くてまずい。生野菜は玉ねぎ、ニンジン、ダイコン、青ゴショウ。味付けは塩とコショウが主。

　油はナタネ油を使っている。多少不潔なことをがまんすれば、味付けは中々良く、愛らしいチベット娘が給仕してくれるのがまた大変に良い。このホテルはチベット人の出入りが多いが、シェルパ達のたまり場でもある。ネパールには米、粟、ヒエなどの雑穀でつくった地酒がある。チヤンという甘酒を薄めたようなドブロクとそれを蒸留したロキシーである。ロキシーは透明の液体で日本の焼酎に似ているが、味はよく飲みやすい。コップ一杯が一ルピー。村々で味が異なるので毎日立ち寄る茶店で味見をするのがキャラバンの楽しみのひとつになった。ネパールの茶は普通の紅茶に水牛のミルクと砂糖を入れたもの。一杯二五パイサ（四分の一ルピー）。これはインド、パキスタンと同じ飲み方である。私の経験ではアフガニスタンから西の国々では、お茶にミルクを入れて飲む風習はない。チベット人はお茶にバターと塩を入れて飲む習慣があるというが、ここでは出してくれなかった。平均的ネパール人の食生活は、まだどうも一日二食主義らしい。朝は大抵お茶だけで済ます。

彼等の食事は穀類が主である。米、小麦粉、粟、ソバ、それにダルという大豆。野菜はジャガイモと玉葱以外はあまり摂らない。味付けは塩とカレー。これはシェルパ族の食習慣かもしれないが、二週間の山旅中、毎日単調な食生活で、後ではさすがに閉口してしまった。

一二月二九日、快晴。

ジープとタクシーに総勢一二名と荷物を無理に詰め込んで宿を出た。約二〇分でポカラの街を抜けるとアンナプルナ連山が裾野まで全貌を現わしてくる。

ここで車を捨てるといよいよキャラバンの始まりである。ポーターの荷は大体三〇キロ位、皆割り当ての荷を受け取ると竹かごにつけた吊り紐を前頭部にあてがい、坐った姿勢からぎゅっと首筋に力を入れて頭で荷を吊り上げ、立ち上がるとスタコラ歩き出してゆく。

無論荷が重過ぎるときは手や荷を引っ張りあげて手助けをしてもらう。この方法の利点は両手が比較的自由になることである。不利な点は歩きながら首をきょろきょろ動かせないことである。肩に支点がかかるか、頭にかかるかの相違であるが要するに慣れた方法で荷を運べばよい訳でネパール人は小さい子供でも頭から背中に吊るやり方で運搬する。だから彼等の頚部の筋力はすこぶる強い。その代わり腕力は我々日本人に比べ弱いようである。

後日キャラバンの途中、石を投げさせたり、腕ずもうしたり、逆立ちをさせたりしたが全く駄目である。逆立ちなど頭で立ってしまい、両脚を宙で支えてやっても腕だけでは全然立つことが出来なかった。私達もネパール式運搬法を試みてみたが、ごく軽い荷でも難しく危険でさえある。シェルパやポーター達は三々五々かなりの歩調で歩く。私達三人は小さいサブバッグに大事なものだけを入れて身軽であるが、あらゆる風物がめずらしく、ついしげしげと眺めたり写真を撮ったりして道草を喰うので遅れてしまう。右側にはマルディコーラの碧い流れがあり、軒の低い人家がまばらに街道に沿って並ぶ。面白いことに漁師の家が何軒か集まってあり、投げ縄やビクなどが乾かしてある。たいていの家に唐臼を備え付けてあり、脚踏みで、キネをつきながら手に長細の棒を持ちながら臼からはみ出たモミを臼の中に入れている。臼の直径は約二〇センチメートル、深さは一〇センチメートル位。これは女の仕事であるが、なんともなごやかで悠長な風景である。

一時間程歩くとチベッタンキャンプに着いた。ここは絨毯工場があり、織り上がった絨毯やチベットの民芸品を販売している。かなり広いキャンバスに、工場や売店や羊毛を紡ぐ仕事場があり、チベット人の女達が多数働いている。内をのぞかせてもらう。家内工場的な仕事場で大小様々な木のわくの前で二〜三人ずつ坐っての手仕事である。最近はみられなくなったが、一昔前、日本の農家でモミの乾燥に使っていた〝ねこぼく〟を編む時のように、木のわくに縦糸が張られ下の方から横糸を通して織り上げていく方法がとられていた。色彩は赤や黒がやや優っている。チベット人は赤と黒を好むらしい。女性の服装にもそれがよく現れている。竜の動物模様がよくみられるのは中国の影響であろうか。ペルシャ絨毯ほどの繊細な色合いや模様はないが、分厚く丈夫で実用的ではある。

キャンプから三〇分も歩くと広い草原に出た。ユーカリの大木が茂り、人家もこの辺では落ちつた佇まいをみせる。大休止をして中食。小間使いのミンマは付近の家からまきを買い求め、料理人のラクパと共に食事の支度を始める。私達はのんびりと草原にひっくり返っておればよい。彼等のカマドの造りかたは極めて独特で合理的である。手ごろな石を三個拾ってきて石角で土をたたき浅い穴を掘り、三個の石を対等の間隔で三角形に並べて埋め込む。三方のすき間からまきをくべる。上に掛けたナベは三脚だからぐらつくことはない。我々日本人は野営をするとき決してこんな方法を思いつかない。それはどうしてなのかと考えてみた。我々の発想は恐らく家にあるカマドを基準にしている。カマドというものは家屋の中に固定された文化遺産である。だから私達は石を集めてカマドを造るとき必ず方形のカマドに似た形のものを造ってしまう。無論ネパールの家屋にも日本と同じようなカマドがある。しかし、このような方法がいとも簡単に行なわれているということは、ネパールの社会にまだ尚、野営生活が広く残っていることの何よりの証拠だと思う。それは徒歩交通であり、村々で仕事をして渡り歩く、鍛冶屋や竹細工師などいわゆる〝渡り職人〟の生活であり、山で小屋掛けをしながら獲物を追う猟師の生活などがある。そして、ネパールには元来遊牧系民族であるチベット人が多数入り込んでいる。シェルパ族もチベット系である。いま日本人の生活からカマドは姿を消しつつある。二〜三年後の日本人が野営をするとき一体どんなカマドをつくるのだろうかと考えてみたりする。人間の思考法というものがいかにその社会や固有の文化に密着し左右されているか改めて思い知らされた。
キャラバン第一夜はスイーケットという部落のはずれ、田んぼの中に幕営した。

一二月三〇日、快晴。

お茶だけの朝食で七時半に歩き出す。両側に四〇〇～五〇〇メートルの尾根が平行して走る広い河岸段丘の河原を行く。河原といっても小さい扇状地の如き地帯であるから周囲は全て田んぼである。乾期のいま、流れは細く、刈り取った後の田んぼが道になっている。二キロ程で左岸の尾根に取り付く。河原には固定した道はなかったが、尾根には取り付きから立派な石畳の道がこさえてある。道幅は荷を積んだロバが互いに行きかえる程の広さである。各所に方形の堅固な休憩所が設けられ、立った姿勢で荷が下ろせるように手頃な高さに段がつけてある。真中にはユーカリの大木が茂り、程よい日陰をつくっている。家畜用の水飲み場も処々にみられる。

ネパールも山に入ると石材が豊富である。家屋も石造りが多くなり、屋根も石で葺いてある。スイスの民家も石造りで屋根も石で葺いてあったが、ネパールの石葺き屋根の特長は個々の石板の形、大きさが全て均一になっていることである。従って、瓦屋根の如く整然とした屋根の線がみられる。無論一枚の広さは日本の瓦の数倍はある。スイスの石屋根は大小様々で形もまちまちであるが、一枚の大きさは畳二枚程もあった。

石畳の道は相当足にこたえるが、久しぶりに急坂に汗を流し、尾根の上に出るとぐっと眺望がひらけてきた。尾根の上でも街道に変わりはなく道沿いには村落が集まっている。日本もネパールも共に山国であるが、山の中に入ってみると非常に違うことに気がつく。日本では大体、谷筋に沿って道が開け、人家も谷筋に集まり、田畑も谷あいの低い処から次第に上の方へ切り開かれている。ネパールでは谷筋を避けて道はいつも尾根に突き上げている。集落は山の中腹から尾根の上に沿って固まっている。このような集落では飲料水は湧き水に頼っているようである。人の生活圏が日本では谷あいから山の中腹へ向かって広がっていくのに、ネパールでは山の上から中腹にかけて広がっており、谷筋には中々下りてこない。これは気象条件の差によるものであろう。ネパールにはモンスーンといって五月末頃から八月にかけ多量の降雨の時期がある。濁流がうずを捲いて谷筋を襲う為、人は谷あいの低地に住めないのであろう。無論私はこの増水期の凄まじさをみたことはないのだが、乾期にネパールを歩いてみるとここでは水があまり人の手でコントロールされていない。河は思うがままに自由に流れており、堤防などはまだよく発達していない。平野部が少ない国ではあるがネパール人は狭い国土を実に良く開墾している。

山全体がすっかり耕され、棚田や段々畑が急斜面を丹念に縁取っている様は何とも見事なものである。ここでは概ね一毛作らしく、村落の付近で日当たりのよい南面の斜面にだけ裏作の小麦や菜種が栽培されている。九時半頃、ナウダンダという村を通る。ここにはチェクポストがあり、道端に巡査が番をしていて外国人の通行人はトレッキング（徒歩旅行のこと）の許可証を提示しなければならない。ネパールの国内旅行は無制限に許される訳ではなく、カトマンズの役所で申請し許可を受けた範囲でないと自由に歩けない。申請しても許可されない地域もたくさんある訳で、そういう処へ外国人がやたらとはいり込まぬように各所にチェックポストが設けられている。私達もアンナプル連峰の山麓をぐるりと一周する予定だったのだが北面のマルシャンデー渓谷が禁止地域になっていたのでやむなく南面の谷だけを探索することになったのである。ナウダンダから先は坦々たる緩やかな尾根道で眺めも良くアルプ的な景観が続く。多少汚れているがカラフルな衣装に身を包んだ羊飼いの娘が微笑みかけてくる。ネパールの女は薄汚れてはいるが、健康で物怖じせず愛嬌があるので大変気分がよい。

道々眼につく植物もこの辺から日本のものと非常によく似たものが現れてくる。樹木ではツバキ・サクラ・ヤマモモ・シャクナゲ、ヒイラギ・ナラ・ヤマヤツデなど。竹も種類が多い。草本類ではウラジロ・野ボタン・ハブチャ・ヤマイモなどが眼につく。ネパールのヤマイモは極めて大きい。種類が異なるのであろうがずんぐりとして根太く蔓についているムカゴなどはピンポン球の大きさがある。日本ではもう見られないが、四国ビエの畑を見つけた。もう刈り入れの済んだ後で穂だけを刈り取るので茎は枯れたまま残っている。その中に刈残された穂が点々とある。

ネパールも雑穀文化であり、種類も非常に多い。日本ではソバや粟、ヒエ、キビなど一般にみられなくなったが、ネパールではまだまだ主食の一部として重要な地位にある。チベット人やシェルパと一緒に旅をして久しぶりにソバねりや粟とキビの焼き団子（テャパティ）を味わった。香ばしくなつかしい味であった。ソバねりは日本のやり方と同じであるが、彼等は牛乳に浸して食べていた。ネパールの人々の日常生活をつぶさに眺めながら歩いていると異質な感じを全く受けないし、親しみと懐かしさを覚えてくる。

一二月三一日、快晴。

昨夜はサングラペットという部落のはずれ、モディコーラ左岸の段々畑に幕営した。モディコーラはアンナプルナ南面の水を集めサングラコットの下流でカリ・ガンタキとなり、ネパールの中央部を南に流れ、インドに出てガンジス河に注いでいる。いわばガンジス河の一細支流である。ここから街道を離れて人通りの少ない山奥の谷道にはいってゆく。しっとりと朝露に濡れた石畳の捲き道を辿り約一時間で河原におりたつ。水は清く流れは浅く速い。日本のどこかの山奥の渓谷と少しも変わらぬ清楚な流れである。久しぶりに聴くせせらぎが心地よい。小さい吊り橋を渡って右岸に渡る。この一見丸木橋風の吊り橋がまた大変面白い造り方をしてある。両岸に石で土手を積み上げ、各々の土手に丸太を埋め込み、数メートルずつ丸太を岸から流れの上に突き出してある。その上に角材を四本載せかけて渡し、かずらで固定してある。つまり下から支えた吊り橋の一種である。この吊り橋の大がかりのものも少し上流でみかけた。この橋は土手から突き出た支え木が三段になっており、下の段ほど長さは短くなっていた。右岸に渡るとこれまた面白い小屋がある。

全く原始的な小屋掛けの技術を用い、屋根も壁も全てカシワの葉を使ってあった。道をはさんだ向かい側に建てかけの小屋をみる。先端に叉のついた木を三本ずつ平行して埋め込む。これが柱になる部分であるが、真中の棒は背が高く両側は短い。これに横木を三本、斜めの支え木を四本叉の部分に渡し、全部で一三本の棒で小屋の枠組みが出来上がってしまう。勿論クギは一本も使用せず、かずらで固定するのである。このカシワの小屋は茶屋になっており、母屋は石造りの家であった。材料さえ整っておれば一人で造っても一日で出来てしまう簡単なものであるが、掛け小屋としては少々手の込んだものであり、住み心地はよさそうである。

人通りが途絶えて静かな山の中に入ってきても、ネパールは人臭い処である。どこかしこに営々とした人の生活の証がある。そして、ヒマラヤの山を見たい、出来れば少しは登ってもみたいと願って、はるばるやって来たものの眼につき興味をそそられるのは直に生きている人々の生活であり、それらにかかわりあった建造物や道具類である。駆け足の旅で人々の精神生活の中までは中々入り込めないけれど、そんなものに何の抵抗も違和感もなくひかれるのはネパールの人々が自然のものを自然のままに素直に利用した生活を送っているからであろう。そこには何の無理も、少なくとも機械文明に毒されている日本などとは違ってグロテスクな矛盾は何もない。多少の不便さはあっても自給自足の生活の健やかさが私の眼にまばゆく新鮮に捉えられるからであろう。それは自然で自由な生活を送っていられる人々への一種のうらやましさでも原始的な生活への郷愁でもない。ただ、この人達はこういう生活の中で、物質的には貧しいけれど少なくとものどかで安らぎのある生活は送っていると思うだけである。そしてそれはごく控えめに言っても幸せな生活だと言える。

多少くどくなるが、この日はまた極めて面白い水車をみかけた。粗末な竹で編んだ屋根の小屋で真中に大きな赤土で表面を塗った竹カゴが吊ってある。床は石で組んである。床の中央部に石臼があり、石臼の上蓋に直接取り付けられた丸太の棒は床を通って真下に伸び水面に下りて先端には木製のカイが放射線状に何本もついている。水路の取り入れ口には二段式のせきがあり、そこから丸太をくり抜いた巾二〇センチ程の水路が斜に走り、水を流すとカイに当たった水が石臼を直接回転させる仕組みになっている。いわばスクリューの左廻りの水車で水平に回転しギアは全くない。簡単だがユニークで僅かな水量で動く極めて合理的な水車である。かかる水車は小谷の出合い附近の河原にいたる処に造ってあり、日本の田舎でみかける水車とは発想がだいぶ異なる。日本の水車は人工の水路（クリーク）の上に造られたものだが、ネパール式水車は自然の流れから水だけちょっと拝借したという感じである。そこが又何ともほほえましい処で、日本などのように運河をこさえて水の流れを変えるなどということは彼等の思想にはこれまでなかったのかも知れない。竹カゴに穀物を入れて水を落としておくと石臼の回転に伴って自動的に少しずつ穀物が臼の穴の中に落ちてくるような簡単な装置が備えてあって、くだかれた穀物は粉になって、石臼のまわりの石床のカコイの中に吐き出されてくる。

この水車のある河岸で中食を済ますと、道はすぐ尾根に上ってゆく。急坂の石畳の階段道である。見上げる空はくっきりと紺く、陽射しは強い。ポーター達は朗らかに歌い、しゃべりながらのんびりと登ってゆく。

大晦日はガンドルンという村で過ごした。ここは人家約七〇〇程の大きい村である。村は尾根の中腹よりやや上部にあり傾斜も比較的緩やかで田畑の面積も広く家畜の数も多い。

家畜は田畑に堆肥を入れる為に欠かせないものであるが、この辺では概して水牛よりも小型で角の短いヒマラヤ牛が多い。家屋のスケールも大きく日本の農家に似て切妻二階建てで一階に家畜の住む部屋がある。個々の居住地にはかなり広い石畳の庭があり、穀物の乾燥や仕事場に使われている。あちこちの庭で老婆の機織りの姿がみかけられた。家並はぎっしりと密集して連なり、階段状の石畳の路地が迷路のように村中に走っている。ここはこの谷沿いでは最も裕福な村である。村はずれには立派な小学校があり、生徒が約五〇人、先生は八人いた。学校のすぐ下にある台地にテントを張る。モディコーラを隔てた対岸の尾根の斜面もよく耕されており、その中腹にはランドルンという村の人家が点在している。すでにここは二一〇〇mの高さにある。

夕映えが山々を赤く染める頃、私達は夕餉の支度に大わらわであった。ポーターからソバ粉を分けてもらい念入りに年越しソバをつくる。シェルパに鶏を買いにやらせるとしぶしぶ両腕に二羽抱え込んで戻ってきた。

昨日から鶏を何度も催促していたのだが、いつも買えなかったと素手で戻ってきていた訳がこの夜やっとわかった。彼等は殺すのが嫌なのである。否、殺生を好まぬというより屠殺は屠殺人のカーストに属する者のやることだからである。そんな訳で料理人のラクパも小間使いのミンマも鶏は買ってきたものの中々手を下そうとしない。私も殺生は苦手である。結局、吉良さんと吉岡さんがチベット人のコンジョという少年に手伝わせて、ばらして来た。チベッタンは殺すことを少しもためらわない。コンジョは血液や臓物を分けてもらって嬉しそうに戻ってきた。今宵は贅沢に薪を使ってキャンプファイアーである。地鶏の美味しい肉を味わってロキシーの酔いがまわってくると歌声も湧いてくる。シェルパやチベッタンに日本の歌を教えてやる。「おさるのかごや」と「富士の白雪」である。彼らの音感は実によく、すぐ覚えてしまった。何度か歌っている中にどうも調子のあわない人がいると思ったら、日本の先生方であった。チベッタンは歌が好きである。焚き火を囲んできいたチベットのトラベル・ソングは冷えた星空のもとに淡い哀愁を帯びて雄々しく響き、実に良かった。

彼らは三人共両親や同胞と中共支配下のチベットから逃れてきたという。両親はツアルカ村というアンナプルナ北方にあるチベット人村落に住んでいる。ツアルカ村は一五年程前、当時京都大学にいた川喜田二郎さんが「鳥葬の国」という記録映画で紹介して以来、有名になった処である。私も大学に入った年、この映画を観たことがある。チベット人の間ではまだシャーマニズムが根強く残っていて神は高い処、天空にいるという土着信仰を抱いているらしい。屋根の上ではためくタルチョなどもその影響であろう。ツアルカ村では高僧が亡くなると、その遺体をハゲタカに喰わせる儀式を行なう。ハゲタカは空高く舞い上がり魂は天に昇っていく。恐らくそういう思想であろうと思うのだが、山の高い崖の上で上半身裸体の男が素晴らしいメスさばきで遺体を解体してゆく生々しいシーンを私はよく憶えている。川喜田二郎さんのことを知っているかとジェスチャーをまじえて尋ねると、伝え聞いているらしく、「たくさんの日本人が映画を撮りに来た」と多少興奮した調子で答えてくれた。彼らは両親のもとを離れポカラに出て日雇いやポーターの仕事をして暮らしている。勿論住む家などはなく、大概野宿や他人の軒先を借りて寝泊りをしている。戦国時代の野武士の子供のようにすさまじい恰好をしているが、実に人懐こく純朴で朗らかである。チベッタンはネパールでは少数民族で抑圧されているが何物にもとらわれない自然児の姿を彼等のなかに見出すことができる。

シェルパやチベッタンは唱い興ずると肩を組み合い足を踏み鳴らして、独特のシェルパダンスを始める。調子は次第に速くなり熱を帯びて転げる者が出てくるまで続く。サーダーのパサンは一九歳だが大変利発な青年である。両親はナムチェバザールというエベレスト山麓にあるシェルパの故郷に住み、いつもチベットへ交易に出かけ家を留守にしている。彼が一二歳の頃、母親が病死した。父親はすぐ他の若い女を後妻に迎えたが、彼はこれが気に喰わず父親と喧嘩をして家出し、インドまでさまよい出た。当時、インドにはチベットから亡命してきたダイラ・ラマや多くのチベット難民が各所にキャンプを設けて暮らしており、利巧な彼はダライ・ラマのキャンプに保護を求めた。約三年間そこで過ごしながらヒンズー語やチベット語、英語を修得した。帰国してネパール国内にある英国のグルカ連隊に入隊したが、乗馬の訓練中落馬して左腕を骨折し除隊した。英軍の推薦で大学入学資格も持っているが勉強は嫌いなので現在の仕事をはじめたのだという。弟と妹も両親から引き取ってカトマンズの学校に入れている。たまにシェルパ祭などでナムチェバザールなどに帰っても両親には素知らぬ振りをして口もきかぬというが、屈託なくユーモラスにさえ語る彼の顔つきはさほど父親を憎んでいる様子でもない。彼は子供の頃、父親に連れられてよくチベットへの旅に出かけた。チベットは果てしなくフラットな高原の国だと幼い日をなつかしむように語ってくれた。

一九七三年一月一日、快晴。

ガンドルンの村を通り抜け丘の捲き道を辿る。キュムヌーを見下ろす峠の茶屋で中休止。ピーナツを肴にロキシーを飲む。元日の屠蘇がわりである。ポーター達は大量にピーナツを買い込んだ。峠から森林の小道を下ると約二〇分でキュムヌーコーラの河岸に着く。森にはシャクナゲが繁茂しフランスヒイラギに似たヒイラギの大木の群生をみる。葉が小さく赤茶けたほかの種のヒイラギも諸所で見かける。ツゲに似た灌木もある。

この谷は源頭に氷河を持っている。アンナプルナ南峰南面のひとつの支氷河である。キュムヌーはこの谷の下流の河成段丘沿いに点在する小さな散村である。河原で休憩して身体を洗い中食を摂っていると村人達が大勢群がって来て見物する。私達も彼等を見物しながら写真を撮る。頚部に腫れ物がある村人を何人かみかけたので頼み込んで診察すると結節性甲状腺腫である。それが実に大きいのでびっくりする。モディコーラ沿いの住人はほとんどグルン族だとパサンが教えてくれる。私達のポーターのひとり、ミグマという青年もグルン族である。話が少しわきにそれるがネパールのことを古くはグルカともいう。かつてグルカ戦争で英国はグルカ兵の勇猛果敢さを知り、和睦するとグルカ兵を近代式に訓練して傭兵となした。現在でもネパール国内には英国のグルカ連隊が各地にあり、そのグルカ連隊はグルン族出身が多いのである。この『きぼう』に宮本正名さんが第二次大戦時の出征記を連載しておられるが、当時のビルマ戦線で日本軍と戦った英軍には相当数のグルカ兵が参加していたと思われる。モディコーラの谷でブロークン・イングリッシュを話すような年配の男はまずグルカ連隊の経験者だとみなしてもさほど見当はずれではないだろう。

キュムヌー村の周辺は一面の麦畑・菜の花畑でまさに春の盛り。道々にリンドウ　ナズナ・タンポポ・スギナ・エンドウ・カラシナ、それにオオバコ・ギシギシ・タデ・ヘビイチゴ・グミなど。花々を飛び交う蝶の種類も多い。気温は今朝テント地で五度、中食時二六度、日陰で一五度、さわやかな気候である。キュムヌーからの登りは急峻でランニングシャツ一枚で歩く。この辺からシャクナゲの大木がやたらと目につき始めてシャクナゲの花をみる。蕾がやっと開いたばかりで真っ赤な花が五～六個鮮やかに目にしみる。シャクナゲはネパールの国花である。日本では想像もつかぬが、この辺のシャクナゲは両手で抱えていても屈かぬ程幹が太く丈も高い。山が近く高くなった。カメラを構えるとファインダーいっぱいにグンと迫ってくる。マチャプチャリも姿を変えてその名のごとく魚の尾に似た容姿をみせてくる。

三時半、チュムローという最奥の村に着く。この村はモディコーラの右岸、アンナプルナ南峰南面から注ぐチュムローコーラの出合に隣り合った尾根の末端部にあり、四方を山に囲まれ日当たりが悪い。人家は多く比較的まとまった村落形態をとっている。村の入口には学校があり先生が一人、生徒は三五人。校舎内は暗く生徒は外庭に群がり坐りこんで本を読んでいる。ひどい近視の子が何人かいる。教科書の僅か三センチ位の処まで顔を近づけて字を追っている。文明は否応無しに不必要な病気を作り出してゆくものだ。近代化を迫られるネパールがヒマラヤ最奥の村々にまで学校をつくり教育制度の普及に努力しているのは立派なことだが、一方では電燈もない昼間でさえ暗く採光の悪い家屋内での勉学がかかるひどい近視の子供達を産み出している。ガンドルンでもチュムローでも、或いはポカラ郊外の街道筋でみかけた小学校でも建物だけはちゃんと立派なものがあるのに、昼間から青空教室の授業をやっているという現象を私はいぶかしげに眺めてきたものだが、チュムローで近視の子供達をみかけてやっと謎が解けたような気がする。ここにも近代ネパールの生まれいずる悩みの断片がある。押し寄せる近代化の波は既にヒマラヤ山麓の奥深く忍び込んでいる。その矛盾やゆがみは例えささいなものであっても次第に彼等の共同体をゆるがし、生活を変え、自然との深く素直な絆さえ断ち切ってしまうかもしれぬ。文明とは苛酷なものである。

昨夜、私はパサンやチベッタンの話を聞いて痛く感動したばかりであった。ヒマラヤの幼い民族は厳しい自然のもとで健気にも自律してたくましく生きている。ここでは、ぐれたり非行化したりすることすら許されぬ程生きることは厳しいのである。更にこの上近代化という怪物にゆさぶられはじめているネパールの前途は険しく多難なものがあるであろう。

チュムローの標高は約二三〇〇メートル。民宿が何軒かある。モディコーラ最奥の村という地理的条件もさることながら、最近は外人観光客も数多く足を踏み入れるようになったからであろう。今夜も狭い田んぼに幕営。夕食チャオチャオ（一種の焼きソバ）。テントの隣の家は民宿で若いアメリカ人の学生夫婦が泊まっている。上がりこんで例のごとくロキシーを飲みながら話し込む。誰彼となくすぐ打ち解けて友人になれるのが汚れた旅のよいところである。夫君は動物学、妻君は中々の美人で栄養学の専攻だという。煙のたちこめる暗い炉端では宿のおかみさんが岩塩とコショウをすりつぶしながらせっせと夕餉の支度に余念がない。「彼女はとても料理がうまい」と妻君はいう。彼女は風邪をこじらせてこの宿に滞在しているらしい。吉良さんから私のことを医者だと聞いて「あなたはお医者さん！」と嬉しそうに言うので、「私は精神科の医者です。こんな山奥にやってくれれば誰でも頭が変になりますよ」とうなずいてみせたら大声で笑い出してしまった。ミンマも風邪をひいてしまい、今日は医者嫁業もだいぶ繁昌した。

一月二日、晴。

昨日裸に近い恰好で歩いたので、朝から風邪気味。身体が怠くマスクをつけて歩く。部落からチュムローコーラに下り丸太の橋を渡る。対岸は竹で編んだ丸屋根の粗末な小屋があちこちに居を占めている。竹小屋に混ざりちゃんとした石造りの家も二〜三軒はある。周囲の畑にはトウモロコシの切り株が三〇センチ程の高さに残り、ヒマラヤ牛が放牧されている。竹藪の密生した森の中ではガサゴソと音をたてて牛が竹の葉をむさぼっている。牛の数はすこぶる多い。ここはチュムローの出先村である。パサンの話だとチュムローからマチャプチャリのベースキャンプ地附近は夏場は草がよく茂り、彼等は牛を連れて山へ移動してゆく（草が枯れてしまうと冬の住居に下って暮らす）、いわゆる移動形式の牧畜を彼等は営んでいる。チュムローの耕地面積から考えると彼等の生活基盤は牧畜の占める比重が極めて高いといえる。彼等は若い連中が多く、チュムローの両親の家を出て、住み着くのだという。夏と冬の移動生活をしながら、冬の小屋の周囲の森を少しずつ開墾し畑を広げて定着していくのだろう。定着してしまっても牧畜の重要さはいささかも変わることはない。ヒマラヤの高地で農耕と牧畜は程度の差はあっても深く関わりあっているようだ。

チュムローコーラを隔てた両岸の村落形態は極めて対照的である。チュムローは既に出来あがった村落であり、対岸からクルディにかけては新しい村落造りがはじまった開拓地である。開拓地では住居も粗末だが住人の身なりも粗末で汗にまみれている。しかし、無邪気に「ナマステ」（ネパール語であいさつの言葉、朝昼夜いつでも使える）と声をかけて群がってくる子供達の表情は明るく瞳は澄んでいる。牛と相前後して強い陽射しのもとほこりっぽい道をあえぎながら登る。モディコーラ沿いの照葉樹林帯を道はいつの間にか狭い小径となり小さい起伏を繰り返して次第に谷底に近づいてゆく。クルディの手前の小さな水場で例の如く大休止して中食（一〇時～一二時）。クルディには無人の石室がぽつんと建っていた。樵や漁師、最近では旅行者などが寝泊りするのであろう。ここは既に野営生活者の舞台である。道々旧式の鉄砲を担いだ猟師を何人もみかける。皆精悍な顔つきとグルカ兵まがいの身なりをして腰にはククリー（蕃刀）をぶらさげている。

乾期は狩猟の時期である。獲物は草を求めて谷に下がってくる。パサンの話だとヒウンチュリからモディコーラに伸びている岩尾根の下部の草付き斜面には山ヤギがたくさんいるらしい。肉は塩分が少なくてまずいが塩をつけて喰うと普通のヤギ肉と変わらないという。彼等の猟法は原始的で勇壮である。山の斜面の上部に火をつけて谷底にヤギを追い込み鉄砲でしとめるのであるが、下山の途中運良くこの光景をみることができた。ヒウンチュリの岩尾根を被いつくさんばかりにたちこめた煙は誠に壮観なものであった。

もうひとつの野営生活者は竹細工師である。チュムローから上流部は照葉樹林帯に混ざって竹のジャングルが続き、各所に岩屋や簡単な竹の小屋掛けがみられそこが彼等の仕事場である。ここで彼らは竹を刈り、長く裂き内側の節をおとして竹細工に必要な材料を集める。山のように束ねた材料の竹を肩に彼等は山を下り、各地の村々を渡りながら注文に応じて仕事をして歩く。主な竹製品は竹かごである。ネパールには様々な種類の竹かごがあり、民衆の生活との縁は深いものがある。日本でも江戸末期から明治にかけて渡りの生活者は数多くみられていた。竹細工師や木地師、樋屋などは定着せず移動しながら仕事をしていた時期があった。都市の発達、つまり人口の増加・需要の増加・分業機構の発達と共に彼等は村や街に定着してくる。ネパールではまだ渡り職人の姿が各所でみられる訳である。

クルディから約三〇分で今日のキャンプ地に着く。背の高い樹々がまばらに生えた竹林のなかで水も薪も豊富にある。ヒウンチュリからの岩尾根が正面にそそりたち右手にマチャプチャリ、真中の奥深くガンガプルナが白く輝いている。夕食プティ(小麦粉を揚げたものでカレーで味付けた野菜をくるんだもの)だけで食欲湧かず。いつも単調な食事でいい加減鼻についてきた。夜は枯れた竹をどんどん燃やし、火のまわりで無駄話にふける。チベッタンの三人はひとなつこく私達の焚き火にやってくる。コンジョはいつも朗らかにはしゃぎ天真爛漫。兄のテンジンは控え目だか人が善く弟思いでよくしかりつけたりめんどうをみてやったりしている。チョイチャはやや物を欲しがるのがあけすけで憎めない。シェルパは我々と距離を置いて接している。グルン族のミグマはいつも独り離れており、私達の前にもあまり姿をみせない。しかし、テント地に着くと何かと気づかって手伝い、無口だが律儀そうで人は善い。こうして一か所に顔を付き合わせてみると同じモンゴロイドは実に何もかも良く似ている。言葉の壁や多少の文化の差など全く問題にならぬ。彼等が二〇歳前後という自分をごまかせない若い年齢である故でもあろうが、はにかみ、遠慮深さ、甘え、へつらい、反面興じるとけじめなく無遠慮なまでに自己をさらけ出すといった点などは、表情笑い・態度などに同じように共通してみられるものである。顔も似ているが黙っていても相手の気持ちは大体わかってしまう。それはやはりコーカソイドと接したときとは明らかに異なるものである。考えてみれば私達は何千年か前に何処かで何かのきっかけで別れ別れになり、言葉、生活、習慣こそ違え、いままたこうして再会しているのだという感じさえ抱かせるのである。

一月三日、晴。

竹とシャクナゲのジャングルをぬって緩い小径をモディコーラの右岸沿いに進む。風邪はすっかり治ってしまった。谷は次第に狭く深まり、両岸に険しい岩山が迫ってくる。右岸からの支流の出合いで水成岩の隆起したものが浸蝕され、その浸蝕面がきれいに露出しているものがある。現在のヒマラヤを形造っているものは元々海底で出来あがったものであり、それが長い年月の間に次第に隆起して現在のヒマラヤ山系ができあがった。山がじっくりと長い期間かけて盛り上がってきたように、水もまたそれに劣らず根気強くヒマラヤの岩を貫き浸蝕しつづけてきた。山がいくら水の流れをせきとめようと背伸びしても水はしつこく岩を溶かし続ける。このような水の流れを先行性流路という。つまり水の浸蝕作用が地殻の隆起を凌いで深く切り立った浸蝕谷や溝を形づくる場合である。遠くチベット高原に源を発した幾つかの流れはこのようにして大ヒマラヤの障壁を至る所で貫き通しインド亜大陸に流れ出ている。水の力は偉大なものであり、インダス河もガンジス河もブラマプトラ河もその源のいくつかはヒマラヤ山系よりも北、つまりチベット高原にある。ヒマラヤ山系と直接関係はないが、揚子江は無論のこと、ビルマを流れるサルウィン河やベトナムのメコン河もその源はチベット高原にある。今私達が歩いているモディコーラはアンナプルナ南面の雪を集めただけの小さい流れであるが、水の浸蝕が続けられていることに変わりはなく、こういう処ではその昔海底で堆積してできた水成岩のきれいな縞模様をみかけることができる。そして、これらの岩が海底で出来上がったという証拠を示す化石が至る所に見出せる。ポカラからの街道筋ではおみやげに如何と化石の押し売りによく出会った。ヒンコーの岩屋を過ぎると右岸から小さい支氷河が本谷にかかっており、末端部のモレーンを横切る。急勾配になった右岸をへずるように登ってゆくと右前方にマチャプチャリの東面がよくみえてきた。左手はヒウンチュリ支稜の岩壁がぐんと空をさえぎって立ちはだかっている。ここから一五分も歩くと今夜のキャンプに着く。広けた河原の上の台地。モディコーラの流れもここではおとなしく水は少し濁ってきた。氷河はもう間近である。対岸には岳樺に似た樹木に混ってかなり小さくなってきたシャクナゲの林が連なる。谷の奥にはアンナプルナ連峰の主稜線が白く輝き、真正面に谷を大きく二つに分ける尾根がまっすぐに下りてきて谷の入口をふさいでいる。右の谷へ入ればガンガプルナへ、左はアンナプルナI峰への視界がひらけているのだろう。双眼鏡でのぞくと主稜線の斜面は大きなアイスフォール（氷瀑）を幾つもズタズタにはらみ、とても手がつけられそうにはない。下から肉眼でみると簡単にたどれ取付けそうにみえるのだが、これですっかりあきらめがついた。満足な装備もないくせして、適当なルートがどこかみつかればと安易な期待をいだいてきたのだが、もう変な気はおこさずに済みそうだ。ヒマラヤは近づけば近づくほど、ばかでかくそのスケールは想像もつけがたい。対岸にはまきが豊富にあり、パサンやポーター達は素足で冷たい水の中を何度も徒渉してたくさんの薪をかついでくる。ここは人気も少なく、ときにアメリカ人の女性が三～四人下りて来る。少し上流の河原の水辺に赤いテントが一張り小さく輝いている。どこか晩秋の上高地や徳沢の梓川河畔で幕営しているような雰囲気がある。いまはハイカーでごった返しているが、一二～一三年前の秋の穂高は静かで人影もまばらであった。あと一〇年もたてばこのアンナプルナの麓も人で混み合うようになるのかもしれぬ。現にカトマンズから近いランタンヒマールの谷は観光客のテントで埋まっているという。水筒に入れてきたロキシーはゆす振られて発酵し、少し美味を増している。夜はさすがに冷え込んできたが、こういう処でアルコールが入ると気分の悪かろうはずがない。コンジョとチョイチャが火のそばにやってきてチベットの歌を唄いだした。しっとりとした良い歌なので、パサンに頼んでチベット語の歌詞とその英訳を書いてもらう。チベットの娘が婚約者を母親のもとに引き合わせに連れて行くと母親は蔵の中から金銀の飾り物や器をもってきて二人の門出を祝福してくれるといった嫁入り前の娘心をあらわした歌である。チベッタンに歌ってもらい、一緒にレッスンを受ける。それが終わると次は日本の歌のおさらいである。トランプに熱中していたシェルパ達もいつの間にか加わってきて皆何度も繰り返し合唱した。明日はいよいよベースキャンプにはいる。

一月四日、晴。

今日でキャラバンも最終日。行程は普段の半分位だが皆張り切って歩き出す。河原に沿って三〇分も歩くとモディコーラの流れは次第に低く遠ざかり、踏み跡は右岸のモレーンの台地を辿るようになる。左手はヒウンチュリからの岩尾根が切れて岩壁が屏風のように立ちはだかり、右手からは蒼氷で身を固めたマチャプチャリ西面の岩肌が黒く冷たい装いをこらして相対している。ここはアンナプルナ内院への関門にあたり、両岸の黒々とした岩壁が視界をさえぎり、まだ陽もあたらぬこの時間では、何とも無気味で陰惨な雰囲気である。比較的急な斜面の灌木帯を過ぎると、平らな台地が開けてきた。マチャプチャリのベースキャンプである。ここから見上げるマチャプチャリは、幾重にも交錯した大きな逆層の岩に厚く張り込んだ蒼氷の壁である。一口に壁といってもこういったものが連続して三〇〇〇m以上も伸び上がって眼の前に突っ立っているのであるから、ただただもう圧倒されてぽかんと仰ぎみているだけで、あまり感激なぞはしないのである。山はあまりそばに近寄って眺めると、特にヒマラヤのように大きい山を真下から仰いで見たりすると、山としての姿も表情もたちどころに消えてしまい単なる岩と氷の塊だけになってしまう。この山はエベレストに登ったヒラリーに率いられた英国隊が苦労の末、二年がかりで登ったという。マチャプチャリはこの地方に住む人々にとっては人が手をつけ汚すことは許しがたい神聖な山として崇められている。住民の感情を害するのを恐れたのであろうか。英国隊は頂上の五m下まで登ってきたと発表したそうだが、真偽の程は定かでない。このマチャプチャリのベースキャンプで焚き火を囲んで中食をする。この附近から上は樹木は全くなくなり、なだらかなモレーンの尾根の表面は淡い黄褐色の枯草で被われ、柔らかい冬の日射しに暖かく明るい気分を醸し出している。夏場は牛がたくさん放牧されるのであろう。あちこちに牛飼いが住む夏の家が石で囲われた側壁だけを残している。竹で作られた屋根は剥ぎ取られ薪にされてしまうのであろう。ガンガプルナやアンナプルナⅢ峰の視界を得ようと枯草の尾根を一〇〇mばかり登ってみる。尾根の頂に立つと反対側は急峻にガレて切り立っており、モディーコーラの流れははるか下の方に蒼く細まり、ガンガプルナへの入口は左手から下りてきた岩稜に閉ざされてゴルジュ（峡谷）をなしており、氷河の末端部は隠れてみえない。アンナプルナⅢ峰は最近では一昨年の春に日本の女性だけの登山隊が登り話題をまいた。ガンガプルナは昨年の一〇月に長野県山岳協会の遠征隊が南壁から登頂に成功したが、帰路、大嵐に遭い三人の隊員と五人のシェルパが死亡した。パサンの叔父もこの遠征隊に加わって死亡した。「ガンガプルナはシェルパをたくさん必要とするから、あまり良い山ではない」とパサンは微妙な表現をした。このモレーンの尾根に登ってみてはじめてわかったことだが、いま私達が登ってきた尾根は巨大なサイドモレーンの尾根であった。

モレーンという言葉がでてきたので少し氷河について述べなければならない。氷河というのは日本には存在しないとされているが、要するに万年雪が氷化したものが年々堆積し流れ出した状態をいう。流れ出すといっても液体ではないので、氷の状態のまま低い方に向けて動き出す。或いは押し出されるのである。雪が固まって氷になるときにはその中に土砂や岩石をかなり含んでおり、押し出された氷の上にも山の斜面から絶えず土砂や岩石が降り落ちてくるので氷河は長い期間の間には大量の土砂や岩石を下流に運ぶ作用もする訳である。氷河の末端部になると氷は溶けてしまうので、ここには運ばれてきた土砂や岩がうず高く堆積されることになる。これをモレーン（堆石）というのであるが、モレーンは氷河の末端部だけでなく、氷河の流れに沿った谷の側面にもできやすい。その理由は氷河の谷と接した両側は常に岩と接触しており氷が溶けやすいのと、もうひとつは山の斜面からの土砂や岩が氷河の側面に集まりやすいからである。氷河の流れに沿って長く堆積したものをサイドモレーンというのだが、氷河の流れる方向や地形によって谷のどちら側にできるか異なってくる。サイドモレーンも時間が経てば草木に被われてしまいうっかりすると自分の歩いている処がモレーンの上だということに気づかなかったりする。ヒマラヤはサイドモレーンもばかでかい。いま私達が歩いているサイドモレーンの尾根はアンナプルナ南氷河の右岸に沿って続いており、この最上端部は緩いカーブを描いてはるか上流のヒウンチュリから北へ派出した支稜の末端部まで伸びている。中食を済ますとアンナプルナのベースキャンプまでこのサイドモレーンの尾根道を辿る。視界は開け草原状の浅い谷には踏跡がはっきり残っている。登るにつれてマチャプチャリが一層高まってくるのが不思議である。ちょっとの間だが、アンナプルナⅢ峰もはじめて姿をみせてくる。足許に雪が出てきた。アンナプルナ南峰やヒウンチュリの北面もびっしりと雪に被われた白い姿態をまばゆいばかりに照り輝かせてくる。約一時間でベースキャンプに着いた。高度は約四二〇〇m位。辺りは雪の原で右手の尾根の稜頂への斜面にかけては枯草が残っている。尾根寄りの雪のない部分に枯草を敷き詰めてテントを張る。尾根の上には先着のT氏が昨日から幕営しており、招かれてお茶をご馳走になる。日焼けと伸びた髭で誰の顔も黒々として汚いが、気分は明るく健やかである。

一月五日、曇。

昨日テント地に着いた頃から頭痛がしてきた。高度の影響である。高山では空気が希薄になり気圧も下がるので炊いた米まで高山病にかかりごっちん飯で喉を通らなかった。夜半も頭痛が激しくなり中々寝付けなかった。私個人の貧困な経験からいうと、普段山に登っている人でも四〇〇〇mを越えると高山病が現れるようである。かつて欧州アルプスに行ったとき、最初に登ったモンブランで軽い頭痛に見舞われた。このときは四七〇〇m附近までしか到達しなかったが、登高中は何の自覚症状もなく、下山したその日の山小屋で頭痛が起こってきた。そのとき一緒に登った岳友は四〇〇〇m附近でバテてしまった。しかし、一度こういう経験をすると、つまり身体がある高度に慣れてしまうと、その高度では高山病の症状は起こらなくなる。モンブランの後、すぐマッターホルンやモンテローザなどに登ったけれど高山の影響は全く感じなかった。日本の山でも初めて山に登る人がいきなり三〇〇〇ｍの日本アルプスなどに登れば高山病にかかる。まぁそれで死ぬことはないけれどヒマラヤではこの高度馴化を怠るとしばしば命取りになる。だからヒマラヤ登山では高度をかせぐ毎に一旦ベースキャンプまで下って休養するというふうに登ったり下ったりすることを繰り返しながら高度を上げてゆく。高度馴化に失敗すると肺浮腫や脳浮腫を引き起こして死亡したりする。私達と一緒にトレッキングに加わった人でエベレストのベースキャンプの方へ行った若い女性が脳浮腫になって一週間ばかり意識がなくなった。帰りの飛行機でまた一緒になったが、まだ全然歩けず寝たきりの状態であった。高度への経験やそのときの疲労度などの他に、年齢的な差もあるのではないかと私は思う。ベースキャンプに着いて頭痛を訴えたのは私と吉岡さんの二人で吉良さんは帰るまで何ら高山の影響は感じなかった。吉良さんは僕等二人より一〇歳位年が違う。また帰りにポカラで会った六〇歳位の岡山から単身で来たという人は昨年エベレストで六〇〇〇ｍまで登ったが何ともなかったという。今年は七〇〇〇ｍまで登って来るんだと張り切っておられたが、老人ほど他の条件を同一にすれば低酸素状態に対して強いのではないかという気がする。若い細胞程活動は活発であり、酸素消費量は多く、老いた細胞は少ない消費量ですむ。生理学的にもかなった理論ではないかと思うが、専門家ではないので本当のところはわからない。そんな訳で今日は午前中ずっと頭痛に悩まされて休息日とあいなった。

正午頃から頭痛もおさまったのでモレーンの尾根を上部に辿り附近の偵察に出掛ける。モレーンの上部は次第に細くなり最後はスノーリッジになって右岸に緩いカーブを描いてヒウンチュリ北面からの岩峻の末端に続いている。右手の眼前にはアンナプルナ南峰とヒウンチュリの吊尾根から押し出されてきた氷河がズタズタに亀裂のはいった氷塊をはらんで主氷河に落ち懸っている。もっとも氷塊といってもビルの一個位の大きさはあるから、すぐ近くから眺めるとさすがに圧倒される。スノーリッジの一番手前で馬乗りにまたがり双眼鏡であちこち眺め回した。今日は朝から曇りがちで時折ガスがかかり展望はあまり良くない。初めてヒマラヤの雪と岩に直に接してみた今日、今更ながらそのスケールの大きさに戸惑わされてしまう。この広大な白一色の雪原に立たされると距離感や高度感など空間的な感覚が完全に狂わされてしまうのである。つい眼と鼻の先だと軽く見積もって出かけてきたのだが、行けども行けども辿りつかずテント地から一時間以上もかかってしまった。目の前に聳える白雪を頂いた岩峰も三〇〇〇m以上の高度があるとはどうしても思えない。せいぜい一〇〇〇mの高さだという感じしかしないのだが、時折雪煙をあげて落ちてくる雪崩の落下時間が一〇数分もかかるのを見ているとさすがに高いのだなぁと感じ入らされるのである。この空間的な錯覚を克服するには少し時間が必要である。主氷河の幅でも距離にすると一キロ以上は充分にあるが、対岸まで二〇〇〜三〇〇mにしか感じられない。モレーンの尾根伝いに引き返し、テント地の少し上部で比較的緩い雪面を選んで主氷河の方へ下ると、その下にもうひとつ小さいサイドモレーンが平行している。このモレーンを更に少し下って左手に雪面にステップを刻みながら下降して主氷河に降り立った。主氷河はガレキの丘が波打っている。モレーンの上から見ると、雪はほとんど見えず、砂利捨て場のような殺風景な眺めだが、反対側からみると雪だけしか見えない。つまり盛り上がった部分の南面は日当たりがよいので雪が溶けてしまうのである。尾根でも斜面でも北面は深々と雪が付いているが南面は岩が露出し草付きになっている。これは日本の山でもほぼ同じである。しかし、登山の条件はヒマラヤでは北面からのルートが一般には容易である。南面は日当たりが良く雪も溶けやすい為、それだけ浸触も激しく地形上、切り立った断崖絶壁や深いゴルジュなどをなしているので、アプローチとしても登行ルートにしても困難であることが多い。主氷河の上を明日の取付きルートを捜しながら、しばらく歩いて四時少し前にテントに帰る。対岸には雪の付いていない岩峰群となだらかな枯れた草付きの尾根が幾筋も重なって集まっている。テンピークと総称されている高まりであるが、この辺で簡単に登れるのはここだけだ。高度は約五二〇〇m位。テント地から約一〇〇〇mの登高距離で手頃である。砂の塊りのようなすっぺらな頂だが展望は良いだろう。夕食にはミンマが鶏をしめてくれた。久しぶりに肉にありついたが、あまり食欲はない。今日はあちこちから雪崩の音が絶えなかった。

一月六日、快晴。

五時半過ぎにミンマが松明をつけチャパティとお茶をテントに運んできた。吉良さんが教え込んだ熊本弁で「おーい！　めしばいた」とミンマはいつも声を掛けて来る。チャパティを一枚口に押し込んで出立ちを整えるが、もたもたしていたら出発は七時になった。モレーンを登り竹中氏のテントに声を掛け、昨日つけておいたトレースを下り主氷河に降り立つ。既に夜は明けきっているが主氷河にはまだ朝の陽射しは訪れていない。黙々としてガレキの雪の丘を幾つも越え左岸の崖下に着く。左岸はかなり幅のある台地になっておりその上に山が迫っている。主氷河からこの台地まで一〇〇m位の高さがあり、ほとんど垂直に切れ落ちているが、処々に水の流れ落ちる小谷がありそれを伝って台地に登れる。昨日見定めておいた最も傾斜の緩いガレた谷に取り付く。八時、パサンと二人で台地の上に立つ。吉良さんと吉岡さんの二人はまだ氷河の真中程に居る。声をかけたが二人共登ってくる様子がみえないので左岸の枯れた草原の台地を上部へ進む。右手にはテンピークから下りてきた草付きの尾根が末端部で岩壁となって切れ落ちてきている。約一キロばかりほとんど平坦な台地を歩くと、昨日偵察して登路に予定していたルンゼ（狭い小谷）の入口に着く。アイスフォール（氷瀑）があって危険だからと言って、パサンは右手の草付き尾根ルートを取ろうとする。冗談ではない。こんな急峻な草付き尾根など登ったら数倍もの苦労をさせられる。遠征隊について七〇〇〇m位まで登ったことがあるというパサンも山登りはあまり知らぬらしい。「まず俺の言うとおりこのルンゼを登ってみよう。駄目だったらお前の言うとおり尾根を登ろう」となだめすかしてルンゼにはいる。入口までびっしりと雪が固まり傾斜も程よくキックステップで快適に登れる。このルンゼの下部は陽がほとんど当たらず、両側は切れ込んだ岩壁が狭く迫っている。約二〇分程で右手から支ルンゼが落ち込みアイスフォールとなり主ルンゼにも一〇m位のアイスフォールが二段になって懸かっている。アイゼンもザイルも用意してきたので登れないことはなかったがパサンがアイゼンを持っていないので左手の草付きを巻く。草付きは急傾斜だがなんなく登れる。約一〇〇m程登ったところで下の主氷河から声が掛かってきた。このルンゼが主氷河に落ちるその出合い附近に豆つぶ程の二人が居る。コールを返して斜面をトラバース気味に登り再びルンゼに下る。ここから上部は両岸とも緩やかに開けルンゼの傾斜も緩くなった。処々に雪渓の切れ目から水がほとばしり単調だが快適な登りになる。既にルンゼにも陽が当たりだし、日本の夏山でどこかの雪渓をつとめているような感じである。パサンは若いのでさすがに元気がよくアイスフォールの不安も去ってピッチが早い。今朝出がけから飛ばしてきたので私はさすがに疲れ、少しずつ遅れる。遅い私をパサンが立ち止まって待つという形になってしまった。もう先が見えてきたのでのんびり行くことにする。左手の尾根の斜面を指差してパサンがマウンテンチキンだと言う。下りに捕らえて料理してやると言う。雷鳥が二〇羽程群をなし、我々と出会ったので上部の方へ登ってゆく。日本では雷鳥は捕獲禁止になっているので喰ったことはないが、肉は美味だそうである。鶏ほどの大きさで愛嬌があり山路で出会っても余程近づかない限り逃げ出したりはしない鳥だが、ヒマラヤの雷鳥はすこぶる警戒心が強いようだ。ルンゼはすっかり開けてしまい、テンピークの主峰と思われる附近ののっぺりとだだ広っい雪の斜面へ浅いカール状の沢となって突き上げている。単調な登りにうんざりしたところで中食、一〇時。雪の斜面は陽にギラギラとまぶしく輝いてきた。さすがに疲れてしまい、休み休み喘ぎ登ること一時間にして頂上らしい尾根にたどり着く。この辺の高まり全体をテンピークというらしいが、頂上らしいものは砂山といった感じを呈しており、周囲の眺望は実に良い。「今日は実に良いクライミングができた」とパサンが握手を求めてくる。なんだが気合抜けがしたような感じだが五二〇〇ｍという私の最高到達地点とこの快晴に恵まれた展望を素直に喜ぶべきだろう。正面にある白い雪を頂いた岩峰はテントピークであろう。それから左手に続く岩稜がガンガプルナとアンナプルナⅢ峰をさえぎっている。左手にはアンナプルナⅠ峰の南壁が赤ちゃけたすさまじい様相をみせ稜線には雪煙が舞いうずをまく。振り向くとアンナプルナ南峰とヒウンチュリは遠く一段と高まり、北面は深々と雪をたたえふっくらとして優美である。正面のテントピークの手前は固く締まったアイスフォールが何段も懸り、これが左手に伸びた処に雪を被った平たい部分がある。我々の到達地点から細い砂尾根を伝って約一時間の距離だろう。そこまで行けばアンナプルナ内院の最奥部がもっとよく望めるであろうが、パサンが相手ではあまり行く気にもなれなかった。一二時頃まで寝そべったり写真を撮ったりして憩う。下りはグリセードで飛ばしたので約一時間で左岸の取りつき台地の地点まで下った。主氷河は雪にぼこぼこ埋まりながら疲れた足を引きずってキャンプに戻る。キャンプ着一時四五分。吉良さんと吉岡さんは三時半頃戻ってきた。主氷河をかなり奥までつめてきたらしい。夕食はカレーのメリケン粉のだんご汁を作らせた。米はどうも半煮えで喰えない。

これまでいろいろとネパール礼賛の記事ばかり書き連ねてきたので、今回は不愉快な思い出を綴らせて頂く。その一つはシェルパやチベッタンのことどもである。彼等は皆三〇歳前後の若さで貧乏だが、素朴で朗らかで人懐っこく、トレッキングの期間中、彼等との交わりはささやかな遠征隊を賑わしく楽しいものにしてくれた。土着の人々との触れ合いに彼等の果たしてくれた役割も大きく、実際彼等を雇わねばネパールの旅行は不便で困難なものであり、彼等と生活を伴にしながら旅行することが旅を充実させ豊かにしてくれることもまた確かなことである。彼等の日当はガイドが一七ルピー、料理人が一五ルピー、ポーターが一二・五ルピー程であり、ポーターは食事持参である（一ルピーは約三〇円）。無論ベースキャンプに着いて不必要になったポーターは解雇してよいが、帰路に要する日数分だけ一日につき五ルピーの支払いをしなければならない。日本で考えれば大変安い賃金だが彼等には割りの良い働き口であり、トレッキングのシーズンはいわば稼ぎ時である。雇い主はなるべく日数を少なくしたほうが安くつくので一日の行程をかせごうとするが、雇われる方はゆっくり歩いて日数は長引かせた方が収入は多くなる訳である。このへんで遠征隊とポーター達の間によくトラブルがおこる。ポーター達は賃上げを要求してストをおこし、交渉がうまくゆかないと荷を放り出して下山してしまったりする。私達のパーティーは少人数でさほどのトラブルもなく和やかに旅を終えたのだが、さほどきれい事ばかりで済んだわけでもない。

人が集まって生活すれば大抵一人位は嫌われ者が居る訳で、料理人のラクパが我々の隊の嫌われ者になった。嫌われ者でも何となく虫が好かないという者もあるが、彼の場合はずるさと不誠実さによる。ガンドルンで鶏を求めにやったら一羽二五ルピーで買ってきた。実際は一羽一五ルピー位なのだが、翌日パサンがラクパは嘘を言うので絶対に金を渡すなと忠告してくれたのでばれてしまった。食糧も日々を追って献立がまずくなり、トマトなど大量に買い込んだのに全然口にはいらないので問いただすと運ぶ途中で置き忘れてきたなどと言う。喰い物のうらみも手伝って結局ラクパは私達の間で唯一の悪人になり、不愉快な人物として取り扱われるようになった。チベッタンの三人はパサンがポカラで雇ったポーターであるが、社会的経済的身分はシェルパよりも低く、パーティー内で日本人三人とシェルパが五人、チベッタン三人というグループが自然に出来あがった。全体の雰囲気がうまくいっている状態の中で一人の悪役がでてきた為に内部の事情は一層よく見えるようになった。同じポーターとして雇われていてもラクパの嫁さんはいつも荷が軽い、チベッタンはいつもこき使われている、あれもラクパの差し金であろうという事になって私達三人はチベッタンの三人を特に目をかけて可愛がるようになった。ポーターを何百人も雇うような大遠征隊であればこんなささいな事は問題にもならないし、気づくことさえないだろうが、少人数の家族的な雰囲気のなかでは目障りになるものである。さて、ベースキャンプについてポーターを解雇する段になり、パサンに任せたらチベッタンの二人を指名してきたので三人共怒り心頭に達したのである。ラクパが彼の嫁さんの解雇を承知しないという。それではラクパも解雇してしまえということになった。パサンはラクパが六歳も年上なのでやりにくいらしく、しぶしぶ認めたがサーブから直接伝えてくれと言う。しかし、パサンは一旦認めながらやんわりと切り返して来る。「ラクパだけ一足先に帰るとカトマンズのボスが不審に思う。どうして解雇されたかということになるとラクパは職を失ってしまう」。このへんの彼等の結束は実にがっちりしている、パサンの申し入れでラクパは解雇されずに済み、不穏な空気も収まった。そんな事情でパサンの株は私達の間で一層高まったが、そのパサンにさえ結局裏切られてしまった。カトマンズからポカラまで私達は飛行機で、シェルパ達はバスで往復した。飛行機は片道一〇〇ルピー、バスは八〇ルピーかかるというので、その分だけパサンに支払った。私は当初バスと飛行機の運賃が余り違わないので非常な不審を抱いたけれど、めんどうなので確かめるのを怠ったのである。帰路ポカラの宿でカトマンズからバスで着たばかりの北海道大学の二人に会い尋ねたら一八ルピーだという。念の為、宿の娘に尋ねたらやはり一八ルピーである。パサンからエイティとエイティーンを聞き間違えた訳では決してない。結局五〇〇ルピー程だまし取られたことになるが、彼のイメージが壊されてしまったことが残念であった。私はパサンを憎む気には少しもなれなかった。トレッキング中に示した彼の誠実さ、利発さ、快活さはそれほど得難いものであっただけに、彼に背徳行為を許した私の手落ちが悔やまれてならない。よくぞだましてくれたとは思わないが、不幸なことにトレッキングに雇われるシェルパ達の大半が二〇歳に満たない若い連中ばかりであることを思うと、だまされる方はもっと悪いような気持ちにすらなる。後日、カトマンズでパサンを夕食に招いたとき、バスの運賃のことで彼を問い詰めるのは止そうと私は提案したが、彼等といっしょにバスでカトマンズまで帰った吉岡さんはカンカンになって怒り、承服しなかった。パサンの一番の信奉者であっただけに無理もない。パサンは懸命に弁明したが空々しく聞くに耐えなかった。この一件はネパールの旅の想い出に苦々しいものを残してしまった。

どこの国を歩いてみても、そこには種々雑多な男と女が居るが、ごくありふれたことだけに、その社会に於ける男と女のことを知るのは極めて難しい。幸いなことにネパールの女性は、イスラム社会の女性のように戸外でチャドルなどで顔を被ったり、視線があってもそっぽを向いたり、排他的ではないので、女性へのアプローチは比較的容易である。例えばアフガニスタンなど中近東の国々では、女性の近影を写真に撮ろうとすれば、石を投げつけられるくらいならまだましで、それこそ命がけである。それはそれでまた、確かに気の休まらぬ緊張感を与えてくれるが、女性の愛嬌がないところは、旅行者には無味乾燥で味気ないものである。ゆきずりに出会った女性にカメラを向ける時、彼女達の示す様々な反応振りは、その社会の文化や宗教や生活習慣を知る手掛かりを与えてくれて面白いと思う。はにかみながらも懸命に気取ったポーズを示してくれたグルン族の乙女や、野良仕事の手を休めてにこやかな微笑みを送ってくれたマガール族の娘、草原の道で素直にカメラを覗き込んでくれたタカリー族の羊飼いの娘など、ネパールの女性達は異国人である私のぶしつけなカメラによる接近にもすこぶる寛大でおおらかであった。ものおじしない態度と共にそこには乙女心というか娘心というか、はにかんだためらいと自分を美しく撮ってもらいたいという自然で控えめな願いが幾分抑えられた形で現れている。それを純朴だと言ってしまえばそれはその一言だけで片付くかもしれないが、その社会を知る上では大変な重みがある訳である。ネパールの若い未婚の男女の交際振りがどのようなルールで行なわれているか詳しく知る機会は得られなかった。ただ、カトマンズの街角でも、ポカラの町でも、若い男女のカップルが腕組みして歩いたり、親しげに連れ添っていたりする情景にはほとんどおめにかかれなかった。女性は女性だけで何人か連れだって歩いている。これは地方の村々でもおなじであった。男と女は、社会生活でまだかなりはっきりした隔たりを保たされているようである。だからといって女性の地位が低く、女性は男性に従属しているかといえば決してそうではない。カトマンズ周辺はネワール族が多く、カトマンズの街で働いているのはどこの店をのぞいてみても大抵男ばかりである。彼等の多くはヒンズー教徒で、カースト制の影響もあり、女性はつつましく控えめであり、働いている女性の姿はほとんどみかけない。カトマンズを離れて地方に行くと女性はおおらかでむしろ堂々としており、実によく働いている。道々立ち寄ってロキシーを楽しんだ茶店では、若いかみさんや娘達が陽気に屈託のない状態で客の相手をしてくれた。ネパールのカースト制や宗教はかなり複雑で私にはよく理解できぬが、ヒンズー教の世界とラマ教の世界では生活習慣やものの考え方が異なってくるのだろう。ポカラのチベット人家族の安宿では、一五歳位の若い娘がいつも給仕をしてくれた。気立ても良いがしっかり物で気も強い。ラクパはシェルパのなかでは唯一の妻帯者で夫人もポーターとして随行していた。彼女とはつい一か月程前に同じトレッキングで知り合って一緒になったという。女には中々の発展者らしい。ロキシーを皆で飲みながら駄弁っているうちにラクパが「アイラブユー！」などと言って宿の娘をからかいだす。娘は小走りに戻ってきて何か叫びながらピシャリとラクパをたたいて追い掛け回す。ラクパが椅子に腰を下ろそうとする瞬間をみはからって娘がさっと椅子を後に引くと、ラクパは見事に尻もちをついてひっくり返ってしまい、娘はケラケラ笑って逃げ去ってしまった。ラクパは照れ笑いをしながら、それでもまた娘が給仕にやってくると何かとからかい半分のアプローチを続けている。カトマンズを発つ前、飛行機の切符の予約をとるためある旅行社に立ち寄ったが、そこで谷口千吉夫妻と居合わせた。谷口さんは映画監督であり、夫人は女優の八千草薫さんである。御二人共トレッキングに参加されて日本から飛行機もずっといっしょだった。パサンは八千草薫さんをみるなり、おおきな目をパッチリ見開き、すいつけられるようにしばらく彼女に見入っていた。その光景がいささか印象に残っていたのでポカラの宿でからかい半分に尋ねてみた。「君はあのとき穴のあくほど彼女をみつめていたではないか。ああいうタイプの女性が好きなのか」。一九歳のパサンはまだ純情だとみえて、大いに慌て、顔を赤らめながら口ごもった。「僕は女は好きではない！」。それから少々真面目くさった顔をして言った。「花でも女でも美しいものはただ眺めるだけがよい。触れてしまっては駄目だ。」酔いがまわってくると猥談じみた話に彼等も乗ってくる。女は嫌いだといったばかりのパサンでさえ身を乗り出してくる。「カトマンズには日本人の娼婦がいる。一晩五〇ルピーだ」。こんな情報までちゃんと知っている。「ポカラにも遊廓があるだろう。パサン、今夜は案内してくれ」と迫ってみせると、たじたじとなって尻込みしてしまう。ラクパはニヤニヤしながら「俺の嫁さんでよかったら二五ルピーでよい」などと言い出す始末で、私のほうが閉口してしまった。チベッタンのコンジョは一五歳で少々気短かだが無邪気な少年である。彼も色気が出始めた年頃、いたずらっぽい目をくりくりさせて話しに乗ってくる。中指を突き出し人差し指と薬指をコの字に屈曲させて「リッパ、リッパ」と言う。これは指によるしぐさとしては大変リアルに男性のシンボルを表現していて面白かった。中指の部分は日本語で「チンチン」と言うのだと吉岡さんが教えてやった。若い男ばかりが集まると話はどうしても落ちてしまう。しかし、互いに異国人同志が初対面に近い状態でこういう雰囲気に溶け込めるのは実に素晴らしいことなのである。

カトマンズからポカラへ飛んだ日の夕刻、まだ陽の沈みきっていない薄暮の郊外を吉良さんと二人で散策していた時のことだった。アンナプルナ山群とマチャプチャリが淡い残照を受け、こころもとなく輝いているのを眺めながらたたずんでいると、人の気配に気がついた。さきほどから私達の二〜三m後からなんとはなしにくっついて歩いてくる人影があるのでどうも変だと思って振り返ってみると、その相手も立ち止まってしまう。インド系の顔立ちの青年で髭をはやし、カーキ色のズボンとシャツを身に着け、足にはゴムゾウリをつっかけている。どことなくヒッピースタイルだが服装はさほど乱れていない。終始無言でついてくる。知らぬ振りをして飛行場の草原まで歩いて行ったが、あまり長くつきまとってくるので私のほうから話しかけてみた。英語は少し話すが、話が途切れ、支離滅裂で全く何を言っているのか理解できぬ。ときどき空虚な笑いを浮かべ目つきも尋常ではない。しばらく話してみたがどこから来たのか、ここで何をしているのか、名前すらわからずじまいに終わった。ポカラの住人なのか、旅行中に発病してここに居ついているのかわからぬが、思考の滅裂さや態度・挙動の異常さから判断するとかなり陳旧な分裂病者のように思えた。全く話が通じないので薄暗くなったなかをホテルまで引き返すと、やっぱりだまって私達の後についてきた。宿のチベッタン娘は彼が私達の後からはいってくるのを認めるや「クレイジーマン！」と怒鳴りつけてにべもなく追い払ってしまった。彼は恐ろしげに縮みあがってあたふたと宿を出て行った。私は黙って傍観する他はなかった。私としては宿までついてきたので、一緒に飯でも食いながらもう少し話してみようと思っていたが、間髪を入れずに娘が追い出してしまったので、なすすべがなかった。このエピソードが物語るのは、彼女の敏速な反応からもよくわかるように、彼が精神病者としてはっきり烙印を押され、社会から差別され、つまはじきにされているという事実である。残念ながらどこの国に行ってみても精神病者は差別と偏見に甘んじていなければならないようだ。かつてマッターホルンを登っていた時、六〇過ぎのベルギー人の爺さんと一緒になったことがある。軽い痴呆と軽躁状態の加わった症状をもっていたが、大変心のけがれのない愉快な爺さんであった。爺さんは四〇〇〇m附近の急峻な岩場で動けなくなり泣き出してしまったので、私と同僚の二人でザイルを結んで一〇〇〇m程の岩場を八時間もかかって降ろしたことがあった。途中、風雪に遭ったり、ルートを間違えたりしてひどい目にあったが、夕暮れ時にやっと小屋に辿りついた。山小屋の前には物見高く人が群がり、ブドウ酒を用意して私達を出迎えてくれた。そのとき山小屋で働いていたスイス人の女性がいみじくも言ったものだ。「ヒーイズ・マッド！」。そして、「どうしてあなた方日本人は彼に親切にするのか」とも言った。文明の進んだヨーロッパでさえ精神病者に対しては、かくも無慈悲なのである。精神病者である爺さんがガイドもつけずに独りマッターホルンに登ってゆくのを誰も止めようとはしないし、登攀中、誰も知らぬ振りをして相手にしなかった。言い忘れたがネパールにはまだ精神病院は全くないし、精神科の専門医はネパールでは僅か一人しかいない。つまり精神病者は全く放置された状態で治療を受けることなく社会から差別され疎外されていると言える。ネパールのかかえている結核や癩、その他の医療問題に加えて設備やスタッフの貧弱さなどといった医療事情から考えると精神病者までは手が回らないのであろう。しかし、この事態をみただけで単純に精神病者が軽んじられている何よりの証拠だと言うことはできない。精神科医師である私から「精神病者まで手がまわらない云々……」という思考法が自然に出てくること自体とがめられることかもしれないが、これはやはり精神科医療の歴史的事実でもあり何ともやりきれないが、また現実に即したやり方でもある。例えばある精神病者が急性肺炎に罹って重篤な状態にあるとする。医師は精神状態が悪くても、まず生命を助けることにやっきになるであろう。しかし、この急性肺炎に対しても充分な手立てをしてやれないのがネパールの医療事情なのである。差別という問題をここで長々と論じることはできないが、いま述べたように後進国のネパールでも先進国のヨーロッパでも一般社会の精神病者に対する差別の態度が全く変わらないのは、文明が進んでも精神病者への偏見が如何に根強いものであるかを実に良く物語っているのではないかと思う。しかし、私のようなロマンチストくずれみたいな人間には、精神病院のない国は大変素晴らしい処のように思えたのもまた事実である。ネパールは地縁的なものであれ血縁的なものであれ、或いは単に地域的なものでも、中世的な共同体がまだ根をおろしている社会である。共同体の中で生活している限りは発病してもおおらかな環境のもとでなんとか社会に適応していくのではないのか。つまり共同体に弱者を弱者として迎え入れる余裕があれば治療は受けれなくとも精神病者は束縛も差別も受けず共同体の一員として立派に適応していけるような社会がネパールにはあるのではないのかという夢のような期待を持っていたのだが、その期待はポカラの一件で無残に打ち砕かれてしまった。しかし、現代の日本のように慌しく複雑な社会から飛び出してネパールのおおらかで牧歌的な生活や悠長な時間の流れに身をおいてみると、つかの間でもそんな他愛ない夢の中に自分自身を浸すことができるのである。ヒマラヤの大自然に抱かれた国ネパール。それはとても人臭く、人なつかしい処であった。

ラテンアメリカ紀行

三月下旬から五月上旬にかけ、ラテンアメリカを巡ってきた。旅の目的はメキシコ市での睡眠学会出席と、ラテンアメリカ諸国の環境汚染調査であった。熊本大学体質医学研究所気質学教室の原田助教授を団長に、藤本、丸野、境の諸先生と私の四人が随行し、現地メキシコから北海道大学の大野医師が加わり、ユニークなパーティだった。メキシコを皮切りに、コスタリカ、ベネズエラ、ペルーなど環境問題に関心を抱く人々と交流しながら、水俣病や砒素中毒の講演をして歩いた。スケジュールの混んだハードな旅だったが、面白い体験もあったので、思いつくままに綴ってみたい。

その1　メキシコ市

メキシコ一〇日間の滞在はやたらと多忙だった。半年経た現在、メモをたどってみてもメキシコでの記憶は断片的で、印象に残っている場面でも時間的繋がりが途絶えてしまう。それも多数のメキシコ在住日本人の方々から歓待され、かつまた随分と酷使もされたからである。この状態はペルーまで続いたのだが、過去の経験に照らすと、奈良や京都の寺々をくたくたになって引っ張り回された中学の修学旅行に似ている。

時差呆けと寝不足で疲れ果て、遥々やってきたメキシコの空港から、それは始まった。マイクロバスに乗せられ裏千家の師匠・日暮氏宅に連れてゆかれ、まずは歓迎の晩餐。日本からの留学生の方々、陶芸家の永末氏、メキシコ大学大学院教授・田中女史、メキシコ州立自治大学医学部学生の村江氏、その他がメキシコ人数名を交え待っておられ、水俣病の映画上映をやった。テキーラをしこたま飲んで、ホテルで寝たのは三時近かった。

メキシコ市は標高二二〇〇ｍ。古代アステカ王国のあった地に広がる、ニューヨーク市に次ぐ世界第二の大都会である。メキシコは広大な国だが、私達の滞在は市周辺に限られた。市内は見物する所が多く、壮大なピラミッドのあるテオティワカンの大遺跡と国立人類学博物館は印象深かった。これらをよく理解するには雑多で膨大なラテンアメリカの歴史や考古学の知識が必要だが、私にはその準備がなかった。

時差呆けは休養しないと慢性的睡眠不足を招く。メキシコ最終日の観劇と闘牛見物の日、私は連夜の過飲と花札バクチの不摂生がたたり、終日独りホテルで眠りこけた。ドクトル大野は私達のメキシコ滞在の全日程をアレンジしてくれた人だが、街や遺跡を案内するのに決してタクシーに乗せてくれなかった。いつもバスか地下鉄か徒歩で引っ張り回され、お陰で地下鉄の乗り方は覚えたが、皆大抵足に肉刺をつくり悲鳴をあげた。

メキシコ市には警察が管理する立派な地下鉄がある。人の流れをスムーズにするため、大きな荷物を持ち込めず、改札口を入ると禁煙、ホームでしゃがみ込んでいたりすると注意をうける。しかし、全線一〇円で乗れ、慣れると速くて便利である。駅名の表示が文字と絵の両方でなされているのが面白く、メキシコでは文盲率が高いからだという。この地下鉄は都心と空港を結んでいるが、荷物の多い出入国の際は利用できず、外国からの旅行者はタクシーにぼられる破目になる。しかし、空港からは安い運賃の乗り合いタクシー（コレクティーボ）があり、後日南米から戻ってきた折乗ってみたが、行き先を告げ切符を買うと小さいホテルでも捜し出して送り届けてくれる。

メキシコの交通体系はほぼ整っているが、車対人の関係では日本のような歩行者優先の原則はない。青信号でも左折車や右折車は無遠慮に歩行者帯に突っ込んでくるから危険である。私も最初は知らずに悠々渡っていたら、でかい乗用車に乗ったご婦人から金切り声で怒鳴られ怪訝に思ったものだ。左折車、右折車とも決して歩行者を待ってくれず、ここは明らかに車優先社会である（もっとも全交通大系からいうと、日本も圧倒的な車優先社会だが）。これは裏返すと、まだ命の値段が安いという事であり、車の事故で死亡させても数万から数十万円程度で片が付くらしい。それでも人は車の流れが途絶えると赤信号でも気楽に横断する。大体、日本ほど交通規則を厳守する国も珍しい。交通規則違反も、おおかたが巡査に幾らか握らせるとその場でけりがつく。

日帰りでメキシコ市西方五〇kmにあるトルカの街に出掛けた。ここは二七〇〇mでメキシコ州立自治大学があり、そこの医学生である村江氏の要望で、医学部の学生達に講演に行ったのである。講演後、夕食をごちそうになったりして遅くなり、最終バスを逃がしてしまった。ドクトル大野は少しも慌てず、タクシーを一台だけ雇うと私達七人を押し込んだ。メキシコでは日常的なことらしく、運転手を含め前部座席に三人、後部に五人が乗った。後部座席の五人は身体を小さくして縮っていたが、深夜のメキシコ市内に入るとたちまち御用になった。しかし、巡査に五〜六〇〇円も渡すと事は済み、巡査には余禄が入る仕組みである。これは罰金ではなく賄賂である。賄賂はラテンアメリカ社会の底辺まで蔓延る必要悪で、その威力は絶大だった。日本なら過剰な二人は降ろされてしまうのだが、私達は再びドクトル境女史のお尻の重圧に耐え続けなければならなかったのである。

その2　プエブラ

都会の喧騒を逃れメキシコの田舎に小旅行する機会を得た。プエブラ州の辺境に井戸水による砒素中毒の発生した村があり、その調査に出掛けたのである。メキシコ市からバスで二時間半、約一〇〇km東にある州都プエブラ市に夜半に着く。この都市は人口約五〇万、落ち着いたクラッシックな佇で、やっとメキシコに来た気分になる。翌日が全国ボーリング大会の開催日とかで、ホテル探しに苦労しドクトル丸野と二人、六人用の広い部屋に収まる。翌朝、プエブラ在住の留学生・小林氏に伴われてバス停に行く。朝のメルカード（市場）の賑わいは大変なものである。棘を落としたサボテンの新芽を並べてあったのが珍しかった。湯掻いてソースで食べると美味いという。

乾期の田園風景は心が和んだ。車窓の右手にポポカテペトル（五四五二m）とイスタシワトル（五二八六m）の火山を望む。雪は殆ど無く、噴煙は見えない。一五一九年、スペインからの征服者コルテスがこの両山の間の峠を越えて、アステカ帝国を攻めたときには噴煙を上げていた。マタモロスという街で中食を摂り、バスを乗り継ぎ、アクソチアパンという小さな街でタクシーを雇う。初老の運転手は古いダットサンを自慢し、日本の車は調子が良いと言ったが、街を抜けるとサボテンの生えた平原で動かなくなった。炎天下に三人で押す破目になる。なだらかな丘陵を幾つか越え、乾いて静閑な集落に入る。驢馬に乗った村人がのんびり通る。放し飼いの鶏や泥まみれの豚が戯れる浅い川に車を乗り入れ、再び対岸の高台に上ると目的の村、アチチピコが見下せる。プエブラ保健所から紹介された農民・ドミンヘス氏宅に付近の農民達にも集まってもらい話を聞く。村の歴史は約八〇年で、村を訪れた外国人は私達が初めてだという。以前、保健所が井戸水の調査に来たことはあるが、この一〇年間、集団的疫病が発生したことはないとドミンヘス氏は言った。文献の内容とくい違うので啞然としたが、この謎は簡単に解けそうにない。この村は乾期には水が乏しく、共同水場が急坂を下った崖の中腹にあった。水汲みは日々村人のかなりの労働である。ドミンヘス氏宅を覗かせてもらった。アドベ

（日乾しレンガ）造りで、部屋は夫婦の寝室、子供部屋、居間の三つ。トウモロコシや落花生を貯蔵してある食量倉庫と台所が付いている。簡素だが一応清潔な家屋である。台所の棚には、素焼きの土器類が多く並べてあった。台所の流しは低く広く、恐らくシャワー兼用であろう。便所は母屋には付いていなかった。電気は灯っていたが、燃料は薪を使っている。

夕陽が大地を赤く染め、彼方にポポカテペトルが霞んでいる。素朴な村人達と記念の写真を撮り、夕暮れの村を後にした。

その夜はマタモロスの街に泊まった。小林氏の話によると、カトリックの盛んなプエブラ市は公娼制度を認めていないので、プエブラの若者達はマタモロスとの中間付近にあるアトリスコという街に遊びに出かけるという。ここには日本人留学生も出かけるそうで、プロレスラーのように逞しい女性がたくさんいて、一見に値するという。マタモロスは誰もまだ手掛けていない処女地なので、今宵はマタモロスを探訪しましょうということになった。安宿に旅装を解き街へ出ると、タクシーの客引きが寄ってくる。その一台を拾い一通り街中の店を下検分して回る。どの店も三流キャバレーの感じで、一二時過ぎないと客が集まらないとかで、ガランとしていた。最も賑やかな一角で降り、人だかりのしている店に入る。ここが一番高級な店だと客引き氏は言った。中央の円形テーブルでは丁度ストリップショウをやっていた。それが済むとステージはダンス場に変わる。店にはストリッパーが数名と着飾った美人のセニョリータが三人、これは店の看板娘で、呼ばれると客席に侍るホステス達である。彼女がテーブルに着くと飲物を次々に注文し、グラスにビー玉がたまってゆき、それが彼女の売り上げになる。娘を呼ぶと高くつくのか、他の席からは仲々声が掛からず、他の二人は手持無沙汰のようだった。三人とも呼んでよかったが、私達が独占すると他の客が気分を害する恐れがあると小林氏が忠告してくれた。ドクトル丸野は可愛いセニョリータと踊りご満悦であった。店は騒々しく客は男ばかりで少し異様な雰囲気だ。酔客が私達のテーブルに近づき話しかけてきたが、意味がわからぬうちに屈強なボーイが二人、腕を取って店外に連れ出してしまった。何杯もテキーラを飲んだら催してきたのでトイレの案内を乞うたら、土間の隅でやってくれと言われ驚いた。仕方なく壁に向かう。店を変える。どの店も通りもうろついているのは若い男ばかりである。プエブラの田舎街はどうも男性天国らしい。次の店はガランとしてジュークボックスからの音楽だけが騒々しく鳴っていた。セニョリータ三人が直ぐ付いた。彼女達はその道の女性でしつこく迫ってくる。疲れて眠いからと断って、一時間ばかり飲んで引き揚げた。この街の歓楽街は場末の盛り場といった感じで、薄汚くアメリカナイズされた安っぽさばかりが目についた。それでも久し振りに楽しく寛げて結構面白いエピソードもあったのだが、それはマタモロスの謎にしておこう。ともかくプエブラはいろいろと謎の多いところであった。翌日、プエブラ近郊に、コルテスのメキシコ遠征史上有名な大虐殺の行なわれたチョルラの街を見物して、メキシコ市に戻った。

その3　復活祭前後

原田一座の講演旅行はメキシコ、コスタ・リカ、ベネズエラ、ペルーとつづいたのだが、コスタ・リカからベネズエラにかけては赤道が近くなり高度も下がって蒸し暑かった。メキシコからコスタ・リカに飛び首都サン・ホセに四日間滞在した。ここでも座員一同盛りだくさんのスケジュールに追い立てられた。ヒルダ・チェン・アプィ教授はコスタ・リカ大学文学部部長で、昨年水俣に来られ原田先生とは懇意の間柄で、教授の取り持ちでコスタ・リカ文部省から原田先生が招待を受け、講演をすることになっていた。着いた日にコスタ・リカ大学を案内され、海洋汚染の問題に取り組んでいる生物学者・マタ教授らの歓迎を受けた。エル・コレヒヨ・デ・メディコでは水俣病の映画と講演を原田先生がやられたが、私は前座で日本の砒素中毒の紹介をやらされた。メキシコのトルカでは村江氏の通訳で楽だったが、マタ教授の英語―スペイン語の通訳である。それがわかっていれば日本を発つ前に英語の講演録を用意できたのに、サン・ホセに着いてからいわれたのですっかり慌てた。私は一昼夜ホテルに閉じこもり滅茶苦茶な英文をなんとか書き上げて、おっかなびっくりの英語で喋ることになった。なにしろ文部大臣以下のコスタ・リカのエリートが聴衆なのだから。マタ教授も通訳に苦労されたことだろう。しかし、英語が通じない国で英語で話すのだし、自慢じゃないが外国に行くのは恥をさらしに行くことだとタカをくっているので気は楽である。メキシコに限らずラテンアメリカ一般にいえることだが、一部のエリートを除けば英語は通じない。ラテン系の国々なら欧州でもそうである。だから、ラテンアメリカの旅行には最低限のスペイン語の知識は必要だ。コスタ・リカでは一日、ポアス火山（二七〇四m）を見物に出掛け、サン・ホセから三時間ばかりマイクロバスに揺られた。霧の掛かった亜熱帯樹林帯の中に大規模な火口が開け噴煙が壮観であった。活火山の噴火口としては世界最大であるらしい。この火山のある高みから晴れた日には太平洋とカリブ海の両方が見渡せるという。それから三〇分ばかり樹海の中を歩き、濃い緑の火口湖を見物した。

いうまでもなくラテンアメリカとはアングロアメリカに対する言葉で、これらは旧大陸から新大陸に進出した人種的に或いは国家的支配の分布を示す表現である。つまり、北米は主にイギリス（アングロサクソン系）の支配する、南米はスペイン（ラテン系）の支配するアメリカである。これは宗教面でいうと、プロテスタントアメリカとカソリックアメリカを意味する。プロテスタントがストイックで排他的な反面、カソリックは土着的で包容力があり、儀式がやたらと多くお祭り騒ぎが好きである。スペインから新大陸への侵略者達はコルテスにしろピサロにしろカソリックを新天地に広めるという強い使命感に燃えていた。彼等はアステカ帝国やインカ帝国の国家的宗教（太陽神）を邪教として徹底的に排斥し征服民を全てカソリックに改宗させたけれど、インディオ達の土着の信仰までも根底から破壊することなく吸収しながらたちまちラテンアメリカ全域にカソリックを広めてしまった。現在、ラテンアメリカの国々では本家以上にカソリックが盛んである。こんなお国柄の処だから、復活祭（イースター）の時期にぶつかった旅行者は惨めである。サン・ホセ滞在時は丁度復活祭前で休暇に当たり、店も学校も交通機関も軒並み休んでしまい、私達も昼間はともかく、夜はひたすらホテルに閉じこもるしかなかった。ドクトル丸野はメキシコで私達と別れ独りペルーに飛んだが、リマで飛行機が飛ばず、クスコにもマチュピチュにも行けなかった。私達はホテルで夜食もなく酒も飛行場の免税店で買って来たものを大事に取っておいて飲んだ。ホテルでは食事の時間帯も制限され、あぶれると開いている店を捜して歩いた。開いているのはケンタッキーやマクドナルドとかアメリカ系資本のスナックで、コーラに鶏やポテトの揚げ物といった私の最も嫌う喰い物しかありつけない。それでもそれらを大事に持ち帰り、ホテルで花札を打ち、夜食となるのである。こうして飲む・打つは毎晩満たされてきたのだがあとひとつが伴わない。それでも開拓精神旺盛なドクトル大野と藤本が捜し出したバーに出掛けてみたが、セニョリーター達はひとりも居らず、自称自然主義者と宣うバーテンダーに「日本人は何故イルカを殺すのか?」とやられる始末で、白け切ってトボトボ帰ってきた。

話は少し変わるが、中近東などのイスラム圏ではラマザーンという断食の月がある。ラマザーンの一か月間、イスラム教徒は日没から夜明けまでの間しか飲食物を摂ってはならぬしきたりになっている。この期間は社会生活全般に能率が下がってしまうが、それでも国を挙げて休んでしまうことはないので、旅行していても特に不便を蒙るようなことはなかった。もっともイスラム圏にはちょっと原語は思い出せないが「明日にしよう」という挨拶言葉があり、午後から用事に出掛けてゆくと、これを言われてがっくりすることが度々あった。彼等は年中午前中しか働かないのである。ともかくラテン系の人々は、陽気でお祭り騒ぎが好きである。これはカソリックとは本来無関係で、ラテン気質ともいうべきものであろう。外国人旅行者などに気を遣うことなく自分たちの祭りに熱中することは結構なことだ。旅行者も事前に知っておけば、充分にそれに対応できるし逆に祭りを楽しむことだってできる。残念ながら、私達の旅はいつも行きあたりばったりなのである。

その4 バレンシア

コスタ・リカを正午前に離陸した飛行機はカリブ海沿いにパナマ、カルタヘナ(コロンビア)、マラカイボ(ベネズェラ)と寄港して夜八時半にカラカスに着いた。「ベネズェラに行く」と言うと、「珍しいですね、何しに行くんですか?」とメキシコ滞在中の日本人旅行者から尋ねられたことがある。ベネズェラは一般の日本人旅行者が余り立ち寄らぬ国らしい。ラテンアメリカを旅行して歩く若い日本人旅行者達は、ロスアンジェルスから陸路メキシコ、グァテマラ、パナマ、コロンビア、エクアドル、ペルー、ボリビアと南下してゆく。これが彼等のメインルートである。ベネズェラはこのコースから少し外れており、物価も高く取り立てて見るべき観光地も少ないからであろう。ラテンアメリカの旅行記を読むと決まって泥棒やかっぱらい、強盗に対する注意書きや体験記が載っており、行った先々でも現地の人達からとくとくと念を押された。ドクトル大野も、昔ボリビアでかっぱらいにやられた痛い経験を話してくれた。幸い今回は誰も被害に遭わなかったが、盗難への警戒は旅行中、特に独り旅になってからは絶えずピリピリと神経を張り続けたものだった。もっとも、用心したから被害に遭わなかったともいえるのだが。コスタ・リカ空港で会ったカラカス駐在の商社関係の人からは、特にカラカスの夜は危険だからホテルから一歩も出ない方がよいなどと脅かされた。私は旅行の際はいつも、最も大事なもの（パスポート、金、航空券）は皮袋に入れてシャツの下から肩にかけ肌身離さぬようにしている。これさえあれば、荷物は全て紛失しても盗られても、構わないと思っている。旅には最低限必要なものしか持って行かぬが、旅行中はそれでも重くてあれこれ捨てることが多いし、スーツケースごと捨てたいと思うこともある。そうはいっても盗られたくはないので、重く煩わしいのを我慢して持ち歩いているだけのことである。後日、チリからの帰路、サンチャゴからの飛行機が飛ばず三日間足止めを喰ったが、その時私の荷物だけが間違って他のリマ行きの便に積み込まれ運ばれてしまった。サンチャゴ在住の日本人に、もう荷物は諦めなさいと言われたが、着の身着のままの身軽さになって、たいしてがっかりすることもなかった。幸い三日後に荷物は戻ってきたが、ともかく荷物が少なければ旅はさらに楽しく無駄な時間と労力を浪費せずに済むのである。そんな訳でベネズェラの第一夜はイースターの余韻もまだ残っていて、夕食にもあり付けず、ひたすらホテルにこもり、酒を飲んではバクチにうつつを抜かすことになった。翌朝はホテル内の商店街を徘徊し昼食をゆっくり摂り、ちょっとプールとはいい難いホテルのため池で泳ぎ、プールサイドでセニョリータ境と花札を打った。午後、モナコ教授夫妻の出迎えを受けカラカス西方約二〇〇㎞にあるバレンシアに向け立派なハイウェイをひた走った。ベネズェラは石油で豊かな国で、工業化が急激に進んでいる。五〜六年前カリブ海沿岸の石油化学工業地帯にあるモロンの苛性ソーダ工場で水銀中毒事件があり、従業員百数十人が無機水銀中毒に罹患し一六人が死亡した。その後、モナコ教授らの調査でカリブ海のトリステ湾の魚介類が高濃度の水銀に汚染されていることが判明した。モナコ教授夫妻は三年前水俣を視察に見え、原田先生とは懇意の間柄、ラテンアメリカ式にいうとアミーゴ（友人）の関係にある。今回のベネズェラ訪問はトリステ湾の水銀汚染地の視察が主な目的であった。恒例の行事に加え、工場の排水池見学や患者の診察などもあって、三日間の滞在は殺人的なスケジュールだった。それでもモロコイ国立公園というトリステ湾の北端にある多島海巡りが日程に組んであって、束の間の息抜きができた。ここではマングローブのような低い樹木の茂る島々を二時間ばかり走り回り、カリブ海の綺麗な白浜で泳がせてもらった。しかし、ひと泳ぎすると時間がないと急き立てられ、不平たらたらボートに戻った。カラスの行水みたいでせめて一時間はのんびり甲羅を乾かしたかった。

　カラカスもバレンシアも北緯一〇度位で、赤道に近く熱い日々を過ごした。バレンシアではカラボボ大学の官舎みたいな家を提供され三日ばかり泊まった。ここは水が出なかったり自炊めいたことをやったりしたが、ホテルよりも却って寛げた。気の合った仲間達と旅をしていると自然と旅に必要な諸々の雑事の分担が決まってくるものである。私はメキシコから何とはなしに洗濯係をやるようになってしまった。私達の泊り歩いたホテルはさほど高級なホテルではなかったので、部屋にはバスが付いていないことが多かった。しかし、どのホテルもシャワーとトイレとビデが付いていた。バス付のホテルにも結構泊まったが、私流の洗濯にはシャワー室が却って便利が良かった。まずシャワーを浴びる前に洗濯物をシャワー室に放り込み、湯を出して粉石けんを振り掛けておく。頃合いを見計らって、シャワーを浴びながら足踏みをするのである。バスだと足踏み式の洗濯には足が滑って不便であった。洗濯物が多いときは御婦人用のビデも何回か使用した。これは濯ぎ用には割合便利であることが判った。旅はいろんな経験を与えてくれる。セニョリータ境の洗濯物もいろいろ洗わされた。女物を洗濯したのは流石に初めての体験であった。ドクトル藤本の安物のアンダーシャツは染が悪くて他の洗濯物がすべて赤く染まってしまった。ともかく、慌ただしく流して歩く旅では洗濯は避けられない必要事であるが、無精者でも知恵を働かせると何とかなるのである。

その5　マンゴー皮膚炎

バレンシアにあるモナコ教授の広い邸宅内にはマンゴーの樹が数本あり、緑色の実をたくさんつけていた。初めて教授宅にお邪魔した折、マンゴーの樹の下であれこれ結構なお酒を頂きながらスケジュールの打ち合わせなどをやった。マンゴー樹を見るのはその時が初めてだった。果実の姿から想像すると、何かつる科の植物になる実だと思っていたが、堂々たる大木である。教授に案内されたバレンシアの公園でも、園樹の多くがマンゴーだった。マンゴーは熱帯産のウルシ科の常緑高木で東南アジア原産だが、成長が早く樹高三〇ｍに達するものもある。バレンシアの園樹もうっそうと茂った大樹で、緑色の果実が葉と保護色になり仲々眼につきにくい。パキスタンで喰ったマンゴーは淡緑色をしていた。東南アジアでもマンゴーは淡緑色の時期に出回っていた。ラテンアメリカでは緑色の時期には喰わず、紅黄色に熟れたものを食している。これまで紅黄色のマンゴーは見たこともなかったので、マンゴーといえば緑色の時期に喰うものと思っていた。これは日本人がバナナは黄色と思い込んでいるのに、原産地では決して黄色のバナナは出回っていないのと少しく相通ずるところがある。マンゴーといっても日本ではなじみが薄いが、小笠原諸島には産するらしい。マンゴーは果物の王様だという人もいる。一種独特の臭気があり嫌う人もいるが、一度この味を覚えたら病みつきになる人もいる。私は後者に属するようだが、インドや東南アジアの緑色のマンゴーの方が味は良い。それでもあちこちで紅黄色のマンゴーを喰い漁ったから中毒に近い状態である。

私にとってマンゴーの唯一の欠陥は、これを喰うと皮膚がかぶれることである。マンゴー皮膚炎（この用語が正しいかどうかは知らぬが、便宜上使用する）は、皮膚粘膜移行部に好発する。つまり、最初は口唇部に決まって起こり、ついで口周囲、外鼻口付近、眼周囲の皮膚の発赤腫脹を生じ、痒みがある。悪くすると肛門周囲にも及ぶ。私の経験ではペニス周辺部をおかされたことはまだない。マンゴーの果実は中心部に白い大きな芯があり、果肉は柔らかくつるつるしていて果汁も多い。マンゴーを喰うとき果汁が口唇部に触れぬよう注意すれば、かぶれずに済むかもしれぬ。私の美学に従えば、丸ごとかぶりつかないとマンゴーは美味しくない。

マンゴー皮膚炎には一〇年ほど前にカラチでやられてから、罹ったことはなかった。この旅ではメキシコ市で軽いものに罹ったが、二〜三日で治った。そのあとプエブラに出掛けて喰ったら、また罹った。このときはかぶりついた瞬間に口唇部にむず痒い感覚がピリッと走り、忽ち口唇部が腫れあがった。眼と鼻の周囲も腫れて赤くなった。これが仲々治ってくれず、抗ヒスタミン剤を服用し軟膏を塗りつけ、ついに酒も断った。コスタ・リカではチェン・アプィ教授やマタ教授宅での招待パーティもコーラやジュースで耐え忍び、随分白けた気分だった。それでも治らないので、凡ゆる試みを放棄して酒も飲むことにした。結果的にはそれが成功し、ペルーに着いた頃にはほぼ治ってしまった。マンゴー皮膚炎は放置するに限るという確信、というよりむしろ積極的に飲むべしという感触を得たのである。

酒が飲めるということは幸いなことである。ふさいだ気も晴れて、旅は勢い楽しくなる。リマからクスコに飛んだ。クスコのディスコで民族音楽に酔い飲んで踊って騒ぎ、深夜の街をホテルまで踊って帰ったら、あれはとうとうマンゴー脳炎に罹ってしまったと、仲間内で囁かれるようになった。クスコのディスコの話は後に譲るとして、クスコで私達の旅程はほぼ終わり、私は独りアンデス山地を南下することになった。別れの夜にバザールで仕入れてきたマンゴーを二個喰った。マンゴーに積極的に手を出すのは、いつも私だけである。翌日から皮膚炎が出現したが気にもかけず、クスコからチチカカ湖畔にあるプノという街まで一日汽車に揺られた。プノでは二晩、民族音楽を聴かせる酒場に通ってピスコ（ブドウで造ったペルーの蒸留酒）をかなり飲んだ。プノは標高三八〇〇mあり富士山より高い。高地での過量のアルコールの影響はてきめんだった。ホテルのベッドに横たわると動悸がして息苦しく寝ておれない。その晩は上半身を壁にもたれた姿勢で夜を明かした。翌日はビールを軽く飲む程度に抑えたが、こんどはマンゴー皮膚炎がとうとう肛門部に浸潤してきた。これはとてもむず痒くて、いたたまれず悶々として一夜を過ごしたのである。

マンゴーの話にはまだ尾ひれがつく。私は帰国して数日後、急性肝炎に罹り二か月半の入院生活を送った。

その折、恐縮にも大学の立津教授から御見舞を受けた。頂いた果物の中に何とメキシコ産の紅黄色のマンゴーが入っていたのである。私は思わず唸ってしまった。喰ってみたい誘惑も強かったが、黄疸がやっととれたばかりで、このうえマンゴー皮膚炎になったら私の肝臓はどうなるだろう。長い熟慮の末、このマンゴーだけには手を出さぬことに決め、他の患者さんに食べてもらった。

ところでマンゴーとは果たしてそんなに美味い物であったろうか。いま冷静になって考えてみると、マンゴー皮膚炎とイタチごっこをしながら、治るたびに今度は絶対に罹るまいぞと意地になってマンゴーと対決しながら喰い歩いたラテンアメリカの旅だったような気も、朧気ながらするのである。

その6　リマからクスコへ

五〇日余のラテンアメリカの旅で最も感動したのは、上空からリマを眺めたときだった。機が着陸態勢に入る直前、大きく旋回した折、傾いた機窓から砂漠の中に廃墟が一瞬眼に入ってきた。砂に埋もれて何か凄い遺跡があると思って再び視角の変わった砂漠を凝視すると、それは紛れもなく人の住む街であった。廃墟と思ったその街は、リマ郊外を少しはずれた一画にあり、アドベ造りの乾いた明るい土色で、全く緑のない街であった。リマは海岸から砂漠である。南米大陸の太平洋岸はフンボルト海流の影響で乾燥がひどい。ペルー以南の太平洋岸、つまりアンデス山地を境にした西側は砂漠ないし半砂漠に近い乾燥地帯がチリの中央部まで続く。それはチリのアタカマ砂漠で極致に達するが、このような過酷な自然条件に感銘を受けたのではない。砂漠に一本の樹木もない街が存在し、そこに人が住んでいることへの感動であった。砂漠では水のあるところに人が住み緑が育つ。そんな環境で人は緑を大事にする。これは中近東を歩いて得た私の砂漠の民へのイメージであり、私の感動はそのイメージが壊された驚きでもあった。中近東の村や都市と南米のそれを比較することに意味はないが、ともかくこれはすさまじい都市だというのがリマに対する私の第一印象であった。リマはインカの征服者ピサロが建設した都市で、スペイン統治下の一八世紀からシモン・ボリバルらがスペインからの独立運動に活躍していた頃のリマは、欧州文化の粋を集めた南米大陸の中心地だった。

「花の都リマ」という私のリマへのイメージは幻想に過ぎなかった。得てして人は未知のものに勝手気ままな憧憬を抱きがちで、現実に失望させられる。往時の栄華を物語る建物も雰囲気も随所に残っているが、サン・マルチン広場付近の中心街も活気がなく落ちぶれた大都会という感じである。石油を持てる国と持たざる国の差であろうか、メキシコシティーやカラカスと比べると一国の首都としてはなんともうらぶれた街である。ともかくリマで私は往きも復りとも単なる通過客であった。リマには七万余の日系人が住んでいることだし、「住めば都」ということもある。

それにしても無秩序な都市の膨張と過密化、そこに生じる様々な環境問題は、日本に限らずラテンアメリカ諸国の都市で進行している深刻な問題である。水不足で瀕死の状態にあるリマでは、三〇〇粁離れたアンデス山地から水をひく計画が進められていた。そのアンデスの谷はアマゾン河の最奥部の源流のひとつでマンタロ河と呼ばれている。この一帯はペルーの鉱物の豊庫で多くの鉱山や精錬所があり、河水は魚が棲めぬほど鉱毒に汚染されているという。この鉱毒水を浄化してアンデス山脈を越えて水を引くのは大変困難な一大作業である。リマが難局を乗り切ってよみがえる日の来ることを祈っておこう。

リマから国内線でクスコに飛んだ。気流の強いアンデス山地をやっとかすめて超えると、すぐクスコの飛行場に着いた。ラテンアメリカでは飛行機の離着陸のたびに乗客が歓声をあげて盛んに拍手をする。クスコは南米随一の観光地だから立派なジェット機が飛んでいるが、古い双発機を使用しているローカル線ではよく飛行機が落ちるそうである。

クスコには四泊して近郊のインカ遺跡を一通り見物して回った。インカ帝国の首都であったクスコは標高三四〇〇m、周囲に緑のアンデス高地が折り重なる浅い盆地に拡がる落ち着いた美しい街である。古い街並みをほとんどそのままに残し、屋根瓦は橙色に統一され白いビルディングはひとつもない。人口二〇万、インディオが約半分、メスティソ（インディオとの混血）が四五%、その他が五%の人口構成だという。折良く雨季明けで天気に恵まれ、街並にはレタマの黄色い花が咲き乱れていた。乾涸びた砂漠のリマから飛んでくると、緑に囲まれたアンデス山地は心が和む。東側のアンデスが熱帯の水地獄、西側が乾燥地獄ならば、このペルーアンデス高地は緑にも水にもほどよく恵まれた天国であろう。インカがアンデスの山中に都を置いたのも充分得心のいくことである。特にピサックの街のある「聖なるインカの谷」・イルカイヨ河畔は豊かな穀倉地帯で、山の上まで段々畑が連なっていた。谷間の沃地は主にトウモロコシ、丘陵地から山の斜面にかけては大麦畑が多く、ときにライ麦も眼に付いた。河畔の畑にはキャベツ、ゴマ、ソラマメなどがよく育っていた。トウモロコシは収穫期で、ウルバンバの街のホテルで昼食に出たゆがいた粒の大きいものは美味かった。ライ麦はもっと南のチチカカ湖畔やボリビアでも大規模に栽培していたが、クスコのバザールで青々としたライ麦を一把だけ並べて売っているのを見た。これは誠に不思議な光景であったが、言葉が不自由で何に使用するのかわからなかった。ラテンアメリカではいろんな物を食べたが、印象に残る食物は余りなかった。しかし、野菜と果物だけは格別に美味かった。農業を工業化した日本のものは、もはや野菜でも果物でもない。いまいましくもビールス性肝炎に罹ったけれど、本物はやはり美味いのである。一方、樹林相はなんとも貧困でどこに行っても柳とユーカリばかりが眼についた。これらは元来アンデスに産するものではなく、外部から移入したものだという。ポプラは随分探してみたがアンデス山地では一本も見かけなかった。ずっと南に下ってチリのサンチャゴ付近でポプラの並木を見つけた時は、ほっとした。中近東の砂漠でポプラはオアシスの象徴であった。

その7　クスコ周辺

一口にアンデス山脈といっても、ペルーからボリビアにかけてのアンデス高地は実に膨大な広がりを持っている。一般にアマゾン側に接する東側の主脈をコルディエラ・オリエンタル（東山脈）、砂漠地帯に面する西側の主脈をコルディエラ・オクシデンタル（西山脈）と呼んでいるが、この間には多くの山脈が複雑に重畳し、縦谷はアマゾン最奥の源流の幾つかをなしている。クスコはコルディエラ・オリエンタルの真っ只中にある。クスコ郊外の丘陵にサクサワマンの城址とタンボマチャイの遺跡を訪れたとき、氷河を抱いたコルディエラ・オリエンタルの最高峰ネバド・アウサンガテ（六三八四m）がよく見えた。この付近は三六〇〇m程の高さで、急ぐと息切れがする。緑の野にリャマやアルパカが群れ、民族衣装に着飾ったインディオ達が物売りにやって来る。日射しは暖かく空気は澄み、アルペン的風情を満喫するには馬かロバに乗って悠長に散策したい処である。悲しいことに私達には時間がない。観光客はいつも着いた日からマイクロバスで風の如く引っ張り廻される。

翌日、リマに本拠を持つ日系の金城ツーリズムのガイド・鈴木氏に連れられてマチュピチュ見物に出かける。国有のペルー南鉄道はクスコから南にプノ、アレキパを経て太平洋岸に達しているが、クスコから北はマチュピチュまで軽便鉄道に毛の生えたような汽車が走っている。片道約三時間半。急行は全て座席指定で観光客がほとんどである。マチュピチュまではビルカノータ河畔沿いに高度にして約八〇〇m下るが、車窓は氷河の山々や渓谷、広々とした平原などバラィティに富む眺めが続いた。現在はほとんど消え失せているが、インカ帝国の遺物として「インカ王道」と呼ばれる一大道路網がかつてのインカ帝国の版図内に張り巡らされていた。それはアンデス山地にも太平洋岸の砂漠地帯にもあって、比較的保存の良い乾燥地帯では現在でも砂に埋もれたインカ王道を点々と辿ることができるという。このインカ王道は古代ローマの道路網を凌ぐといわれるが、皮肉なことにこの整備された立派な道路網が存在したために、スペイン軍は馬という機動力を有効に使用できて短期間にインカ帝国を征服することができたのである。クスコからマチュピチュまではインカ王道が比較的良く保存されていて車窓からもその一部を見ることができた。クスコから徒歩で往復約一週間かけて辿るツアーがあって、若い旅行者には人気があるらしい。各所でインカの遺跡を見学しながら、寝袋を持ってかつての宿場に寝泊まりしてマチュピチュまでのんびり歩くのである。私達は日帰りの旅、座席に着くやいつもの如く花札を始めるのである。京城の空港で退屈しのぎに開帳したこのラテンアメリカ花札シリーズは、尚延々として続いていた。この汽車は向かい合わせの四人掛けの座席の真ん中に小さいテーブルが取り付けてあり、花札には好都合だった。セニョリータ境は博才のほどは尚定かではないが、仲々度胸のある博徒であった。たかが花札といっても五〜六分で一勝負がつき、その度に二〜三万円の金が動くこともあるから、旅行者の身分ではおろそかには打てないのである。それでも脇にカメラを用意して、良い被写体があるとパチパチ撮りまくるから仲々忙しい。

マチュピチュの駅は深い峡谷にあった。仰ぎ見る断崖絶壁に九十九折れの車道が開かれ、マイクロバスで三〇分も揺られるとマチュピチュの遺跡に着く。ビルカノータ河左岸の尾根から東に張り出した短い山稜にこの名高い空中都市は建設されていた。俯瞰すると真下にビルカノータ河の濁った流れがこの山稜を捲いて、反対側でまた北流しているのがよく望まれる。この河はさらに北方でウルバンバ河となり、ウカヤリ河で熱帯圏に入り、イキトスの北方でアマゾン本流となる。鈴木氏のガイドで三時間ばかりこの都市跡を見て歩いた。山腹に段々畑の石垣が組まれ、この石垣は城壁の役割を果たしていたという。中心部には王宮、祭壇、広場、刑場、牢獄、石切り場、高みには見張り台、太陽神へ処女の血を捧げる生贄の祭壇など様々な石の建造物が保存よく残されている。マチュピチュが発見されたのは比較的新しく、この廃墟については諸説紛々としていまだアンデスの謎となっている。一説によると、もっとクスコ寄りにあるオヤンタイタンボの城塞がピサロ軍に陥された後、インカ軍は戦わずしてこの都市を棄て、いずことも知れず逃げ去ったという。

遺跡の良い処は、勝手気ままな空想ができる点である。都市全体を眺めるとこれはれっきとした防御用の巨大な城塞都市である。しかも、地形的にみてアマゾン側に対する備えであるように思われる。つまり当時、インカの文化に敵対する文化、ないしはこれを脅かす勢力圏がアマゾン側に存在したのではなかったろうか。

帰路は独り駅まで歩いて下った。林の中に車道を突っ切って小径があり、それを駆け下るとバスと余り変わらない。遠くで雷鳴があり、一雨きそうな雲行きになった。マチュピチュ名物に子供達の面白いアルバイトがある。崖の中腹で下りのバスを待ち、客に日本語で「さようなら！」と声を掛け、小径を駆け下る。少年達はバスより先に下の車道に下り、同じバスを待っている。また「さようなら！」と叫んで次の車道まで走る。こうして何度もバスと駆けっこしながらマチュピチュ駅まで走り、駅で客から何がしかの金を貰うのである。これは大変な労働だが、金を貰える子も、運悪く貰えない子もいる。私もこの子らと一緒に山を駆け下ったが、私に金をくれる物好きな客はいなかった。駅まで四五分かかったが、お陰で身体がすっきりした。

その8　アンデス高地の旅

クスコから独り汽車に乗った。ペルーとボリビアに跨る広大なチチカカ湖畔にあるプノまで、一日中汽車に揺られた。クスコからプノを経てボリビアの首都ラパスに至るコースは、アンデス観光の中心部で三五〇〇m～四〇〇〇mの高原地帯である。汽車は浅い緑の谷間をビルカノータ河畔沿いに走る。草原に家畜が群れ、丘陵の奥に氷河を抱く山々が頂をちらほらと覗かせる。そんな牧歌的・アルペン的風情の、のどかで美しい眺めが終日続く旅だった。

汽車の旅は二等車が面白いのだが、この線は泥棒のメッカと聞いていたので、用心して一等車に乗った。それでも汽車賃は一一時間乗っても一八〇〇円だから安い。ペルー人の若い医者と初老の電気技師と知り合い、沿線の説明を受けたり随分と世話になった。

アンデス高地にはリャマやアルパカの放牧が多い。どちらもグアナコという南米産のコブナシラクダを家畜化したものだが、私には両者の区別は分からない。リャマは主に運搬用に、毛の長いアルパカは毛織物用である。アルパカ毛のセーターやポンチョは軽くて暖かい。またその服地は夏用では最高級品で、日本では国会議員が好んで着たがるという話をサンチャゴで聞いた。アルパカは愛嬌のある動物だが、不機嫌なときに近づくと臭い唾液を吐きつける。マチュピチュで写真を撮ったとき、その洗礼を受けた。野生のグアナコはビクーニャと呼ばれ、山野に群棲しているようだ。今度の旅ではさほど辺鄙な処へ出かけなかったので一度も目にする機会がなかった。

プノには夕刻着いた。この街はチチカカ湖畔にある観光都市で人口四万、一六六八年、スペイン人が建設した。有名なチチカカ湖は海抜三八一二m、面積は琵琶湖の約一二倍。このような乾燥高地にあっても淡水湖である。インカ帝国の創始者マンコ・カパクとママ・オクリョがこの湖から生まれたという伝説に因んで、インカ帝国では神聖な湖であった。

ボートを雇って、チチカカ湖のフローティング・アイランド（トトラという葦でできた浮島）に住むウロス族を訪れた。トトラは湖面から二〜三mも伸びた大きい葦で、その茂みの真ん中にトトラを敷き詰めて造られた島が、大小七八個存在するという。トラニ・パタという島まで約三〇分。この島には約五〇家族が住む。家屋も教会も庭も道もあらゆるものがトトラでできている。だから敷き詰めたトトラが少ない部分を歩くと、地面全体がブヨンブヨンと波打つ。踏んだ足が沈まぬうちに素早く他の足に踏み換えねばならぬが、とうとう靴を濡らしてしまった。この島には不似合いな小さいトタン屋根の小学校があり、教師が一人、生徒が二二人いた。授業中なのにガイドが教室に客を案内するのは、観光地といっても少し行き過ぎである。申し訳ないので教材用にと日本の硬貨を数種提供する。教師がそれを説明すると、子供達が急に日本の童謡を唄い始めた。最初は、「おててつないで」が、「しょしょしょじ」になり、最後は「ぴちぴちちゃぷちゃぷらんらんらん」で終わる何とも変な歌の連続に、つい笑ってしまった。日本の若者が一週間ばかりこの島に泊まり込み、教えて行ったという。

トトラ舟に乗り（一〇〇円）、女性の写真を撮り（一〇〇円）、トトラを抜いてその根を食べてみる。丁度、「ツバナ」を食べるような青臭い味であった。彼等も夏の間少し食べる程度だという。観光用のパンフレットには「ウロス族はトトラを食べて生活している」と書かれているが、主食ではないのである。

浮島を二つ見てプノに戻り、今度はタクシーで近郊にあるシルスタニーの遺跡を見学した。プノから約三〇粁。この遺跡はチチカカ湖からの入江に面した眺望の良い小高い丘にあった。シルスタニーはプレインカの遺跡で、大小様々な墳墓群から成る聖なる墓地である。石造りのやや末広がりの円筒が、広大な丘全体に散在している。大きいのは高さ二〇ｍ、直径六〜七ｍある。この一つ一つに一体のミイラが埋葬されていたという。規模はマチュピチュより少し大きいが、建造物は墳墓だけで壊れたものが多く、保存も悪い。今回は各地で嫌になるほどミイラを見せられた。乾燥地帯では理にかなった埋葬法かもしれないが、ミイラはいつ見ても余り気分の良いものではない。

プノには三日滞在した。やや雑然としているが人は親切で、明るい気持ちの良い街であった。三日目の早朝、急行バスでチチカカ湖の西岸をラパスまで三〇〇粁走った。湖畔は豊かな農耕地帯でライ麦の刈り入れ時であった。チチカカ湖は碧く広く、まるで海である。遠い対岸に連なるレアル山脈の白い輝きが、青い空に映える。日射しは強く、光と影のコントラストが鮮明で眩く物憂い。どこか地中海的雰囲気である。ボリビア国境のユングヨという小さい街でバスが小休止した時、ここでビザを取れと運転手が勧めてくれた。湖岸に近いかわいい領事館は門が閉じていた。道端から声を掛けると、老年の領事が少しびっこを引きながら出てきた。「おはよう！」と領事は日本語で笑いかけ、内に招き入れてくれた。ものの二分もかからず一五日間の滞在許可をくれた。どこに行ってもビザは国境で取得するのが最も簡単だ。大都市にある大使館ほどあれこれと注文をつけ、恰好をつけたがる。この簡素な事務所にあるのは、古びた机と椅子に旧式のタイプライターだけである。禿げた頭を光らせながら、「グッド・ラック！」と愛想よく領事は手を差し伸べてくれた。

その9　アンデス高地の旅

ユングヨの街を出るとほどなく国境に着いた。不謹慎だが、私はラテンアメリカの旅で一度賄賂というものを使ってみたいと思っていた。ここでその機会が訪れた、というより自ら機会を創り出した。ペルー側もボリビア側も荷物検査はバスの中をちょっと見廻る程度の大雑把なもので、出国と入国のチェックだけで大した手間はかからなかった。ボリビアの入国手続きの最中に、私はカメラを胸にぶらさげ、周囲を盛んに撮るポーズを示しておいた。けれども国境でカメラを振り回すことの意味は弁えていたので、シャッターは一度も切らなかった。最後から四～五番目に手続きを終えて外に出ると、私はあらかじめ狙いをつけていたボリビア国旗に向けてシャッターを切った。ボリビアの国旗は赤、黄、緑の三色旗で、入国事務所の前の広場に立つポールの上端で鮮やかな色彩をはためかせていた。ゆっくりとバスに歩みかけたら、案の定、警備の兵士が一人、私を咎めて、写真を撮ったことに文句をつけてきた。内心、うまく行ったと思った。「俺はあの国旗を撮っただけだ。ボリビアの国旗は素晴らしく綺麗だ」、私はお世辞を込めて弁解した。「それは認めるが、お前は許可を取っていない」と兵士。「どうして国旗を撮るのに許可がいるのか。そんな話は聞いたことがない」などと私も惚ける。こんなやりとりをやっていると、事務所から運転手がすっ飛んできて二人の間に入った。兵士を少し離れた場所に連れて行き、彼は暫く兵士と話し込んでいた。賄賂の支払いを算段しながら見守っていると、急に運転手は私を指差して早くバスに乗れと言い、自らもバスに向かって掛け去ってしまった。私は少々唖然とし、運転手と兵士を見比べながら、彼の後を追った。運転手が兵士を説得したのか、何か二人の間に約束ができたのかは分からない。運転手はくだらぬトラブルで、バスを遅らせたくないだろう。しかし、彼の行動は誠に迅速で手慣れたものだった。この程度のトラブルは日常茶飯事としてこなさないと国際バスの運転手は務まらないのかもしれない。いつも引き合いに出して恐縮だが、中近東の国境ではカメラを見せるだけで兵隊に怒鳴り散らされた。ボリビア国境では私がシャッターを押したことを見届けてから、やんわり文句をつけてきた。私の企ては敢え無く失敗したが、この辺の相違は大変面白かった。

ところで、後に私は賄賂の授受には渡す側にも受け取る側にも実に細かい手順とマナーとテクニックが必要なことを知った。スペイン語が碌に出来ぬようではスマートな賄賂のやり取りは出来ないと思った。私の無手勝流のやり方では、無粋そのものの印象を与えてしまったであろうと、その愚かしさを後で反省することになったのである。その話はのちに述べることにする。

さて、ボリビアに入ると直ぐ、コパカバナという小奇麗な街に着き、昼食のため大休止を取った。街の中央には華麗なカソリック教会があり、前はソカロ（広場）が公園を囲んでいる。教会の背後には尖った三角形の岩山が聳え立ち、ソカロから石畳の広い道を五〇〇m下るとチチカカ湖畔である。ここから眺めるチチカカ湖は空の青さを遥かに凌ぎ、正午時の所為か暑い日射を避けてか、閑散として人影は少ない。郊外にオリーブの林でも連なっていれば、地中海のどこかの田舎街と見まごうほどだ。時間があればせめて一日ゆっくり滞在したい処である。

話はまた変わるが、ラテンアメリカの長距離バスはトイレが備わっている。チリのアントファガスタからサンチャゴまで一四〇〇粁走った時はとびきり上等の二階建てのバスで、待遇も飛行機並みに良かったが、これには各階に一個ずつトイレが備わっていた。鉄道網が比較的良く発達しているチリでさえ、バスは既に汽車に取って代わったようである。バスのトイレで小用をたすのは、汽車より数倍も困難である。舗装道路はまだしも苦労が少ないが、チチカカ湖畔は大部分が未舗装でおまけに曲がりくねっている。こんな条件である一定範囲に集中放射するのはかなりの努力がいる。その上ドアがよく締まらず、空いた手でドアを押さえ両足でバランスを取り、悪戦苦闘。晴天なのに、窓からは砂塵と共に飛沫らしきものが舞い込んでくるから、何とも居心地が悪い。

チチカカ湖の東岸に向かって突き出している半島に這入り込んで、バスはうねうねと登降を繰り返した。半島の端でチチカカ湖の幅は最も狭く、対岸まで一粁足らずである。ここで乗客はバスから降ろされ小さいランチに乗せられた。バスは平たい木造舟に移され別のランチで曳航される。木造舟の離岸には人夫が竿を用い、接岸にはロープで引き寄せる。対岸に達し高みに登ると、茫々たる平原が開けてきた。平原に厚い雲の連なりが這うように垂れ込んで流れ、彼方にはレアル山脈の雪線以下の裾野がゆるやかに伸びて、平原に吸い込まれている。この六～七〇〇〇ｍ級の白い山脈の一大パノラマの出現は、私には違和感の強いものだった。平原からいきなりこんな高峰群がずらりと姿を見せたのでは、有難みが薄れてしまう。しかし、この大平原は四〇〇〇ｍの高度があるのだから、白峰の懐を覆う前山がなくても少しもおかしくはない。むしろこんな高みに一大平原が広がっていることが、珍しいのである。ボリビア・アンデスの飾り気ない山岳風景を横に、バスはどこまでも一直線の舗装道路をラパスに向けひた走った。

その10　アルティプラノを越えて

チチカカ湖からボリビア南西端に及ぶアルティプラノ（大平原、Altiplano）は、太古の昔、日本の本州がすっぽり入る程の大きな湖であった。それが乾上がって現在のチチカカ湖や大平原ができあがった。このアルティプラノの一角が浸食で削り取られ、擂鉢状に落ち込んだ谷の斜面にラパスの街並が掛かっている。アルティプラノからバスがゆっくりと内壁に降り始めると、レアル山脈の南端に聳えるこの山脈の最高峰・イリマニ（六八八二ｍ）の氷河に包まれた大きな山容が、視界にぐんと飛び込んできた。折からの残照が氷雪の山肌をピンク色に染め、ラパスの真上に輝く姿は誠に圧倒的な迫力であった。山そのものは決して技術的に難しくはなく、むしろ穏やかな山容だ。しかし、このような大都会のすぐ手の届く間近さで迫られると、眼を剥くばかりの壮観さである。私はかつてこれほど山の姿に感動したことも、これほど山の姿が絵になっている場面にぶつかったこともなかったように思う。その意味でもイリマニはラパスの象徴的存在である。

そのまさに私が息を呑んだ場所で、運転手は写真撮影のためにバスを停めてくれた。幸か不幸か私のカメラにフィルムは残っていなかった。私に関する限り、写真というものは決してその感動のイメージをそのまま再現してはくれない。下手に写真を撮ると、その平板な写真の像はいつのまにか心象とすり替わってしまう。

「ラ・パス」とは平和という意味であるが、ラパスはボリビアの政治・経済の中心でありながら、憲法上の首都ではない。クーデータの多いラテンアメリカにあっても、殊に年中クーデータ騒ぎをやらかしている街である。アルティプラノの上から見ても擂鉢の底から見上げても、ラパスの街は奇観である。擂鉢の底は街の中心部で高層ビルが密集し、大通りは手入れの良い並木を装った芝生の中央帯が延びている。この大通りはほぼ平坦で、他は全て急な坂道が放射状に内壁に向かっている。内壁をなす山腹には階段状に建物がぎっしりと埋まり、あふれ出した家並はアルティプラノの上まで広がっている。最低部の高さはほぼ富士山頂に等しく、アルティプラノは四〇〇〇mを超す。この高度で空気は平地の三分の二以下である。

南アメリカの高地住民には、「モンゲ病」という慢性高山病が存在するといわれている。この疾患の根治療法は低地に降りる以外にないそうだが、ラパスで金持ちは少しでも水の便が良く空気の多い擂鉢の底に集まり、貧乏なインディオ達はアルティプラノの上に住み着いてゆく現象が見られる訳である。プノに滞在しているとき、ラパスには三~四日ゆっくりする積りだったが、大変なことに気が付いた。それはラパスに着く日が火曜日であることだった。ラパスからチリのアントファガスタ行きの汽車は、週一本水曜日しかないことに気が付き大いに慌てた。私には一週間もラパスに滞在する日程の余裕はない。ラパスからアントファガスタに飛ぶことはできるが、アルティプラノを汽車で縦断するのはこの旅の最も大きい目的であった。ラパスに一泊しかできなくても、この汽車は逃せない。うまく切符が手に入るかも気掛かりだったが、どうせ行きずりの気ままな旅には違いがない。ラパスに着いたものの、今夜のホテルも決まっていないのだ。バスの終点まで乗っていることにした。夕刻六時、バスはラパスの街の最も低い部分のロータリーに面したホテル・クリオンの前に停まった。フランス人の団体客の後からのこのこ付いて入ったら、都合よく部屋が空いていた。ともかく空気だけはラパスの金持ち並みに存分に吸えそうだ。ラパスはフォルクローレの本場、一晩ゆっくり民族音楽を楽しみたかったが、時間がない。細々した用を済ませ、スーツに着替えて九時に夕食に出る。ホテルで会った日本の商社員に「スキヤキ」という和食の店を教えてもらい捜し歩いたが、街は暗く見つからない。高地には慣れたものの、ラパスの坂道を歩くのはしんどい。人に尋ねても決して知らないとは言わず、皆てんで勝手な方向を教えるから草臥れる。薄闇に機銃を据えた兵士の一団が屯したりして、ラパスらしい雰囲気だ。二粁程歩いたら無性に腹が空いてきた。中華料理の看板を見つけて這入り込む。

翌朝、汽車の切符を求めて駅に向かう。ラパスの街は仲々に活気があり、思ったほど汚くもない。タクシーも親切で珍しくボラれることもなかった。ここでも日本の車は燃費が要らず、故障しないと評判が良かった。駅で汽車を眺めて恐れ入った。この国際列車のなんと古ぼけて時代がかっていることか！　車中二泊の長旅なので寝台券が欲しかったが、寝台車はなく、二人掛けでドアの締まるコーチしかついていない。その切符も手にいらず、結局、一等と称する普通座席に収まった。二等車は窓側に菊池電車並みの座席、無蓋車もある。飲食物は何一つ備わっていない。発車まで室内に物売りが入れ替わりやって来る。若い外人旅行者と買い出しのインディオのかみさん達でほぼ満席となった。しんどいが面白い旅になりそうだ。定刻一一時、鐘と汽笛を合図に汽車はゆっくり動き出し、九十九折れにアルティプラノまで三〇分もかかって喘ぎ上った。視界が開け緩やかな起伏の平原地帯に抜けると、久々に地平線が見えてきた。汽車は感動的なほどのろく、車窓の彼方に平行する道路をバスが軽々と抜いてゆく。しかし、この単調で雄大な景観には、この速度が似合っている。暑い日射しの中でイリマニの白い輝きがいつまでも汽車を追っかけてくる。

その11　アルティプラノを越えて

夕刻、オルロという工業都市に着いた。この街は雑然としているが活気に満ち労働者の住宅群が街外れまで軒を連ねていた。オルロは細長い瓢箪型をしたポーポ湖という塩湖の東岸に位置し、鉄道は一部ポーポ湖内部に築かれた堰堤上を走っている。沿線の大地には塩が薄く沈着しており、雨季にはもっと水位が増すのであろう。湖面には植生もかなり見られ、フラミンゴの大群が浮かび、その他の水鳥の種類も多い。現在、チチカカ湖の水はポーポ湖に流れ込んでいるから、アルティプラノでポーポ湖付近は最も低い位置にあるのだろう。ペルー以南のアンデス周辺では、海に出口のない河が多い。概ね不毛の砂漠である乾燥したアンデス高地やアルゼンチンのパンパ地帯で、大部分の河は砂漠の中に消えてしまう。或いは乾上がって塩原となり塩湖となる。雨季にだけ水の流れている河も多い。このような乾燥地帯を内陸流域と呼ぶが、ペルー以南のアンデス山脈一帯には地上最高の火山帯を含む一大内陸流域が広がっている。チリ北部のアタカマ砂漠などもこの中に含まれる。内陸流域では水中の微量物質が海に排泄されないため、砒素などの有毒物質が永年の内に高濃度に蓄積される。このためアルゼンチンのコルドバを中心とした大平原地帯には自然水中の砒素含有量が高く、飲料水による慢性砒素中毒者が古くから存在している。私の旅の目的は、このような砒素地帯を歩いてみることだった。

ポーポ湖を南下するにつれ、緑が少なくなってきた。地平線まで続く赤茶けた平坦な大地が広がる。これは砂の砂漠と異なり、かつて見たこともない奇妙な光景である。地平線の彼方はもやもやとして定かではなく、僅かに一か所白い峰が地平線から頭を覗かせている。サハマ（六五二〇m）であろう。この山は少しアンデス主脈から外れているが、ともかくポーポ湖付近からアンデス山脈まで何一つ遮るものもなく、不毛の大地の広がりが見渡せる。汽車の左手はレアル山脈から延びてきた低い山地が連なっていて、乾燥しているがまだ草木の育ちがある。この鉄道は人の住める世界と住めない世界をくっきりと二分しているようだ。夜汽車の着く駅には篝火が焚かれ、飲食物を売る露店が並ぶ。串焼きの肉で腹を満たし、熱いコーヒーで渇きを癒す。夜も更けると、窓は凍てつき冷え込んできた。羽毛服に身を固め、下半身には厚手の毛のズボン下を着込み、アルパカ毛のポンチョを巻き付け麻の袋に両脚を突っ込んだ。まるで雪山のビバークであるが、寒くて寝付けない。午前三時、ウユニという街に着き、四時間ばかり停車した。ウユニを過ぎると樹木を見なくなり、荒涼として厳しい光景が展開してきた。左手はグラン・パンパ・サラダと呼ばれる塩原地帯。この塩の原にも、草を求めて羊やアルパカを追う人の営みがある。彼方にはチリ・アルゼンチンとの三国国境の山々が連なる。

右手には赤い大地に白い塩の連なりが細く長く入り乱れ、それが次第に一面の白い塩の原に変わってゆく。ウユニ塩原である。日が昇り大地が熱くなる頃、地平線の手前に蜃気楼を見る。平たい島やいびつな岩礁のような形で、眼を凝らすと輪郭が動めく。浮島現象と呼ばれるものであろう。正午、オヤグェ（標高三七〇〇m）という国境の部落に着く。眼前に活火山オヤグェ（五八七〇m）が聳え、氷と硫黄のこびり付いた頂上から、噴煙が一筋緩やかに上っている。駅舎の並びにある事務所でチリへの入国手続きを済ませ、露店で昼食を摂る。辺りの乾いた草原では、アルパカがのどかに草を食んでいる。

チリ側に入ると、ガラガラの殺風景な溶岩地帯になった。六〇〇〇mを超える火山が幾つか噴煙を上げ、その間を縫って汽車は一気にアンデスを下る。六〇〇〇mでも雪は殆ど無く、黒々とした山々である。各所に岩雪崩を起こしそうな危険な斜面があり、少々肝を冷やす。危険は車内の乗客達にも同時に迫っていた。チリ官憲による荷物検査が始まったのである。チリは軍事政権で制服の軍人が「ブエナス・タルデス（こんにちは）」と律儀な挨拶をして入って来るが、検閲は実に厳しかった。最初は麻薬（主にコカ）の摘発であった。かみさんが二人、ビニール袋に入れたコカの葉を摘発された。二度目は密輸品（主に綿製衣類）の摘発であった。どうもインディオのかみさん達はかつぎ屋らしい。ボリビアは物価が安いのだろう。どうということもない日用雑貨なのに、係官が数人がかりで大きなズダ袋を引き摺りながら、摘発したものを没収してゆく。検閲が始まったという情報が入ると、かみさん達はスカートの間や座席の下、毛布の間などあらゆるものを利用して、荷物を隠し始める。他の乗客や外人客まで構わず荷を手渡して回る。しばし車内は大騒動だ。係官が過ぎ去ると隠してもらった品々を回収してまわる。没収の憂き目を見た運の悪いかみさん達はしょんぼりやるせない顔をしている。私の斜め向かいのかみさんが係員を呼んで、長々と話し込んでいた。彼女は自分の窮状をしきりに訴えている様子だ。係官も彼女の手を握り肩を抱えて彼女を慰めていた。彼女は握りしめていた手から小さく折りたたんだ紙幣を、素早くワイシャツの袖口から内側に滑り込ませた。まさしく、これは「袖の下」である。この列車では日常的な光景であろうが、見事な茶番劇であった。周囲の観客達は何が行なわれているのか、ちゃんと知っているのである。

その12　アントファガスタ

夕刻カラマに着く。カラマは北部チリでは有数の鉱業都市で、銅の精錬所がある。すぐ北方にあるチュキカマタに大きな銅山があり、この銅山は露天掘りでは世界最大の規模を持つ。暗闇に、この二つの鉱業都市の灯りが眩しく輝く。ここはチリ鉱業の中心地であり、アントファガスタは鉱山物の積出港である。チュキカマタの露天掘りは是非見たいと思っていたが、明日はアントファガスタで約束があったので、下車したい衝動をやっと抑えた。乗客の大半はどういう訳かカラマで降りてしまい、満席の車内はガラガラになった。インディオのかみさん達はカラマの住人なのか、それともカラマに商売に来ているのか。ともかく、空いた座席に身体を伸ばしビールを飲んでゆっくり寛げた。車中で知り合ったフランス人の女性、リタ・キス嬢とお喋りをする。日本からの若者とチリ人の青年も加わって和やかなサロンとなった。残り少なくなった塩昆布の袋と梅干を出すと、大阪から来たという彼氏は痛く感激して、二等車からぽちゃぽちゃとした小柄な彼女を連れてきた。彼等はもう三年も旅しているという。オヤグェの駅で会って自己紹介した折、「僕はどこかおかしくありませんか？」と挨拶されて恐れ入った。三年もあちこち流離っていると頭の方もだいぶ疲れるらしい。リタ・キス嬢はパリジェンヌでラパスに在住し、ハウジングの研究をしている大学院生。仲々きつい冗談を言う勝ち気でユーモラスな娘だ。車中の灯りもいつしか消え、三時間ばかりぐっすり眠った。アントファガスタ着、午前二時。長い荒野の旅も終わり、潮の香りが漂う湿った空気を吸ってほっとする。客引きに導かれるまま、そろって駅前の薄汚い飯場小屋のような宿屋に入る。一泊七〇〇円。湯も水も出ず、裸電球が灯る殺風景な部屋で、何とも清々しい限りだ。翌朝遅く散歩がてらに街を歩き、中心街に小奇麗なホテルをみつけて移る。三日間滞在するのだから、少しは寛がないと草臥れる。ディエゴ・デ・アルマグロというホテルの名は、かつてチリ地方を征服に赴いてきたスペインの将軍から採ったものだ。ここのホテルの従業員は女性が多い。ボーイなぞはついぞ見かけず、全て若い娘達である。どうもチリに来たら、少し雰囲気が違って来た。このホテルはちょっと洒落た歩行者天国の通りに面しているが、なんとも愛想のよい若い女性達が生き生きとして働いている。街並みはシックな欧風の佇まいの中にモダンなデザインを取り込んでいて、仲々垢抜けした感じだ。港町の所為か、乾燥地帯のオアシスの所為か、明るい解放感に満たされた街である。アントファガスタの街は海岸に帯状に延び、海岸から二粁は緩やかな傾斜が続き、その上は赤茶けた断崖の山が迫っている。樹木は少なく、晴れていても空は鉛色のガスがたれ、海も心なしか淀んでいる。やや季節外れの海水浴を楽しむ人々を翳めて岸辺では、ペリカンが数羽小魚を漁っていた。この日は汽車仲間達と街をぶらつき、浜辺の魚料理のレストランで夕食を摂る。チリはワインの美味い国である。新鮮な海の幸も生で喰えるから有難い。夜、仲間達は二階建てのバスでサンチャゴに向けて旅立った。

翌日、アントファガスタ市の地区病院にダクーニャ博士を訪れた。この病院は病床六〇〇、医師一〇〇人を擁する大病院である。アントファガスタ市は、一九五五年からアンデス山脈に源を発するトコンセ河の河水を上水道源にしている。この河は所謂、砂漠に消える河であって、その水が高濃度の砒素を含有していたために、一九七〇年までに約二六万人のアントファガスタ市民が砒素に暴露され多数の慢性砒素中毒者を出した。慢性砒素中毒症の症状の一つに四肢末梢循環障害のため手足の壊疽を生じて来る場合がある。このような症状を持った患者がアントファガスタの中毒者にも多数存在すると聞いたので、診せてもらいたかったのである。ダクーニャ博士から一時間ばかりアントファガスタの砒素中毒について説明を受けたが、文献で知り得た以外に特別新しい情報は得られなかった。病棟で老年の中毒者を一人みせてもらったが、あいにく壊疽のある患者ではなかった。博士の話では、一九七〇年に上水道の砒素浄化施設が動き出してから中毒者は激減し、この一〇年間は特に問題は生じていないという。私の考えでは〇・〇八ｐｐｍという浄化能力では必ずしも安全とは言えないのだが、これ以上の能力向上は非常にコストが高くかかるのであろう。病院を辞してホテルに帰り、サラール・デル・カルメンという処に砒素浄化施設を見学に行く。タクシーでパンアメリカンハイウェイを三〇分も走った砂漠の中に浄化施設はあった。道路に沿って太い送水管が半ば砂に埋もれて並行している。トコンセ河の水源はここから三〇〇粁も離れたアンデスの谷間である。ペルーのリマを始め、乾燥した南米大陸の太平洋岸に発展するオアシス都市は、その水不足の解決策としてアンデスの水を引いてこなければならない宿命にあるようだ。そのアンデスの水が「良い水」であれば問題はないのだが、不幸なことにこの周辺の水はどこも砒素含有量が高いのである。鉄条網に囲まれた一大施設で、門衛に頼んで内へ入れてもらった。人影のない広い敷地を独りでのこのこ歩いて建物に近づくと、どこからともなく従業員が現れ、許可証の提示を要求してきた。許可証は持たないが電話で話をつけてあるので、所長に会わせてくれとぼけてみたがすげなく断られた。

その13　サンチャゴ

チリは南北に細長い国である。南緯一七・五度から五六度まで約四三〇〇粁もある。そのくせ、東西の幅は平均二〇〇粁にも満たない。地理学上、チリは北から南へ四つの区域に分けられる。乾燥した砂漠地帯、気候温和な農牧地帯、森林地帯および草原地帯である。北には世界で最も苛酷な乾燥度（湿度零を記録することがある）を持つアタカマ砂漠があり、南には年中嵐の咆哮するパタゴニアの氷河地帯がある。こんな両極端の劣悪な気候条件の風土が同一国内に存在するのは珍しい。細長い国土を縦断して北のアリカからサンチャゴ、プエルトモントを経てケヨンまで約三二〇〇粁、立派なパンアメリカンハイウェイが貫通している。南端のパタゴニアの氷河地帯には、まだ道路の発達は乏しい。南の森林・湖沼・氷河地帯は、チリ、アルゼンチンの風光明媚な観光地で、これからもっと発展する地域である。チリの森林資源には既に日本の商社も眼をつけている。四月下旬の現在、パタゴニアの観光シーズンは過ぎていた。夏場なら無理しても出掛けるところだが、今回の私の旅はサンチャゴが終点である。それでもせめてサンチャゴからアルゼンチン国境に近づき、アンデスの最高峰アコンカグア（六九一〇m）を眺めたいと思っていた。アントファガスタではさしたる収穫もなかったが、三日間滞在して骨休みができた。アントファガスタからサンチャゴまで一四〇〇粁、二階建ての優雅なバスの旅をした。このドイツ製のバスは座席が広く、展望も効き快適にできていた。食事のサービスも南米の乗物では最高に上等で、料金は一七〇〇ソーレス（約一万円）。無聊凌ぎにワインを買って乗り込んだが、ワインは催促するといくらでも出してくれた。さすがワインの国である。お陰ですっかり好い気分になり熟睡できたが、真夜中に起こされ荷物検査があったのには閉口した。六時、目覚めるとバスは既に乾燥地帯を走り抜け、砂地に灌木類の茂る海岸線を走っていた。農耕地でもなく、さりとて牧畜にも利用されていない原野が霧にむせぶなかを、多少の起伏を繰り返してハイウェイが真直ぐに延びている。少しうっとおしく単調な雰囲気。フンボルト海流のもたらす霧は、リマでもアントファガスタでも、そしてこのどこか覚束ない辺鄙な海岸でも、全ての風景をくすませてしまう。松、ユーカリ、ポプラなど背の高い樹々が現れてくると農村地帯である。海岸にへばり付いた小漁村では、漁民たちが棘のままの大きなウニやむき身のアワビ類を売りに来る。スペイン人とアラウカン族の混血であるチリメスティーソ達は色白で小柄、人も善く屈託がない。カメラを向けると海の幸を高く掲げて愛想よくポーズを取ってくれる。海岸から内陸部へ向かい、さほど険しくない山河を幾つか越えると、いつしかサンチャゴの街に入っていた。バスの終点からタクシーを走らせ中心街の一角に降り立つと、例の調子でホテル捜しである。私の出で立ちといえば、濃いサングラスの髭面につば広の羊毛の帽子を載せ、胸に大きなお天道様の模様をあしらったアルパカ毛のセーターを着込み、ジーパンにドタ靴。ペルーアンデスでは少しはサマになったかもしれぬが、ハイセンスなサンチャゴの街ではちょっと眼に付く異様な格好であった。中心街はレンガが凹凸に敷き詰められていて、スーツケースの車輪が転ばない。これは迂闊な誤算であった。重荷に喘ぎながら五―六軒も回ったろうか、どこも満員で断られ久し振りに泣きべそをかいた。遂に音を上げ最後に断られたホテルのフロアー嬢に事の次第を申し述べ、空き部屋のあるホテルを紹介して下さいと懇願したのである。彼女は痛く同情したとみえ、忙しいのにあちこちと電話を入れてくれた。やっと辿り着いたホテルは、一泊九〇〇〇円もするのに三つもベッドが入って身動きもできぬ部屋であったが、やむを得ず投宿する。フロアー氏の話ではシングルなら三〇〇〇円だが、この部屋は三人用だから九〇〇〇円だという。この思考様式はメキシコのプエブラで既に経験済みなので了解できた。それなら何故にシングルの部屋に三つもベッドを入れるのか。それはサンチャゴのホテル事情が悪く、部屋数が足りないからであろう。後に分かったのだが、チリを出国する時飛行機が飛ばず、その便に乗る予定の客は深夜サンチャゴ市内のホテルに泊まらされた。無論、ホテル代は会社持ちだが、その時のホテルの部屋も同じベッドの配置であった。見知らぬ人達と三人一緒に狭い部屋に寝かされたのである。そのとき、あのホテルもこのような緊急避難用のホテルの一つであったのかと合点がいった。南米の飛行機は、空中に浮くまで本当に飛んでくれるのかどうか分からない。乗客は待ちぼうけを喰わされることが多いのである。私も帰路、サンチャゴとリマで続けざまに二度も待たされ、その度に飛行機会社と喧嘩する破目になった。同じ飛行機会社なのにリマではシングルの立派な部屋に泊めてくれたから、サンチャゴはやはりホテル事情が悪いのだろう。ともかく、ずぼらをすると酷い目に遭わされることもある。三人分もふんだくられて、泣きっ面に蜂。早速、帰りの飛行機の予約をしに件の会社の事務所に赴く。サンチャゴの街は戦火に逢っていないので古い建物も多いが、中心街はさすがに賑々しく重厚である。女性は噂にたがわず美しい。街角でアントファガスタで別れた大阪からのアベックの若者二人とばったり出会った。ビールを飲んで話し込んでいたら、私も「ペンション上原」に厄介になってみる気になった。日本人の上原氏が自宅の一部を開放し、日本人の若い旅行者達の巣になっている宿である。

その14　サンチャゴ

四月下旬から五月上旬のサンチャゴは、穏やかな晩秋だった。チリの首都・サンチャゴは人口約三〇〇万、周囲を山で囲まれた浅い盆地にある。北側の山地から南に延びてきた低い山稜が市の北部を二分し、その先端部はサンクリストバルの丘と呼ばれる。此の丘陵地に沿って南西に流れてきたマポチョ川は、この丘の先端部で西に向きを変えている。青緑色に濁ったかなりの急流である。マポチョ川を挟んで、丘のすぐ南側にサンタ・ルシアの丘がある。小さいが険しい丘で、一五四一年にサンチャゴ市が建設されたとき、最初の要塞が築かれた。要塞は現在も保存が良く、丘全体は手入れの届いた公園で樹木も多い。頂上の教会を巡ると、眼下に都心部が見渡せる。サンタ・ルシアから眺めるアンデスの前山は、既に薄っすらと雪化粧していた。後日散策したサンクリストバルの丘からは、さらに奥深い眺望が得られた。快晴のその日、サンチャゴ盆地は霞がたなびき、その霞の上でアンデス前山の雪が逆光に映えていた。アンデスの主脈は尚遥かに遠く、前山の雲が切れてもアコンカグアは望めない。二つの丘の間で、マポチョ川の左岸は約四粁に及ぶ森林公園になっている。優に一〇〇m以上の幅を持ち、鬱蒼たる大木に覆われている。長い森林公園を抜け、川沿いに坂の並木道を三〇分も歩いたコンセプション通りに、ペンション上原がある。上原氏の本職は電気器具屋さんで、ペンションは道楽である。チリ滞在一五年という氏は日本人従業員二人を雇い、主に家電製品の販売・修理を営んでおられる。奥さんと女学生から幼児まで三人の子供の五人家族である。ニレの街路樹が黄色く色づいたコンセプション通りの一帯から、マポチョ川を隔てたサンクリストバルの丘の斜面にかけての山の手は、緑の多い落ち着いた高級住宅街で各国の大使館や官邸も多い。古い変則三階建ての氏宅は、一階が店、二階が自宅、三階の屋根裏部屋と庭の隅の離れが旅行者の巣であった。定員五〜六名だが、南米を旅行する日本の若者達が入れ替わりやって来るので、多いときは御主人の寝室の一角まで占領されてしまう。ここに集まって来るのは一角の放浪者達ばかりで、並みの旅行者とは少し訳が違う。南米一か月の私などは例外的で、大抵二～三年は各国を転々している逞しい連中ばかりである。彼等の話は実に面白く、それぞれに個性的な旅をやっている。上原氏宅は情報交換の場であり、楽しいサロンとも、また深夜まで続く雀荘ともなる。有難いことにここでは日本語が自由に喋れる。しかも似た者同志なので、何の警戒も違和感もなく一〇年来の知己になれる。人にもよるが同じ日本人でも現地滞在の商社員や大使館員、留学生などとは、仲々しっくり打ち解けない。一般に旅行者側には壁を作る態度はないのだが、何処に行ってもこれら現地の長期滞在者達にはある種の閉鎖社会があり、旅行者に一種独特の壁を感じさせる。私はいつも旅行者で、長期滞在者の立場に立ったことはないが、彼等の心理はある程度理解はできる。日本にも閉鎖社会は幾らでもあるし、日本全体が無数の閉鎖村の集団と言えぬこともない。実のところ我々は日常自分達が如何に強固な閉鎖社会に住んでいるのか、自覚しないのかもしれぬ。しかし、外国にまで頑なに村意識を持ち込まぬと、生きて行けぬものかと訝しく思うことがある。これは集団としての日本人の一特性かもしれぬが、一時的な長期滞在者の場合、単なる村意識以外に様々な要因が加わるので、体験者にしか判らぬ特殊な閉鎖社会が出来上がるのだろう。私には興味深いテーマだが、日系移民の社会をあまり知らないので、比較して論ずることは出来ない。

ところで永住者である上原氏宅は、まるで雑居家族である。腹が空くと皆勝手に台所に集まり、鍋や釜から食事を装って喰い始める。暇でぶらぶらしている者は、奥さんに雑事を頼まれる。風呂も洗面所も家族と皆一緒。夫婦とも麻雀狂で、メンバーが集まると毎晩相手をさせられる。私のサンチャゴシリーズは惨敗。花札で勝った分の大半は捲き上げられた。上原氏宅のような存在は、リマにもアントファガスタにもあるから、日系移住者の社会はかなりおおらかで解放された面があるのかもしれない。上原氏宅には日系一世の方々が好く見えられ、いろんな話を伺った。松本さんというサンチャゴ日本人会の会長さんは、チリ在住六〇数年、八〇半ばのお爺さんで、この方の奥さんの里は熊本市の高橋だと言われた。サンチャゴの日系移民は現在四〇家族足らずだという。サンチャゴは気候が温和で人も好く、住むには最適な処だそうである。お陰で健康で長生きできますと、薄い白髪頭をなでて快活に笑われる。花屋をやっている秋田出身の方は、戦時中はチリが対日戦線布告をしたので田舎に収容されて辛かったが、戦後はチリ人の奥さんを貰い、現在は孫も出来て悠々自適の生活だと仰る。この方もサンチャゴはとても住み好いと言われる。住み好いということには、多分に日本にある食べ物は大抵手に入るという事もあるらしい。ここにない物は「ショウガ」だけだと上原氏の奥さんは言った。ショウガはブラジルで入手出来るそうだ。確かに地中海式気候のサンチャゴは温暖で、チリ・メスティーソ達は人なつこく美人も多い。新鮮な魚介類は安くて美味い。ワインも上等だ。泥棒の心配もない。旅行者の私だって、サンチャゴなら住んでもよいと思う。しかし、これらの話はあくまで成功した人達のものである。成功者にとり、自らの住む処が悪かろうはずはない。チリで日系人は極くマイノリティでしかないのである。

その15　サンチャゴ

サンチャゴ滞在の大部分をペンション上原で過ごしたことは、私のチリの印象を非常に良くしてくれた。私はたちまちサンチャゴのファンになった。それはさておき、チリのひとつの現実の姿に触れておく必要がある。周知のようにチリは、世界で最初の合法的社会主義政権を樹立した国である。つまり、革命などの手段によらず、国民投票によりアジェンデ人民連合政府ができたのは、一九七〇年一一月のことであった。しかし、アジェンデ政権は経済政策の失敗で七三年九月に軍事クーデタにより崩壊し、ピノチェトによる軍事独裁政権がこの国を支配することになった。今世紀末まで大統領でいることが出来るという地位を獲得したピノチェトは、既に八年間も絶対的独裁者として君臨し、チリ国民から表現・言論・集会の自由を奪い、反対勢力の政治的活動を完全に禁止している。ピノチェト政権は国際的にも悪評を買い、国連総会では毎年、チリ軍事政権の人権侵害に対する非難決議が採択され、国連加盟一五二か国中、チリと国交を結んでいるのは六九か国に過ぎない、という孤立状態にある。全方位外交とかいう日本の政府は、幸か不幸か、ピノチェト軍事政権を承認しているので、旅行者の私にはチリのビザを取得する手間が省けた。

最近、『鉄条網の国』というピノチェト政権下の政治犯の手記を読んだ。この本には極寒の地・パタゴニアにある流刑の孤島・「ドーソン島」にある政治犯収容所の虜囚生活や政治犯への拷問、虐待の模様が淡々とした筆致で描かれている。ともかく現実のチリ社会では民主主義と人権に対する抑圧が長く続いているのだが、それは短期間の旅行者にはうかがい知れぬことである。私はある程度チリの政治事情は知っていたし、アントファガスタの砒素中毒に関する私の質問に現地の医師のガードが固かったことや、サンチャゴである学者の消息についても口を閉ざして答えてくれなかったことなどから、それとなくある雰囲気を察することは出来た。ただ、極めて政治意識の高いチリの国民性が、ピノチェトの独裁をそういつまでも放っておくはずはあるまいと、私は思っている。アジェンデ政権が倒れる契機となった経済政策の誤りについて、上原氏宅の従業員のK氏は、インフレ対策に余りに強引な物価統制をやった為だと説明してくれた。当時のチリでは一年間のインフレ率が一〇〇〇%であったという。これは一年で物の値段が一一倍になることである。こんな状況で無理な物価統制をやると、物が市場に出回らず、物は闇市でしか手にいらなくなる。パンが店頭から消え失せ、サンチャゴの街は、連日デモ騒ぎが絶えなかった。K氏は当時、田舎で農業をやっていたが、何を作っても物凄く儲かった。儲かって仕方がないから毎晩サンチャゴの高級クラブで札束を切って遊び暮らしたという。私の旅行中でも南米のインフレ率は高かった。チリはさほどでもなかったが、アルゼンチンやブラジルはひどかったらしい。インフレは旅行者泣かせでもある。今春来熊した日系のブラジルの青年の話では、「ブラジルの最近のインフレ率は百数十%である。そのかわり給料も一年で倍近くに上がるから、生活はやって行ける。毎週物の値段が上がるので余分な金があれば、まず日用品を買い貯めする。貯金は絶対にしない。住宅ローンでもとても返済不可能だと思う位の額を借りて丁度いい具合になる」という。クーデターと軍事政権、高いインフレなどは、ここ当分南米諸国にはつきものの現象であり続けるだろう。

さて、ペンション上原では様々な人達と会うことが出来た。ここに集まる日本の若者達はこの巣だまりでこそ陽気にしているが、原則として自分一人の孤独な旅をしている。彼等は経験豊かで、相当に個性が強く、また楽天的である。旅自体には特定の目的がある風でもなく、シャバへの未練もたっぷりあるし、一生を旅で終えるという肚も坐ってはいない。ごく大雑把に捉えると、彼等の大半はモラトリアム人間である。一昔前、各地で遭った日本の旅行者達とは随分変わってきた。その頃の若者達はまだ初々しさというか、どこかおどろおどろした面を多分に持っていた。孤独な一人旅をしている彼等がペンション上原に群がって来るのは、単に便宜上の理由からであろうか。どうもそれだけではなさそうである。彼等は孤独に、つまり自由に耐えられないのではないのか。ペンション上原での若者達の賑々しさを眺めていると、個性の強い旅をしている彼等でも、やはり時には群れたがり、集団の中で自己のアイデンティティを確かめたい時があるのではないかという気もする。上原氏宅に滞在中、外国人旅行者は誰一人訪れてこなかった。つまり、ペンション上原は、サンチャゴの日系人社会における出先の日本人村といえる。村というものは、その中にたっぷり浸っている間は、居心地の好い安息の場所である。しかし、それは周囲から隔絶されたひとつの閉鎖社会である。私もサンチャゴ村の一時的な村人であったに過ぎない。類は類を呼ぶ。いくら自分を第三者的立場に置こうとしてみたところで、自己のアイデンティティはそれを許してはくれないのである。しかし、私は出来るだけ彼等を冷ややかな眼で見つめようと思った。

サンチャゴからバスで三時間も走った太平洋岸に、バルパライソという大きな港町がある。チリではサンチャゴに次ぐ大都会である。港町の例にもれず、娼婦の屯する色街があって、ここの女達に何故か日本の若者達が好くモテるという噂を聞いていた。バルパライソの女性達と日本の若者達の生態を具に眺めようというのも、チリでのひとつの目的であった。

その16　バルパライソの乙女達

日本の若者達とバルパライソの女性達の結びつきの由来については好く知らない。ラテンアメリカではパナマ市にも同様の親日的娼婦街があるという。ラテンアメリカに日本人旅行者が押しかけだしたのはさほど古いことではないから、これら港街の娼婦達との接触は先鞭は日本の船員達によるのだろう。

「皆、ちょっとバルパライソまで行ってくるよと気軽に出掛けるんだけど、一週間経ち、一か月に延びて、中には一年経っても帰ってこない子がいるんですよ！」と上原さんの奥さんは笑う。「娼婦といってもジメジメした雰囲気は全くありませんよ。先生、頑張ってきて下さい！」などと上原氏宅で盛んな声援を受け、四人で出発する。バルパライソには夕刻着いた。既に何回か来たことのあるI君に先導されて、市の中心より南にある繁華街のホテルに投宿する。一泊八〇〇円。この宿は一種の連れ込み宿で、日本人はお得意さんなのか半額で泊めてくれるという。寒々とした広い部屋に、薄汚いベッドが二つある他何もない。人口一〇〇万を超すバルパライソは、海岸に細長く伸びている急な崖が海岸まで迫っているので、街並みの大部分は階段状に崖に拡がっている。このため崖の至る処に、途中駅のない有料のケーブルカーが敷設してある。高々二〇〇m位の短い距離だが、毎日のことになると登降が大変なのだろう。そのひとつに乗り、高みにある公園から夜霧にむせぶ夜景を眺める。この街は北の方で、ビーニャ・デ・マールというチリ随一の観光地と接している。昼間バスで通ってきたが、夏にはチリ中の美人が集まる避暑地で、綺麗な浜辺とカジノがある。帰路、娼婦街を歩くと時折頭の上から「あなたー！」と黄色い声が掛る。仰ぐとビルの高い窓から女が手を振っている。海岸通りで夕食を摂る。ソパ・デ・マリーネス（海のスープ）はチリの名物料理である。貝類と魚を香辛料で味付けしたもので、久し振りに美味い食事をした。一〇時、ホテルアメリカのバーに行く。このホテルは娼婦を沢山抱え込んだ売春宿で、バーには女達が屯していた。丁度、日本の船が入港していた。日本の船員達も数多く繰り込んでいた。I君に頼んで女達の部屋を覗かせてもらう。テレビやラジオ、カセットテープなど日本の電気製品がやたらと揃っている。少し呑み込めてきた。これらの電気製品は此処に立ち寄る日本の船員達が彼女達にプレゼントしたものである。店できちんとスーツを着込んでいるのは船員達で、ラフな格好は旅行者である。スタンドに止まってビールを二缶空け、ギリシャの船員と話し込んで時間を過ごす。店内にはやたらと日本の漁業会社の旗などが掲げられ殺風景。おまけに日本の演歌を流してくれたりするものだから、興醒めである。T君と二人で店を替えて飲み直す。そこも同じような店で、チリ海軍の水兵が二〜三人居た。私達が座ると、日本の演歌を流し始めるので止めさせた。客も女達も皆ダンスが上手い。フォルクロレアではないが、これまで見たこともないステップである。T君が若いセニョリータと約束を取り付けたところで、最初の店に戻る。店の片隅で女達が四〜五人集まり、ただ事ならぬ様子。同行のO君が話を聞いてきた。O君が係った彼女の父親が死んだらしい。後日談だが、彼が香典に一〇〇〇ペソ（七〇〇〇円）を包んだら、翌日葬式に来てくれと言われ、彼はアントファガスタに行くのを延期した。たった一晩の付き合いでしたが、これも何かの縁ですからと、彼は淡々としていた。

二時半、流石に眠くなり四人で宿に帰る。呼び鈴を押すと自動的にドアが開く。宿の人間は誰も出て来ぬが、女性を同伴して帰ると、翌朝はちゃんと二人分の勘定になっているそうだ。翌日は晴天で一〇時過ぎに起きた。I君に何という特徴もない街を案内してもらう。魚屋で生ウニとマグロの切り身を買う。宿には生活用具一式を大きなリュックにしょい込んだK君が逗留して自炊していた。彼の部屋で宴会を開き、話を聴く。この街には日本の若者達が常時一〇人位は滞在しているという。安く過ごせる処がたくさんあるし、共同でアパートを借りている連中もいる。そんなたまり場で、昼間は大抵麻雀などをやって過ごす、或いは女性の処に転がり込んで世話になっている者もいる。要するに、バルパライソの乙女達と日本の若者達の関係は恋人同士の間柄らしい。日本の若者と結婚して日本に行き、また戻ってきた者もいる。彼女達は娼婦をしていても、別にヒモがいる訳ではない。二晩これらの店に出掛けて気に入ったのは、彼女達から商売の話を持ち掛けてこないことであった。客に媚びることも決してしない。冷やかしに来た者にとり、これは大変都合が好かった。日本の若者達や船員の気前の良さから、日本人は金持ちだと思われているらしい。日本人は良いカモにされているといえなくもないが、国際親善は別に悪いことではない。ペンション上原に滞在中、サンチャゴで働いているS氏のご両親が日本から遥々お見えになった。その歓迎パーティに私達も招かれて上原氏宅の庭で大変なご馳走に預かった。S氏の奥さんはバルパライソの出身で、最近、S氏との間に女の子が誕生したので、孫の顔を見に来ましたと満足気であられた。

バルパライソで二晩過ごした朝、K君とメルカードに出掛け海の幸を物色した。大きい蟹が値切って一匹一八〇円。蟹を一〇匹と、浅利貝に似た蛤ほどの大きな貝を五kgばかり買った。この貝は生のままレモンを落として喰うと美味いのである。バス停まで運ぶのに両手がもぎれそうに重かった。

…完…

堀田　宣之（ほった・のぶゆき）

1940 年　熊本県菊池市で出生

1965 年　熊本大学医学部卒、医学博士、精神科医

1975 年　宮崎県高千穂町土呂久で砒素中毒の医学調査開始。1990 年の土呂久公害訴訟和解まで被害住民の医学的問題に係る。この間、宮崎県旧松尾鉱山従業者および新潟県中条町の砒素被曝住民の検診・追跡調査に従事。

1980 年　海外の砒素汚染地訪問を開始、砒素中毒症の症候学的調査研究に専念する。

1991 年　ひかり協会（森永砒素ミルク中毒被害者救済組織）・熊本県地域救済対策委員長。

1994 年　アジア砒素ネットワーク結成に参画、初代代表を務める。

2010 年　長年の砒素中毒研究業績に対し「第 22 回久保医療文化賞」を受賞。

2002 年～ 2019 年　医療法人富尾会　桜が丘病院理事長

著　書

・『アジアの砒素汚染』AAN BOOKLET Ⅰ アジア砒素ネットワーク（2004 年）
・『慢性砒素中毒研究 ―症候学的アプローチ』城野印刷所（2008 年）
・『Color Atlas of Chronic Arsenic Poisoning ―目で見る砒素中毒―』城野印刷所（2010 年）
・『岬地巡歴　水俣―土呂久―キャットゴーン』熊本出版文化会館（2013 年）
・『菊池川源流域―川の再生を願って―』熊本出版文化会館（2016 年）

若きさすらいの日々

2019 年 12 月 25 日　初版

著者　堀田　宣之

発行　熊本出版文化会館

熊本市西区二本木 3 丁目 1-28

☎ 096（354）8201（代）

発売　創流出版株式会社

【販売委託】武久出版株式会社

東京都新宿区高田馬場 3-13-1

☎ 03（5937）1843　http://www.bukyu.net

印刷・製本／モリモト印刷株式会社

※落丁・乱丁はお取り換え致します。

ISBN978-4-906897-59-9　C0026